本书受以下项目资助：

中山大学人文社会科学出版基金
教育部文科重点研究基地项目 10JJD630016
广东省文科重点研究基地项目 10JDXM81001
广东省教育厅重大攻关项目 11ZGXM63001
国家社科基金项目 08CSH013
教育部新世纪优秀人才支持计划
中山大学中央高校基本科研业务费
中山大学985三期

回归社会：

中国社会建设之路

何艳玲 主编

人民出版社

责任编辑：姜　玮

图书在版编目（CIP）数据

回归社会：中国社会建设之路/何艳玲 主编. −北京：人民出版社，2013.10
ISBN 978−7−01−012548−0

Ⅰ．①回…　Ⅱ．①何…　Ⅲ．①社会主义建设-研究-中国　Ⅳ．①D61

中国版本图书馆 CIP 数据核字（2013）第 218801 号

回归社会：中国社会建设之路
HUIGUI SHEHUI ZHONGGUO SHEHUI JIANSHE ZHILU

何艳玲　主编

人民出版社 出版发行
（100706　北京市东城区隆福寺街 99 号）

北京市文林印务有限公司　新华书店经销

2013 年 10 月第 1 版　2013 年 10 月北京第 1 次印刷
开本：710 毫米×1000 毫米 1/16　印张：18.75
字数：297 千字

ISBN 978−7−01−012548−0　定价：48.00 元

邮购地址 100706　北京市东城区隆福寺街 99 号
人民东方图书销售中心　电话（010）65250042　65289539

序

　　1978 年的中国大转型换来了中国经济 30 年的高速增长，城乡居民收入、人民生活水平、民生福利保障得到了极大改善。但在实现跨越式发展的同时，与市场经济相伴的利益分化和各种外部效应也带来了各种社会问题，社会矛盾突出、社会溃败、环境恶化日益严峻，原有的经济发展模式也逐渐放缓并面临巨大风险。改革开放和中国转型已经站在了一个新的历史路口。

　　对于下一阶段的中国转型，通过社会建设以带回社会、重视再分配已成为理论界的基本共识，执政党也将作为经济建设、政治建设、文化建设、社会建设、生态文明建设五位一体总体布局的重要组成部分。按照党的十八大报告部署，社会建设大致包括基本公共服务体系和社会管理机制两大方面的内容，其中涉及了教育、就业、社会保障、收入分配、医疗卫生、食品药品监管、社会组织、社会管理等多个方面。毫无疑问，无论是作为执政者的政策实践，还是作为转型中国的方向性追求，社会建设都已成为一个我们必须回答的重大问题。

　　2010 年，中山大学专门设立了"中山大学社会建设论坛"基金，希望通过课题研究、定期召开论坛、出版成果等方式，在社会建设领域搭建学术研究与实践对话的平台，以回应当前中国转型的重大问题，为中国的转型发展提供知识贡献。截至 2013 年，该项基金已经分别资助社区发展与管理、社会融合与社会治理、民生发展与社会政策、风险社会与治理四个主题共设立了 19 项研究课题。2011 年 12 月 22 日，首届社会建设论坛在中山大学召开，来自内地及港台地区的二十多名学者以及众多媒体与实践工作者，共同深入探讨了基层社会管理体制、城市社区社会工作、农村社区社会工作、社区公共服务、社区组织等问题。

为更好地传播和交流此次会议成果，我们决定将此次会议主要论文汇集出版。这些论文大多在会后进行了多次修改，作为编者，我们要对所有论文作者表示衷心感谢。

本论文集主要分四个部分。在第一部分"社会正义与治理转型"中，何艳玲认为，中国社会建设的核心内容是构建与市场经济体制相匹配的利益调节机制；30年的市场化改革造成了中国社会的利益多元化和利益分化，在传统利益调节机制失灵和新利益调节机制缺失的情况下，中国社会出现了三大困境，跨越三大困境的关键在于通过国家治理结构的调适"将社会带回来"，即通过国家制度建设促成强大的利益整合能力、再分配能力与市场规制能力，建设和谐社会。岳经纶从"社会中国"的视野把1949年新中国成立以来的中国社会政策发展历程划分为三个阶段：前改革阶段、20世纪80到90年代的改革阶段，以及2002年以来的新阶段。他认为，近年来，中国开始强化国家在公共福利和服务中的角色为统一的"社会中国"的建构带来了曙光。不过，城乡差异、地区差别以及由此产生的社会福利的"地域不正义"，社会政策地方化和福利地区的出现以及由此产生的社会权利的碎片化仍将制约着统一的"社会中国"的建构。殷冬水和周光辉对我国社会不公的发生逻辑与社会正义实现方式进行了分析；他们认为，利益表达不平衡是影响社会不公的关键要素，也是未来实现社会正义的核心内容。

在第二部分"社会建设与社会经济"中，潘毅和陈凤仪对传统以资本为主导的发展模式进行了批评，提出了以多元化的、开放性的、非垄断为特征的"社会经济"理念，提倡重新将经济发展嵌入社会关系，真正回归社区和人的发展需求。随后的两篇文章对台湾的社区经济实践进行了理论分析。吴明儒和刘宏钰通过三个台湾乡村社区案例对社区产业发展的缘起、历程及成果进行了研究，廖嘉展和张力亚以新故乡见学园区的案例分析了振兴社区地场产业的治理策略与实践效益，两篇文章均展现了社区经济在社区发展和社区生活中发挥的强大社会、经济功能，对大陆社区的未来发展具有重要参考价值。

在第三部分"公共服务供给与服务购买"中，张和清选择广东绿耕社会工作发展中心云南师宗项目、四川映秀项目和广东从化项目作为经验材料，阐述了中国农村发展中的问题并反思农村社会工作。姜晓萍通过对成都市的案例分析,提出统筹城乡中实现基本公共服务均等化必须以民生需求导向、以城乡区为重点、以制度配套为关键、以民主参与为手段、以质量控制为保障的基本经验与启示。黎熙元和徐盈艳实地调查了广州市已经开展试点工作的社区家庭综合服务中心以及承办服务的社工机构,发现了政府购买公共服务与社区管理的存在的制度冲突,这可能抵消非营利组织福利供给方式的专业化和灵活性优势。郑卫东以上海松江区为中心,对我国东部发达地区农村的政府购买公共服务的切入点、组织基础、制度保障以及政府购买公共服务与乡村治理体制转型的关系做了讨论。

在第四部分"民间组织与社区发展"中,黄源协和庄俐昕的研究发现,小区社会资本与小区生活质量之间存在着高度的关联性,尤其是小区社会资本中的"参与"与"凝聚"两个面向,对小区生活质量的各个面向影响最为显著。萧今通过对阿拉善生态协会7年来项目执行的研究,分析了项目过程中的各种因素对NGO机构的定位和发展,以及对自身的管理和建设的影响。汪广龙和刘滢关注了"资源汲取能力建设与民间组织发展",认为制度性障碍、组织能力障碍、社会资本障碍是制约民间组织发展的三个关键内容。

这四部分所涉及的宽泛主题表明了社会建设的复杂性。这种复杂性不仅源于社会建设本身是一项复杂的系统工程,更源于中国特有的社会和体制背景。因此,在中国社会建设进程中,我们需要更多理性的思考和审慎的行为,以更清晰地辨明我们的方向,更扎实地推进我们的改革,以降低转型带来的成本和伤害,努力实现善治中国。我们衷心希望能和更多的研究者直面和回答这个转型中国的重大问题。

何艳玲

2013 年 4 月 30 日

目　录

第四篇　民间组织与社区发展

第一篇

社会正义与治理转型

回归社会:中国社会建设与国家治理结构调适

何艳玲①

　　"社会建设"的提出经历了一个过程:2002 年,中共十六大在提出全面建设小康社会的长远目标时,首次提出要使社会变得更加和谐。2004 年中共十六届四中全会,明确提出了建设社会主义和谐社会的目标。2005 年胡锦涛在中央党校讲话时强调,要建设"民主法治、公平正义、诚信友爱、充满活力、安定有序、人与自然和谐相处"的社会主义和谐社会。2006 年中共十六届六中全会通过了《中共中央关于构建社会主义和谐社会若干重大问题的决定》,第一次提出"社会和谐是中国特色社会主义的本质属性"。2007 年,中共十七大报告将社会建设单辟一节,与经济、政治、文化建设并列,强调要加强以民生为重点的社会建设。2010 年,中共十七届五中全会通过的"十二五"规划建议第八章"加强社会建设,建立健全基本公共服务体系",从促进就业、调整收入分配、建立社会保障体系、卫生事业改革、人口工作、加强和创新社会管理六个方面阐述了社会建设的任务。2012 年,中共十八大报告进一步将社会建设与经济建设、政治建设、文化建设、生态文明建设一起确立为"五位一体"总体格局。

---

　　① 何艳玲,中山大学中国公共管理研究中心、政治与公共事务管理学院,教授。本文受教育部文科重点研究基地项目 10JJD630016、广东省文科重点研究基地项目 10JDXM81001、中山大学"211"培育项目以及"985"三期资助。感谢蔡禾、王一程、王浦劬、肖滨、郁建兴、岳经纶等多位教授的启示。感谢陈福平博士在数据与观点方面的重要贡献。本文部分观点曾在数次讨论会上陈述,感谢所有与会者建议,但文责自负。

　　以上表明，社会建设已经成为国家的重要方略。但是，到底什么是社会建设呢？① 从中央出台的有关文件来看，社会建设基本上指向的是"以改善民生为重点"；而学者们却认为在民生之外，社会建设还包括社会结构的调整与建构等内容②；在实践中，对社会建设的理解更是五花八门。社会建设的内涵是指什么？ 社会建设的目标是什么？ 社会建设如何建？ 鉴于已经存在的诸多分歧，我们有必要认真梳理这些问题，以望在这一问题上达成更多共识。

一、中国社会建设的实践内涵：实现 市场经济体制下的社会主义公平

　　社会建设的提出来并非偶然，而是有着非常深刻的实践逻辑，即 1949 年之后中国现代化逻辑。这一逻辑的核心是：无论是市场经济建设还是社会建设，都与社会主义国家面临的挑战及其应对有关。

　　近代中国以来，不论是传统帝国的崩解还是现代国家建设的开启，都不仅是其自身发展的结果，还是世界现代化潮流对中国传统社会和制度全面冲击的结果。这决定了中国现代化历史运动的动力，不仅是内生的，也是外来的，是中国社会对世界现代化历史运动的反应和选择。从各国实践来看，这种选择有两种：发展自由资本主义或者是发展社会主义。俄国十月革命的胜利与中国共产党的成立使中国最终选择了后者。按照经典马克思主义的论述，共产主义建立在比较发达的资本主义基础上的。而被界定为共产主义初级阶段的社会主义，显然也应该有比较高的生产力发展水平。但是，从落后生产力直接过渡而来的社会主义中国，遇到的第一次挑战就是：社会主义国家如何才能更快地、更稳地实现人民富裕，并建立与资本主义国家的比较优势？ 这次挑战的实质关乎社会主义国家的生产力发展水平，其核心为：社会主义国家如何解决增长（效率）问题？

　　从现实选择来看，中国应对这次挑战的方法是打破市场经济与资本主义

---

① 有关综述参见刘天喜、傅艳蕾：《中国社会建设问题研究综述》，《理论视野》2009 年第 2 期。
② 陆学艺：《社会建设蓝皮书》，社会科学文献出版社 2010 年版。

的关联，建立了社会主义市场经济体制。如1990年12月24日邓小平在与其他领导人谈话时所说："我们必须在理论上搞懂，资本主义与社会主义的区分不在于是计划还是市场这样的问题。不要以为搞点市场经济就是走资本主义道路，没有那么回事。计划和市场都得要。不搞市场，连世界上的信息都不知道，是自甘落后。"1992年中共十四大明确提出要建立社会主义市场经济体制。1993年"实行社会主义市场经济"被列入宪法，政治决策变成了法律条文。自此后，中国开始了持续的市场建设过程，并实现了较快速度的增长。

但在这一过程中，中国却遇到了新的问题（后文将具体阐述）并引发了第二次挑战，即社会主义国家应有的社会公平出了问题。社会主义社会的价值之一是一个公平的社会，社会不公平无疑是对社会主义国家的新挑战。这次挑战的实质关乎社会主义国家的生产力发展目标，其核心为：在实行市场经济的社会主义国家如何解决分配（公平）问题？从目前来看，决策层面应对这次挑战的方法是提出社会建设。也可以说，社会建设要解决的问题是实现市场经济体制下的"社会主义社会公平"。

只有在中国现代化的实践逻辑上对社会建设内涵和目标作出清晰界定，才可能对中国社会建设作出实质性分析。对社会主义中国来说，如果说解决生产力发展水平问题的路径是通过实行社会主义市场经济将"市场"纳入社会主义，那么解决生产力发展目标问题的路径则是通过社会建设将"社会"带回到社会主义。可以说，当前从中央到地方对中国社会建设的聚焦，其意义绝不仅在于一系列浮在表面的社会问题的解决，而是整个改革和发展路径的重大变化。

综合现有的讨论，中国社会建设包括五大板块的内容：

其一，社会事业建设。也就是通常所说的民生。即通过教育、医疗卫生、社会保障等社会事业的发展，提供保证人们基本生存权与发展权（比如教育权、就业权、健康权等）的公共服务，构筑社会公平的基础。社会事业发展的实质是国家运用再分配手段对与人的基本生存权与发展权相关的领域"去商品化"，并通过这一过程将市场重新嵌入社会伦理之中，将"市场社会"变成"社会市场"（Social Market）①。

---

① 王绍光：《大转型：1980年代以来中国的双向运动》，《中国社会科学》2008年第1期。

其二，社会组织建设。不同阶级之间、不同阶层之间以及阶级与阶层的内部的不同个体之间，其利益诉求往往都存在差异。人们基于共同利益而成立的社会组织，有助于这些利益在一定程度上得到整合。中共十七大报告第一次使用"社会组织"一词，提出在基层民主政治建设中要"发挥社会组织在扩大群众参与、反映群众诉求方面的积极作用，增强社会自治功能"。这为社会组织的发展提供了政治保证。社会组织将利益主体整合起来，不仅可以减低利益主体实现利益诉求的成本，而且可以通过组织化力量降低来自其他利益主体的风险。

其三，社区建设。社区是有特定边界的地域性社会关系共同体。一个社区可以是一个村庄，可以是一条街道，也可以是一个小区。社区是人们发生大量日常互动的首要空间，社区建设的目标是培育社会生活共同体。它关注居民在居住生活中共同的经济、文化利益，着力培育利益共识和维护机制，从而构建社区功能。社区关系在很大程度上都影响着社会关系。

其四，社会管理。如同市场主体的运行可能带来负外部效应一样，社会主体的行为也可能会对他人造成负外部效应。社会管理是指通过公共权力对社会主体的运行进行管理和规范，以对其可能产生的种负外部效应加以消解或者控制。这是社会秩序的基本保障。

其五，利益调节机制建设。社会公平的问题，本质上是利益关系的问题。不同的利益关系，既可能产生团结，又可能带来冲突。利益调节机制建设是指通过各种制度安排与机制建设，畅通和规范利益主体诉求表达、利益协调、权益保障渠道，消解不同利益主体之间的利益冲突，或减少利益冲突产生的负面效应，达成一定的利益秩序。"社会不是由个人构成，而是表示这些个人彼此发生的那些联系和关系的总和"①，离开人的关系，就无法理解人的社会生活。因此，利益调节机制建设既是相对独立的板块，其内容也内含在前面几大板块中，是社会建设的核心内容。

但是，从目前讨论来看，无论在决策层面还是学理层面，与民生、社会组织、社区、社会管理相比，利益调节机制建设并没有得到应有关注。因此，接下来本文将围绕中国改革与发展过程中利益调节机制的变迁，来继续分析前述

---

① 《马克思恩格斯全集》第46卷上册，人民出版社1979年版，第392页。

提到的社会主义国家第二次挑战的具体表现;以及作为挑战应对方略的中国社会建设要克服的困境。

二、中国社会建设的三大困境:社会不公平、社会不信任与社会不稳定

无论作为分析的内容还是分析的变量,1978年之后开始的改革开放以及1992年社会主义市场经济体制的正式确立,对分析中国利益调节机制的问题都非常重要。

在启动改革之前,中国占主导的利益调节机制是单位制。单位制的利益调节模式是:所有资源掌握在国家手中,国家用不同的方式将一定资源分配到单位,每个单位都有特定的行政级别和可支配资源;在此基础上,单位为个体提供全方位资源供给(包括托儿所、幼儿园、学校、医疗、抚恤救助、养老、丧葬等各种福利)[1],并以此实现人们之间的利益调节。在单位制占主导的情况下,其他利益调节机制被吸纳,这表现在:其一,单位隐藏了个体利益差异。在单位制下,通过"国家—单位—个体"这一链条,经济生活、社会生活都被整合在单位中。单位内部严格的人事管理制度将成员圈定在单位内部,非经领导和上级的批准以及繁复的人事调动程序,成员无法在不同单位间流动。在缺乏社会流动的情况下,人们之间不是没有利益差异,而是这种差异被置换成了"单位差异"并成为常态;同时,单位的利益实现能力与成员个体并无实质性关联,而主要取决于单位在整个国家体系中的地位与作用。其二,单位吸纳了其他社会组织。在单位制中,所有的组织都可能是单位,无论是行政单位、事业单位还是企业单位,都隶属于单位的上级部门。单位的行动逻辑,很多时候并非其专业属性,而是"上级指示"。与此同时,虽然在国家体系中也设置有工会、妇联、共青团等众多利益调节组织,但这些组织基本上因为高度行政化而变得功能不清晰,难以成为有效的利益调节渠道,甚至在一定程度上蜕化为

---

① 有关单位制的研究浩如烟海。单位制的具体运作参见刘建军:《单位中国:社会调控体系重构中的个人、组织与国家》,天津人民出版社2000年版。具体综述参见李路路、王修晓、苗大雷:《"新传统主义"及其后:"单位制"的视角与分析》,《吉林大学社会科学学报》2009年第5期。

堵塞利益调节的因素。

"市场机制不仅仅是经济的加速器,它又像一柄利刃,能无情地割断人们与种种社会群体之间的伦理纽带,把他们转化为在市场中追逐自身利益最大化的独立个体"①。市场化改革对中国的影响在于:市场经济带来了巨大的利益差异。随着生产资料所有制的相对多元化,随着外部资本的进入,中国社会原有相对均衡的利益格局被打破,整个社会面临着前所未有的利益调节压力。在这种情况下,如果能建立与市场化改革相适应的利益调节机制,则各种利益主体将处在一个相对均衡状态。但事实上,在改革过程中,中国利益调节机制却出现了诸多问题,这主要包括传统利益调节机制的失灵、新利益调节机制的缺失以及利益分化问题的"过度政治化",由此引发并导致了中国市场化改革过程中的三大困境。

(一)传统利益调节机制失灵:市场化改革与社会不公平的加重

在市场化改革推进过程中,"单位"制日渐解体,中国社会中总体性的"国家—单位—个体"的关系链逐渐转变为"国家—市场—个体"的关系链。一方面,正如前面所论述的,由于市场经济天然地鼓励竞争和优胜劣汰,因而市场竞争的结果必然会产生较大的利益分化;另一方面,国家不再垄断所有资源,在许多领域也不再是直接的资源分配者,国家介入和解决利益冲突的能力弱化,传统利益调节机制逐渐失灵。在这种双重压力下,急剧扩大的利益分化不但会导致社会群体间的相对剥夺感,而且会导致部分群体对国家的疏离,并加剧利益冲突。

其中,相对剥夺感源自权力与资本的结合。倪志伟等人的"市场转型理论"②认为,随着市场机制在中国成为占主导地位的资源分配机制,体制内群

---

① 王绍光:《大转型:1980 年代以来中国的双向运动》,《中国社会科学》2008 年第 1 期。

② 有关研究参见 Nee, V., 1989. A Theory of Market Transition: From Redistribution to Market in State Socialism. *American sociological Review*, 54(5): 663–681. Nee, V. 1991. Social Inequalities in Reforming State Socialism: Between Redistribution and Markets in China. *American Sociological Review*, 56(3): pp.267–282. Nee, V. 1996. The Emergence of a Market Society: Changing Mechanisms of Stratification in China. *American Journal of Sociology*, (101)4: pp. 908–949. Cao, Yang and Nee, V., 2000. Comment: Controversies and Evidence in the Market Transition Debate. *American Journal of Sociology*, 105(4): pp.1175–1188.

体(比如干部)拥有的分配资源的权力会被削弱，其社会经济地位会下降。但边燕杰和罗根(Bian & Logan,1996)的"权力维续假设"①则认为，政治资本要素并没有在中国市场化进程中消失，恰恰相反，市场化改革使权力与资本相结合的利润大大增加。在市场化改革过程中，新生的市场经济与残留的计划制度相结合，形成了新的不公平交易机制：在计划时代的实物经济基础上，权力控制的资源不少，但由于没有市场化，权力无法变现，不会对收入差距产生显著影响；市场化改革使权力逐步卷入市场交易，由于交易市场的货币化、期权化、国际化、金融资本化等等，权钱交易空间得到大量释放和扩张，并成为主要的不公平来源。邓小平在晚年的一次谈话中提到："少数人获得那么多财富，大多数人没有，这样发展下去总有一天会出问题。分配不公，会导致两极分化，到一定时候问题就会出来。这个问题要解决。"实践的走向却与他所警告的不同，在权力与资本的结合下，中国不同社会群体间的收入差距成倍增长，贫富极化成为越来越严重的事实。在计划经济时期，中国的基尼系数均值在0.2—0.3之间，属于世界上最平等的国家之一，但从20世纪80年代至今，作为衡量社会不平等的重要指标，中国基尼系数大幅持续上升。中国社科院一项关于新社会群体的研究②指出，中国出现的巨富群体大概有30万人，占总人口比例仅为2.2‰，却持有可投资资产近9万亿元，相当于全国城乡居民存款20万亿中的近一半。在"数量众多的低收入群体看不起病，买不起房、供养不起子女上学升学"的情况下，却"存在着一个私人拥有自有财产高达数千万、上百亿的巨富阶层"，这一现象本身就蕴含着巨大的社会风险。

从世界范围看，公共支出结构的演变与经济发展的阶段性密切相关。通常认为，在经济发展早期，政府投资(经济性支出)在总投资中占有较高比重；一旦经济达到成熟阶段，公共投资的重点将从基础设施转向教育、保健和福利等公共服务方面。但中国的情况是：随着市场化改革推进，一方面，从20世纪90年代开始的社会政策③领域的市场化改革，不但没有实现公共支出结构中

---

① Bian,Yanjie and Logan,J.R., Market Transition and the Persistence of Power: The Changing Stratification System in Urban China. *American Sociological Review*,1996,61:pp.739-758.

② 中国社会科学院"新社会群体研究"课题组：《我国巨富群体的现状和影响》，《中国社会科学院(要报)》2011年第50期。

③ 这里所说的社会政策包括教育、医疗、住房、就业、社会保障制度等五大政策领域。参见岳经纶：《建构社会中国：中国社会政策的发展与挑战》，《探索与争鸣》2010年第10期。

重点投向公共服务的转变,反而带来了更大的利益差异,甚至使市场化改革过程中产生的中产阶层在近年来不断分化而发生了"去中产化"现象。比如就教育领域而言,有研究表明,现有以经济绩效为考核标准的官员晋升机制导致地方政府之间展开标尺竞争,这种竞争和财政分权制度结合在一起,共同对政府的教育支出比重产生显著负影响:政府竞争程度每增加 1 个百分点,教育支出比重减少 0.14 个百分点①。因此,在保证民生和公共事业处于基础水平的前提下,地方把绝大部分由政府直接或间接控制的资金和资源投入到能够刺激经济增长和财税增长的项目上,如开发区建设、对企业的支持,等等。在这种投资导向下,少数获利人群和多数弱势人群开始对立,"社会阶层结构严重畸形"②。李强等人采用"国际社会经济地位指数"进行统计测量,从全国就业人口看,发现了一个巨大的处在很低的社会经济地位上的群体,形成了类似"倒丁字社会"结构,这一结构比"金字塔形"还要严峻,因为底层更大,社会更不稳定,更容易产生冲突。另一方面,原本就存在的城乡公共服务差异非但没有消失,新的财政体制改革带来的以财政收入相对集中和公共服务支出责任下放(比如义务教育)为特点的纵向财政不平衡,更加剧了不同地区间的公共服务差异③。

总之,伴随着市场化改革和利益主体的多元化,由于传统利益调节机制的失灵,导致利益分化日趋严重,并造成了很大程度上的社会不平等。我们将这一结果归结为中国社会建设的第一个困境,即市场化改革与社会不平等的日趋加重。其具体逻辑可以表现为图1。

(二)新利益调节机制缺失:市场化改革与社会不信任的加深

在传统利益调节机制失灵的情况下,新的利益调节机制由于种种原因也未能形成,这主要表现在:

其一,社会组织生长空间有限。单位制消解后,虽然单位的利益调节能力

① 郑磊:《财政分权、政府竞争与公共支出结构——政府教育支出比重的影响因素分析》,《经济科学》2008 年第 1 期。

② 李强:《为什么农民工"有技术无地位":技术工人转向中间阶层社会结构的战略探索》,《江苏社会科学》2010 年第 6 期。

③ 王闻:《中国义务教育财政改革与地区差异分析:教育财政的公平与充足》,《公共行政评论》2009 年第 2 期。

权力与资本的结合

市场化改革 → 个体利益分化 → 群体利益分化 → 社会不平等

再分配能力的有限

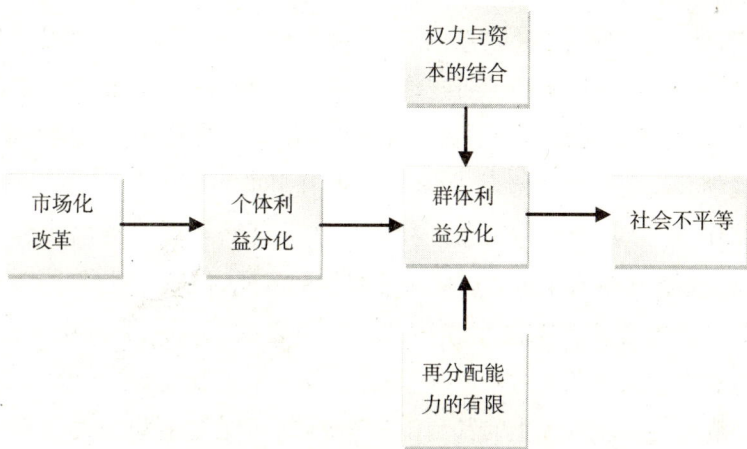

图1　困境之一：市场化改革与社会不平等的加重

削弱，但在"稳定压倒一切"的强大需求下，各类社会组织（作为体制外力量）的发展无论在理念上还是制度上都存在障碍。于是，一个怪现象也随之产生：市场化改革为中国造就了许多远离宏大话语体系的日常利益空间，但与此相关的各种社会组织的成立仍然困难重重。比如社区业主委员会的成立，在有的地方甚至演绎成一场跌宕曲折的"业主革命"①。与此同时，已成立的社会组织也几乎无法发挥影响政策议程设置的作用。有研究者认为，中国公共政策议程设置以内参模式为常态，也有上书模式和借力模式②，大多数社会组织都不具备直接参与政策议程设置或者和决策者谈判的规范化途径。

其二，体制内社会组织的"行政化"。工会、妇联、共青团等众多体制内利益调节组织，分别代表着工人群体、妇女群体与青年群体的利益，其性质也属社会组织，但其运作仍然处于行政化状态。不仅如此，目前中国社会组织体系中的社会团体、公募基金会多数属于政府部门或相关机构出资，工作人员或负责人纳入事业单位编制，有的甚至纳入公务员系列。这些组织往往具有较强的动员能力，但行政化却使这种动员能力无法发挥更大效能，且由于其对某些

---

①　这里所说的业主革命，是指在业委会成立过程中，业主与开发商、物业公司之间的利益冲突剧烈且旷日持久，甚至酿成流血冲突等恶性事件。参见何艳玲、陈幽泓、赵静：《中国业主委员会发展报告》，《内部调查报告》2009年。

②　借力模式是指政府智囊将自己的建议公之于众，希望借助舆论的压力，扫除决策者接受自己建议的障碍。参见王绍光：《中国改革政策议程设置》，《中国社会科学》2006年第5期。

优势资源的垄断而在一定程度上影响了其他同类社会组织的发展。

其三,社区组织发展的"内卷化"。在单位制时期,社区层面的社会组织,比如社区居委会实际上承担了面向单位外群体的利益调节功能(比如邻里纠纷调解、无业青年教化,等等)。近些年来,社区居委会及其他社区组织由于社区建设的兴起而不再边缘化,但各类行政任务的不断下沉(比如传统的计划生育工作,比如职能部门工作进社区),使社区居委会改革陷入了"内卷化"①,即居委会改革虽然指向居民自治组织的复原,但改革的结果却更为行政化。社区居委会成员被纳入政府人员进行管理,居委会变成行政体系末梢。

传统社会主义国家通过单位制、职代会等一系列制度安排让大多数人实现了组织化并在一定程度上使其利益获得保障。但在这些机制失灵而新机制缺失的时候,一方面,由于没有组织使市场化改革之后高度异质性和流动的个体产生持续交往,市场经济中的陌生人社会很难形成互惠交换的规范,社会个体"原子化",相互间信任稀薄。市场经济就其本身而言,是一种信用经济②,应有助于提高人们之间的信任,但在市场化改革之后的中国,却没有发生预期的信用效应。一项关于公民参与的研究发现,随着中国市场化进程的深入,通过公民参与网络生成群体互惠和信任的能力却下降了③。另一项分析则表明,1990年中国人表达"他人可以信任"的人口比例约为60%,到2003年时已下降到了50%以下④。另一方面,在缺乏能影响政策议程的社会组织参与的情况下,人们往往无法顺利完成"公民"角色转换。这种主体人格缺乏的状态,也使得其难以建立起对国家的信任。与此同时,市场化改革过程中也出现了越来越多市场对人们利益的侵害现象(比如食品安全、药品安全),在难以组织化的情况下,社会个体变得非常脆弱,也难以有效抵挡这种侵害,进而也难以建立起对国家的信任。

综上所述,伴随着市场化改革与利益主体分化,由于社会组织并未获得足

---

① 在此"内卷化"是指一种改革造成了形式上变化但实质上却无变化。参见何艳玲、蔡禾:《中国城市基层自治组织的"内卷化"及其成因》,《中山大学学报》2005年第5期。

② Arrow, K. J. 1972. Some Mathematical Models of Race in the Labor Market. in Racial Discrimination in Economic Life, ed. by A. Pascal. Lexington Books, Lexington MA.

③ 陈福平:《强市场中的"弱参与":一个公民社会的考察路径》,《社会学研究》2009年第3期。

④ 马得勇:《社会资本:对若干理论争议的批判分析》,《政治学研究》2008年第5期。

够生长空间,导致不同利益主体之间缺乏持续交往而难以相互信任,加上公共生活参与机会的匮乏和利益侵害未能得到有效保护,人民对国家的信任也难以建立。我们将这一结果归结为新利益调节机制缺失情况下的中国社会建设的第二个困境,即市场化改革与社会不信任的加深。其具体逻辑可以表现为图2:

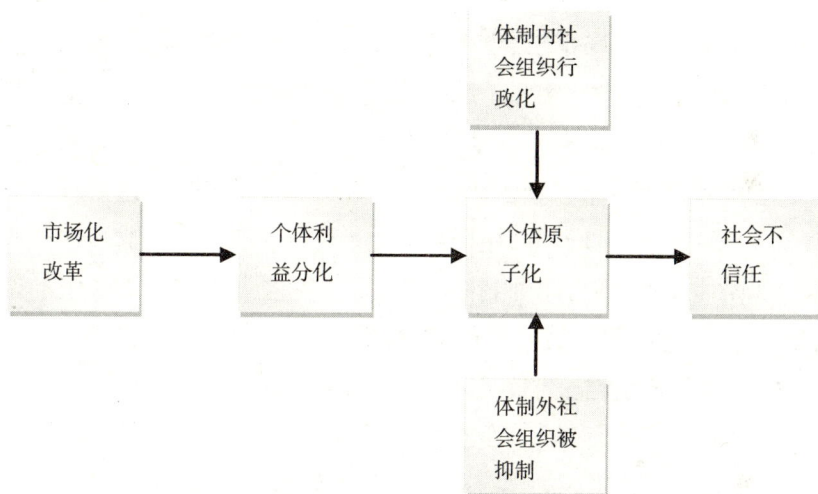

图2　困境之二:市场化改革与社会不信任的加深

（三）利益分化问题的"过度政治化":市场化改革与社会不稳定的加剧

利益分化问题的"过度政治化"也与利益调节机制直接相关。一方面,由于利益调节机制缺失,所有的利益分化都可能不会经过社会中间层的过滤而直接寻求政府解决;一旦政府无法解决这类分化,公共权力的合法性随即就会被质疑乃至否定。另一方面,政府也逐渐倾向于将许多利益分化当作"政治问题"来处理,政治控制成为利益调节机制的常态机制,并牵制了其他利益调节机制的发展与完善。更重要的是,社会主义国家本来就是代表广大劳动人民群众利益的国家,国家应该首先维护其利益,但在市场改革进程中,国家似乎变成了一个中立者的角色。与此同时,国家和资本某些方面的结合往往还会损害劳动者利益(比如劳资冲突),而他们往往又最缺乏解决利益冲突的渠道和能力,于是各种社会不稳定因素大大增加。

其一,寻求政府帮助和上访成为利益冲突解决的优先选择。2005年中国综合社会调查(Chinese General Social Survey,CGSS)数据表明,当人们遇到不公平现象时,求助于政府的愿望和行为占到了总体样本的50%以上。而当发生纠纷时,除了借助法律途径为主要手段外,集体上访与找上级领导成为两个最重要的选择,其他的途径则很少列入手段选择之中。而且,在上访事件中,很多上访的原因本身就是政府作为。2006年CGSS数据表明,群体性事件的对象除了公司、企业、厂商等经济组织,国家有关部门、国家干部、集体或国有事业单位、国家某项政策等占了绝大多数比例。即使有的问题来自于市场,但也被"变形"为与政府的冲突和矛盾,例如企业拖欠工资,工人们不坐在工厂的大门口,而是坐在政府的大门口。

其二,群体性上访增多且逐渐扩散。《2005年社会蓝皮书》的统计数据表明,从1993年到2003年间,中国群体性事件数量已由1万起增加到6万起,参与人数也由约73万增加到约307万。在一项对珠三角农民工的调查中,表示曾参加过群体性突发事件的农民工人数占到被调查者的12.5%,而表示如果今后遇到利益受侵,愿意以群体性突发事件表达意愿的人数比例占到被调查者的49.5%①。在有的地区,还出现了"群体上访的扩散效应",即一类群体上访问题的解决会带来更大规模的群体上访,比如在我曾调查过的广东某地,当地在"外嫁女上访"问题解决后,又出现了更大规模的"反外嫁女上访"②。

需要指出的是,虽然人们通常会寻求政府帮助,但对政府的实质性信任却下降了。以上访为例,当大量利益矛盾都寻求以上访来解决时,必然导致政府处理上访信息的能力瓶颈。政府不得不有选择地处理若干上访信息,这种选择往往优先服从上级领导交办的事件。在此情况下,政府确实为上访者办了实事,但给上访者传递出来的信息却可能是,"不认识领导办不成事情","不把事情闹大办不成事情"。结果造成上访越来越多,规模越来越大,利益冲突的总体解决成本越来越高。

综上,伴随着市场化改革和利益主体的多元化,由于利益调节机制的失灵

---

① 蔡禾:《城市化进程中的农民工》,社会科学文献出版社2009年版。

② 所谓外嫁女就是嫁到原村以外但户口仍留在原村的妇女。在经济发达地区,由于有些农村推行了股份制改革,户籍村民因为持有股份可享受分红,而许多外嫁女却被剥夺了该项权利,由此引发了持续不断的上访行为。

或缺失,导致利益诉求都倾向于直接寻求政府解决,而一旦这些诉求无法得到解决,公共权力的合法性就会被质疑,并在根本上引发社会不稳定。我们将这一结果归结为利益调节机制失灵或缺失情况下的中国社会建设第三个困境,即市场化改革与社会不稳定的加剧。其具体逻辑可以表现为图3：

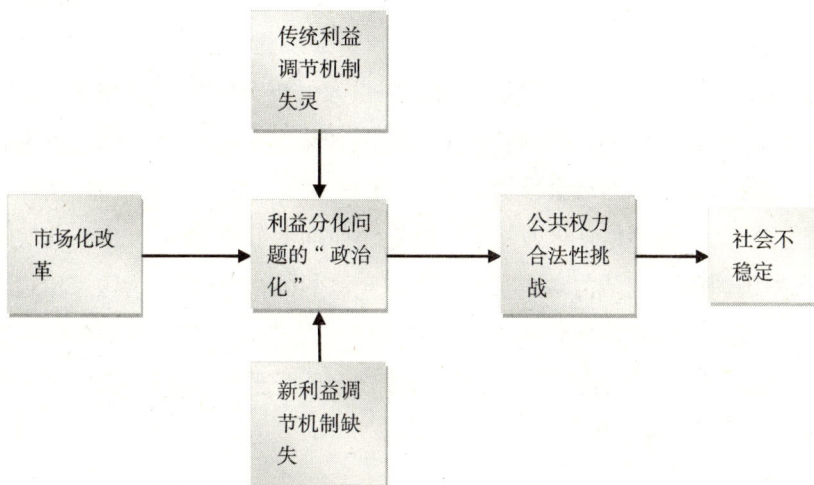

图3　困境之三:市场化改革与社会不稳定的加剧

市场本身具有天然趋利避害性,而在经济结构多元化的情况下,如果社会主义国家没有能够在上层建筑相应建立起应对这种多元经济结构的机制,市场以及市场化必然会带来始料不及的风险与危害。接下来我们将进一步阐述这一要点。

三、中国社会建设困境的症结：国家 治理结构与市场经济体制不匹配

以上分析表明,伴随着市场化改革的推进,中国社会利益诉求不断趋向多元化和差异化,各种不同的利益调节机制成为必需;但是,在这一过程中我们并没有建立合适的利益调节机制来处理这些利益关系使其有序化以及对不良利益关系的纠偏,从而引发了一系列问题和挑战。

为了回答这一问题,我们可以描述出第一次挑战之后中国的发展脉络:其一,通过市场化改革,中国实现了经济结构重构,经济结构的重构至少给中国社会带来三个变化,并重构了中国社会结构。这三个变化是:利益主体与利益诉求多元化、资源配置非均等化(与计划配置下的均等化相区别)以及市场失灵。其二,经济结构与社会结构的变化,要求国家治理结构也必须实现转变,即:针对利益主体与利益诉求的多元化,国家必须建构强大的利益整合能力;针对资源配置的非均等化,国家必须建构强大的再分配能力;针对市场失灵,国家必须建构强大的市场规制能力。其三,如果国家治理结构没有发生相应转变,必将产生严重的社会结构失衡,并进一步影响经济结构秩序,从而导致社会不公平、社会不信任以及社会不稳定。前面的分析表明,在市场化改革过程中,中国国家治理结构未能实现与市场经济的同构,这表现为国家治理结构的三大问题,即脆弱的再分配能力、软弱的市场监管能力以及虚弱的利益整合能力(见图4)。在这种情况下,各类利益分化日渐显化与强化,且由于无法及时调节而滋生出各种抗争行为。

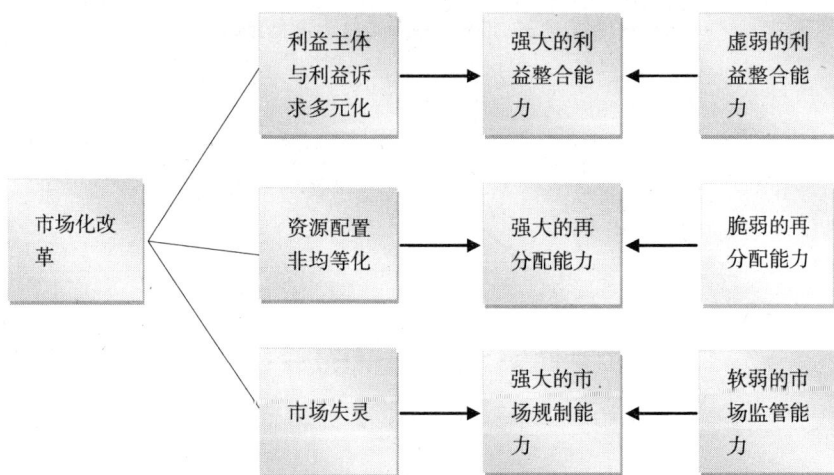

图4 中国社会建设困境的症结:国家治理结构与市场经济体制不匹配

在前述讨论中也可以看到:市场化改革后传统利益调节机制失灵,一方面,由于权力和资本的结合带来了强烈的社会相对剥夺感;另一方面,国家再分配能力的有限不但没有消解这种剥夺感,还进一步扩大了这种剥夺感。而市场化改革后新利益调节机制缺失，一方面，因为政府职能未改变，使社区居委会这类社会组织由于行政任务的不断下沉而从边缘化到内卷化；另一方面，社会组织由于国家对稳定的过度需求而导致难以获得合适的生长空间。而利益分化问题的"过度政治化"，其原因恰恰也在于国家在治理层面的能力有限，因此最终都只能寻求政治层面的解决。

根据匈牙利政治经济学家波兰尼的人类学考察，19世纪之前的人类经济活动史表明，除了体现市场功能的"交易与交换"（Batter, Truck and Exchange）之外，人类经济活动方式还有再分配（Redistribution）、互惠（Reciprocity）与家庭（Householding）①。市场虽然是调节经济生活的古老制度，但在现代社会之前，却从未成为社会经济组织中心，甚至很少成为重要的制度。波兰尼对资本主义国家的批判之一，就是在现代资本主义社会中，市场作为调节经济生活的工具之一被置换成调节经济生活的唯一工具，而再分配（来自国家）、互惠与家庭（来自社会）却被忘记或者忽略。事实上，这一批判同样适合于中国的市场化改革过程。

在中国几十年的市场化改革过程中，正如前面所论述的，一方面，由于市场本身能带来较高的生产效率，让市场以及市场经济获得了一般意义上的合法性；另一方面，由于权力与市场的结合比权力与计划的结合更能换来巨大的寻租收益，这造成了更加稳固的既得利益集团。这种结合甚至跨越一个国家内的市场，成为权力与跨国市场的结合，并造成更大范围的寻租，形成新型跨国利益集团。在巨大的利益驱动下，"市场"作为曾经资本主义专属的东西在中国从"质疑"到"深信"只花了很短的时间，但市场和市场经济如何更好地与社会主义相契合却成从未被真正重视过。在此情况下，新自由主义经济学家的"下溢假设"（Trickling Down Effect）变成公认或者默认的改革思维，即认为只要经济持续增长、饼越做越大，其他一切问题都迟早会迎刃而解。市场化改革过程中伴随的许多制度与政策调整，譬如所有制改革、分配制度改革，政企分离等等，无不体现了（市场）增长优先的原则。在此背景下，中国作为一个

---

① 波兰尼：《大转型：我们时代的政治与经济起源》，冯钢、刘阳译，浙江人民出版社 2007 年版。

社会主义国家却制造出了一种完全"脱嵌"于社会的"市场经济"①，导致的结果是"社会的运作从属于市场"，更有甚者，在某些方面连国家的运作也从属于市场；由此，中国也逐步实现了"从伦理经济演化到市场社会的转变"②。

事实上，历史的经验多次证明，国家在市场发展到一定阶段后对"社会"具有先导作用。比如，斯考波尔等人通过对美国近100年来社会团体组织形式的分析指出，在现代化的早期，美国的社团建立者借鉴了联邦政府的结构形式建立了通过代表机制来管理跨地域大型社会团体的方法，因此，社会团体无论是结构上还是宗旨上都受国家建设的影响③。而塔罗则指出，国家在公民精神形成的过程中并不是被动的，它受公民精神的影响，但也在塑造着公民文化④。一些对处于东亚文化圈中民主转型国家的研究，也已经注意到了政策对公民社会中组织关系影响的作用⑤。

四、国家治理结构调适的关键：将"社会"
带回到市场经济体制

可见，中国社会建设的顺利推进，其关键环节并非在社会，而在国家治理结构调适，或者说，在于国家是否能将制度建设摆在主要位置，充分发挥社会主义制度的优越性，将"社会"带回到市场经济体制，促进经济结构再重构，进而推动社会结构调整，以解决前述三大困境。

这里的调适是个特定概念。国家治理结构调适至少有三个方向：

其一，新增。国家治理结构必须根据与计划不一样的市场逻辑，新增一些

---

① 波兰尼：《大转型：我们时代的政治与经济起源》，冯钢、刘阳译，浙江人民出版社2007年版。

② 具体演化过程参见王绍光：《大转型：1980年代以来中国的双向运动》，《中国社会科学》2008年第1期。

③ Skocpol，T，Ganz，M，Munson，Z. 2000. A Nation of Organizers：The Institutional Origins of Civic Voluntarism in the United States. *American Political Science Review*. 94(3)：pp.527-46.

④ Tarrow，S. 1996. Making social science work across space and time：a critical reflection on Robert Putnam's Making Democracy Work. *American Political Science Review*，90：pp.389-397.

⑤ Kim，Y. M. 2005. The re-examination of east Asian welfare regime，Paper presented at *the Workshop on East Asian Social Policy*，13th-15th January，held at the University of Bath，UK.

职能并构建与之相关的制度安排。比如对市场的规制，这在计划经济时代其实并不是一个问题，而在市场经济时代，政府对市场的规制能力却非常重要，这会决定我们所建设出来的市场有无从属于社会的理性，还是会让社会从属于市场。

其二，除去。即根据市场的逻辑去掉一些与计划相匹配但不一定与市场相匹配的职能，以及与之相关的制度安排。比如，对市场主体经营的直接干预。

其三，保留。这一点非常重要，市场经济并非意味着社会主义国家的治理结构要素都要被去除。事实上，现代资本主义国家"自我拯救"的实践表明，政府通过计划和干预可能解决市场失灵。或者说，社会主义国家原本有更大的优势去解决市场失灵的问题。而中国市场化改革过程中的一个关键问题就是，在建设"市场"的过程中，我们却剥离了社会主义国家的一些核心价值，比如放弃了在一些重要政策领域的政府责任，放弃了对广大劳动人民群众的维护和保护，导致了各种利益失衡的问题。比如20世纪90年代中期在"做大做强"的GDP主义和减少国家负担的财政原则下，大量有关民生事业被大规模产业化甚至私营化，国家在正常的公共领域中退出，在某种程度上造成了强者通吃的"无政府"状态。

具体而言，在中国社会建设过程中，国家治理结构调适必须完成三个任务：一是在政治层面，完善政治协商机制，通过协商民主制度和工作机制来强化公共权力责任，以应对社会压力；二是在行政层面，完善公共服务供给机制，直接回应社会需求，消弭市场竞争所带来的悬殊的利益分化，尤其是对广大劳动者利益的损害；三是在社会层面，为社会组织发展提供制度便利，增强社会自组织能力。事实上，国家治理结构调适所指向的这几个任务，正是社会主义国家传统以及社会主义国家政党（在中国是中国共产党）的纲领之所在。可以说，中国社会建设虽然是新的社会时期所提出的新战略，但其内涵却是社会主义的核心价值①，即通过建立能够保护广大劳动人民群众利益的利益秩序，形成国家与市场、国家与社会以及市场与社会之间的良性关系。

---

① 关于这种价值的回归可参见郑永年所撰《全球化与中国的国家转型》第九章的论述。当然，本文所讨论的传统与他的讨论有所不同。参见郑永年：《全球化与中国的国家转型》，郁建兴、何子英译，浙江人民出版社2011年版。

以此来衡量，显然，从市场化改革以来，中国国家治理结构还有很多方面有待完善。一方面，这些年来我们记录下了次数繁多、种类多样的国家层面的制度改革，但它们多是被动的、工具性的，而非致力于国家、市场、社会之间的良性的、制度化的互构；另一方面，在压缩时空的中国改革与发展过程中传统、现代、后现代和西方、东方以及世界、本土的现象同生并起，使得诸多有关中国问题的解释难以达成共识，并导致实践中的常识错误，比如前述对市场的理解偏差以及由此带来的市场规制匮乏。

中国社会建设的提出，表明国家作为被社会决定的力量（社会主义国家更应如此）将全面承担起保障社会、维护个体、促进人与社会发展的使命。国家治理结构的调适"既体现为国家自身制度体系的完善与成熟，也体现为经济与社会现代化的全面发展"[1]。值得高兴的是，自20世纪90年代以来，中国国家制度建设已经有了很多自觉自为迹象，例如90年代中期开始的政府机构改革（1993、1998、2003年）、公务员体制改革（1993年）、财政金融体制改革（1994—1998年）、自然垄断产业管理体制改革（1998—2002年）以及社会保障体制的重建，都表明了"中央政府在继续推动和深化市场化改革的同时，也在致力于重建国家体系……"[2]可以说，中国国家建设"将因社会建设的提出而全面步入整体建设、规范发展和有序推进的发展时期。有了这样的国家建设，中国就能真正实现现代化，中国的社会主义制度就能得到巩固和发展"[3]，并形成社会发展人人有责、社会发展人人共享的生动局面。

当前，中国发展已经到了新的十字路口。当代中国社会转型实际上是由"体制的转轨"（Institutional Transition）与"结构的转型"（Structural Transformation）这两个转变构成的。"体制转轨作为一种特定的改革，是在原计划再分配经济体制国家发生的，即便是渐进式改革，也要求在相对有限的时距中完成制度创新，因为长时间的体制摩擦和规范真空会造成社会的失序。结构转型是世界各国实现现代化必经的过程，它实际上是一个比人们主观期望更为漫

---

① 相关论述参见林尚立：《社会主义与国家建设——基于中国的立场和实践》，《社会科学战线》2009年第6期。

② 刘鹏：《三十年来海外学者视野下的当代中国国家性及其争论述评》，《社会学研究》2009年第5期。

③ 相关论述参见林尚立：《社会主义与国家建设——基于中国的立场和实践》，《社会科学战线》2009年第6期。

长的过程，往往要经过几代人的努力才有可能真正改变一个国家在世界经济体系中的位置。"①将这一观点对应于前述讨论，可以看出中国市场化改革意味着"体制转轨"正在实行，但由于国家治理结构未能很好地与市场经济体制相匹配，"结构转型"仍然任重道远。

本文对中国社会建设过程中"国家治理结构调适"先导性与重要性的强调也许会受到某种"奚落"。因为在一些人看来，如果说中国这些年来存在"市场的傲慢"，那么也同样存在"国家的傲慢"，因此指望国家主动推动治理结构调适仿佛"缘木求鱼"。然而，在市场化改革过程中，社会主义中国"摸着石头过河"发展至此，各类社会问题让国家和政党都面临着前所未有的挑战。在这种情况下，国家的性质和立场必须变得更清晰、更准确，在发展市场经济的同时坚持社会主义核心价值，由此维系中国特色社会主义的道路自信、理论自信和制度自信。

针对中国特色的社会主义道路，我们有必要进行深层次的思考：到底是什么中国特色，或者说，到底什么不是中国特色？到底是什么社会主义道路？或者说，到底什么不是社会主义道路？同时，或者我们必须更认真地思考中国改革的总设计师邓小平同志早就发出的警告："如果搞两极分化……民族矛盾、区域间矛盾、阶级矛盾都会发展，相应地中央和地方的矛盾也会发展，就可能出乱子"（《善于利用时机解决发展问题》，1990年）；"社会主义的目的就是要全国人民共同富裕，不是两极分化。如果我们的政策导致两极分化，我们就失败了。"（《一靠理想二靠纪律才能团结起来》，1985年）

从历史与世界视野来看，不仅是前面提到的波兰尼，还有更多学者早已指出市场经济在一个国家中所可能带来的社会风险。如美国社会学家格兰诺维特认为，"理想的自由竞争市场之所以能逃离学理上的攻击，部分是因为，自我调节的经济结构对许多人具有政治上的吸引力。另外一个比较不为人所熟知的原因则是，去除了社会关系，可以在经济分析时去除社会秩序这个问题"②。经济不能脱离社会，这一点已经成为共识，因此，中国社会建设就是要保证在经济发展的同时仍然维持社会主义秩序。脱离社会秩序来谈经济发

---

① 陆学艺、李培林主编：《中国新时期社会发展报告》，辽宁人民出版社1997年版，第1—2页。

② Granovetter, M. 1997. Economic Action and Social Structure: The Problem of Embeddedness. American Journal of Markets. Annual Review of Sociology 23：351.

展，是非常危险的。这些年来中国的种种社会不平等、社会不信任和社会不稳定现象，以及对社会主义道路的怀疑都已经证明了这一点。

在中国的改革与发展过程中，我们需要更多集体自省与行动上的反思，我们需要重建新的改革与发展理性，我们需要以全新的视野深化对执政规律、社会主义建设规律、人类社会发展规律的认识。这种理性的内在灵魂，在于如何保证国家和市场最终都服从于社会需要，促成良性的社会关系结构，构建一个趋向"人的自由全面发展"的幸福社会！

参考文献：

蔡禾：《城市化进程中的农民工》，社会科学文献出版社 2009 年版。

陈福平：《强市场中的"弱参与"：一个公民社会的考察路径》，《社会学研究》2009 年第 3 期。

何艳玲、蔡禾：《中国城市基层自治组织的"内卷化"及其成因》，《中山大学学报》2005 年第 5 期。

何艳玲、陈幽泓、赵静：《中国业主委员会发展报告》，《内部调查报告》2009 年。

卡尔·波兰尼：《大转型：我们时代的政治与经济起源》，冯钢、刘阳译，浙江人民出版社 2007 年版。

李路路、王修晓、苗大雷：《"新传统主义"及其后："单位制"的视角与分析》，《吉林大学社会科学学报》2009 年第 5 期。

李强：《为什么农民工"有技术无地位"：技术工人转向中间阶层社会结构的战略探索》，《江苏社会科学》2010 年第 6 期。

林尚立：《社会主义与国家建设——基于中国的立场和实践》，《社会科学战线》2009 年第 6 期。

刘天喜、傅艳蕾：《中国社会建设问题研究综述》，《理论视野》2009 年第 2 期。

刘建军：《单位中国：社会调控体系重构中的个人、组织与国家》，天津人民出版社 2000 年版。

刘鹏：《三十年来海外学者视野下的当代中国国家性及其争论述评》，《社会学研究》2009 年第 5 期。

陆学艺：《社会建设蓝皮书》，社会科学文献出版社 2010 年版。

马得勇：《社会资本：对若干理论争议的批判分析》，《政治学研究》2008 年第 5 期。

《政治经济学批判（1857—1858 年草稿）》，《马克思恩格斯全集》第 46 卷上册，人民出版社 1979 年版。

王绍光：《大转型：1980 年代以来中国的双向运动》，《中国社会科学》2008 年第 1 期。

王绍光：《中国改革政策议程设置》，《中国社会科学》2006 年第 5 期。

王闻：《中国义务教育财政改革与地区差异分析：教育财政的公平与充足》，《公共行政评论》2009 年第 2 期。

岳经纶：《建构社会中国：中国社会政策的发展与挑战》，《探索与争鸣》2010 年第 10 期。

郑磊：《财政分权、政府竞争与公共支出结构——政府教育支出比重的影响因素分析》，《经济科学》2008 年第 1 期。

郑永年：《全球化与中国的国家转型》，郁建兴、何子英译，浙江人民出版社 2011 年版。

中国社会科学院"新社会群体研究"课题组：《我国巨富群体的现状和影响》，《中国社会科学院（要报）》第 50 期。

Arrow, K. J, 1972, "Some Mathematical Models of Race in the Labor Market," in *Racial Discrimination in Economic Life*, ed. by A. Pascal, Lexington, Mass.: Lexington Books.

Bian, Yanjie & Logan, J. R, 1996, "Market Transition and the Persistence of Power: The Changing Stratification System in Urban China," *American Sociological Review*, Vol. 61, No. 5, pp. 739-758.

Cao, Yang & Nee, V, 2000, "Comment: Controversies and Evidence in the Market Transition Debate," *American Journal of Sociology*, Vol. 105, No. 4, pp. 1175-1189.

Granovetter, M, 1985, "Economic Action and Social Structure: The Problem of Embeddedness," *American Journal of Sociology*, Vol. 91, No. 3, pp. 481-510.

Kim, Y. M, 2005, "The re-examination of east Asian welfare regime". Paper presented at the Workshop on East Asian Social Policy, 13th - 15th January. held at the University of Bath, UK.

Nee, V, 1989, "A Theory of Market Transition: From Redistribution to Market in State Socialism," *American Sociological Review*, Vol. 54, No. 5, pp. 663-681.

Nee, V, 1991, "Social Inequalities in Reforming State Socialism : Between Redistribution and Market s in China," *American Sociological Review*, Vol. 56, No. 3, pp. 267-282.

Nee, V, 1996, "The Emergence of a Market Society : Changing Mechanisms of Stratification in China," *American Journal of Sociology*, Vol. 101, No. 4, pp. 908-949.

Skocpol, T & Ganz, M & Munson, Z, 2000, "A Nation of Organizers: The Institutional Origins of Civic Voluntarism in the United States," *The American Political Science Review*, Vol. 94, No. 3, pp. 527-546.

Tarrow, S, 1996, "Making social science work across space and time: a critical reflection on Robert Putnam's Making Democracy Work," *The American Political Science Review*, Vol. 90, No. 2, pp. 389-397.

建构"社会中国":
中国社会政策的发展

岳经纶①

自 18 世纪以来,近代西方国家分别在经济、政治和社会领域逐步确立了资本主义市场经济、民主政治与福利国家制度,相继实现了民权、政治权利与社会权利,完成了公民身份的建构。在中国,随着改革和开放的深入,在经济上逐步形成了社会主义市场经济体制,在政治上社会主义民主政治的形态日益巩固,但是社会上并未形成明确的体制模式方向。对于中国社会的发展,尽管近年来政府强调社会建设和社会事业的发展,强调民生问题的重要性,但是在社会领域并没有形成类似市场经济、民主政治这样明确的目标模式,而只是模糊地说关注民生,体面劳动,让人民生活的更加幸福、更有尊严。虽然有学者倡导建立社会主义福利社会(岳经纶,2008;郑功成,2009),但是似乎没有得到来自民间与官方的有力回应。如果说当代中国有了明确的政治发展模式和经济发展模式,那么,在社会领域还没有找到理想的制度模式。

"社会欧洲"(Social Europe)是西方学术界流通的概念。所谓"社会欧洲",指的是欧洲的社会模式(the European Social Model),特别是指提供保护预防全球市场冲击的欧洲福利国家体制(Giddens, Diamond and Liddle, 2007)。换言之,"社会欧洲"与欧洲社会政策密切相关。相应地,所谓"社会中国"(social China),其着眼点就是中国的社会模式,特别是中国的社会福利

---

① 岳经纶,中山大学公共管理研究中心、政治与公共事务管理学院,教授;中山大学社会保障与社会政策研究所所长。

模式。与经济中国、政治中国这些概念一样，"社会中国"是对中国社会福利模式的历史、现状以及未来的高度抽象。透过"社会中国"概念，我们可以回顾中国社会发展（主要是福利制度）的历史，分析其现状，并且展望其未来。"社会中国"既是一个具有时间/历史内涵的概念，也是一个具有空间内涵的概念。它既指涉具体的社会福利和服务的提供，更涉及抽象的公民社会权利的建构。因此，这里的"社会中国"概念涉及时间/历史、空间、制度和理念四个维度。

从"社会中国"的视野，审视新中国成立以来中国社会政策的演变和发展，可以把1949年新中国成立以来的中国社会政策发展历程划分为三个阶段：前改革阶段、20世纪80年代到90年代的改革阶段，以及2002年以来的新阶段。在这三个阶段，"社会中国"呈现出不同的图像。随着我国社会政治经济状况的变化，国家在社会福利和服务中的角色发生了持续的变化，经历了从改革开放前的"国家垄断"（state-monopolizing），到改革开放后的"国家退却"（state-rolling-back），再到"国家再临"（state-rolling-forth）的演变过程，从而令我国的社会政策发展呈现出明显的阶段性。在新世纪，面对经济改革过程中积累的种种社会问题，中国开始强化国家在公共福利和服务中的角色，出现了社会政策的急剧扩展，新的社会政策体系正在形成之中。但是，统一的"社会中国"的图景依然模糊。

一、改革开放前的我国社会政策：
"二元社会中国"的形成

社会政策既是一个政策概念，又是一个学术概念。作为政策概念，社会政策指的是那些影响公共福利的政府政策和计划，如教育政策、医疗政策、社会保障政策等；作为学术概念，社会政策指的是研究这些政策的一个重要的学术领域，也可以称为"社会政策学"（迪安，2009）。社会政策泛指一个国家或地区的有关公众福祉的任何政策，体现的是国家/政府在福利中的角色。它关注的不只是收入维持和贫困控制，而且关心全体公民的各种基本需要和福祉（迪安，2009）。政府实施社会政策，目的是通过提供社会保障津贴、免费教育、医疗服务、公共房屋等来改善个人的生活机会和社会关系。在现代社会，社会政策被普遍认为是发展社会事业、促进社会公平正义、增进社会团结与和谐的基本手段。在现代市场经济体系中，社会政策与福利国家就是同一块硬币的两个面。

在计划经济时代，在社会主义意识形态的指导下，我国在生产资料公有制的基础上推行公平优先、注重分配的社会经济政策。国家在实施优先发展重工业的经济政策的同时，在户籍制度的基础上，按照城乡分割的原则，在城乡建立并实施了两套截然不同的社会政策体系(见表1)。这一时期，国家垄断和控制了重要的社会资源和每一个人的生活和发展机会，在高度组织化、集权化和单一化的社会结构中(梁祖彬和颜可亲，1996)，建立了国家主导的、城乡二元的社会政策体系，形成了"二元社会中国"。在这个二元的"社会中国"中，国家在福利中的角色具有二重性：既有制度性(institutional)的一面(国家通过单位体制为城镇居民提供比较全面的福利和服务)，又有补救性(residual)的一面(对单位体制之外的城镇居民和农村居民只提供十分有限的救济和援助)。

在城镇，国家建立了一套以终身就业为基础的、由单位直接提供各种福利和服务的社会政策体系。在这种社会政策体系下，国家以充分就业为基础，将绝大部分城镇居民安排到全民所有制和集体所有制单位(主要是国家机关和企事业单位)中就业，对干部、职工及其家属提供覆盖生、老、病、死各个方面的社会保护，具体包括医疗服务、住房、教育、养老，以及各种生活福利和困难救济。国家建立的劳动保护体系使所有工人都享有就业保障，没有失业之虞。这套体系被称为"单位福利制度"、"单位社会主义"、"迷你福利国家"，被认为是社会主义优越性的体现。在农村，在集体经济的基础上，建立了包括合作医疗制度、五保户制度等在内的集体福利制度。农民作为公社社员享有一定的集体保障。

虽然"二元社会中国"带来了社会福利待遇差距明显的城乡二元制福利体系，但是，国家直接或间接地在社会福利提供当中扮演了重要角色，城乡居民的基本福利需要，如教育、医疗、就业等，都得到了一定程度的满足，在城镇或农村内部没有出现严重的社会不公平问题。在计划经济时期，我国的基尼系数介乎0.2—0.3之间，属于世界上收入分配最平等的国家。在1949年，

表1　改革开放前"二元社会中国"的社会政策体系

政策领域	城镇社会政策体系	农村社会政策体系
教育	国家资助的义务教育	农村集体资助的教育
医疗	非缴费型的医疗（劳保医疗与公费医疗）	农村合作医疗
就业	固定就业（铁饭碗）	—
社会保障	非缴费型的劳动保险，"三无"人员救济	五保户政策
住房	福利住房	—

我国文盲率超过80%。从1949年到1978年，我国人均预期寿命从35岁提高到68岁，增加了33岁。到20世纪70年代末，我国城市的文盲率下降到16.4%，农村下降到34.7%。美国经济学家萨缪尔森在其《经济学》的第十版中对当时我国的社会生活有这样的描述："它（中国）向每一个人提供了粮食、衣服和住房，使他们保持健康，并使绝大多数人获得了教育，千百万人并没有挨饿，道路旁边和街路上并没有一群群昏昏欲睡、目不识丁的乞丐，千百万人并没有遭受疾病的折磨。以此而论，中国的成就超过世界上任何一个不发达国家"（转引自沙健孙，2006）。我国著名社会政策学者关信平教授认为，改革开放前，我国政府非常重视通过国家和集体力量去建立基本的社会保障、公共医疗卫生、公共教育、公共住房、社会福利以及其他各项社会服务，在经济不发达的情况下保证了广大群众的基本生活需要，并在各项社会事业方面取得了超过当时经济发展条件的成就（关信平，2008）。

需要指出的是，与其他社会主义国家一样，计划经济时代我国的社会政策体系基本上是为"服务于经济目标而设计的"，社会政策被视为完整的生产过程的一部分，是满足"工人"（而不是公民）需要的一种手段。企业履行了大多数社会政策的职责。充分就业政策保障了城市居民可以普遍享受社会福利和服务，尽管在水平和质量上存在着差异。社会政策差不多是排他性的国家主义，几乎不存在市场安排，也没有什么非官办部门的捐献。除了福利分配和社会服务外，对基本消费品（食物、住房、能源、交通）的广泛补贴在某种程度上发挥了社会政策的功能，或者说是一种近似的社会政策（参见尼尔森，2006）。更重要的是，即使在强调社会主义意识形态的计划经济时期，国家也没有真正落实社会公民身份（Social Citizenship）与社会权利（Social Rights），反而是通过户籍制度强化城乡居民身份与福利权利的差异性（施世骏，2009），通过单位制度和行政身份制度强化了城镇居民内部的福利权利分割。

把社会福利和服务纳入就业制度是计划经济时期我国社会政策的一个最显著的特征，并且推动了单位制度的形成。作为计划经济时代我国的一种基本的社会经济制度，单位制度对我国城镇劳动者的工作和生活具有重要影响。大部分城镇工人和他们的家属都被纳入了各种工作单位，如国营企业、国家机关、政府部门和其他事业单位。单位的功能就像一个自给自足的"迷你福利国家"。一般来说，工作单位具有以下基本特征：控制人事，提供公共设施，执行独立的会计和预算制度，建立在城市，属于公共部门（Lv & Perry，1997）。单位制度包括了三项基本要素：终身就业（"铁饭碗"），平均主义（吃"大锅饭"）和福利全包（路风，1989）。单位在工人与国家的关系上扮演着某种特别的角色。著名社会学家华尔德（Andrew Walder）对我国国营企业的权威关系进行了深入研究，并提出了"有组织的依赖"（Organized Dependence）这个概念来描述工人与其单位的关系。具体来说，就是劳动者在政治上依赖工作单位的党组织和管理层以取得政治上的利益，在经济上依赖单位提供的工资收入和各种福利和服务，在个人关系上依附作为国家干部的上司（Walder，1986）。由于当时中国正在进行快速的工业化，需要大量资金，因而不能给工人提供较高的工资报酬。因此，在国家与工人之间形成了不成文的"社会契约"：国家（以家长的姿态）照顾工人及其家庭（包括生老病死），工人（以主人翁姿态）以低工资为国家工业化服务。

不过，由于在计划经济时期我国忽视了生产力的发展和经济建设，我国的城镇社会政策体系所带来的财政支出超越了国家经济的承受力，为国家和企业带来了沉重的负担，间接造成了国有企业的低效率。因此，在经济改革之后，作为计划经济时代社会政策体系核心基础的劳动就业制度及相关的福利保障制度成为经济改革的主要对象，我国社会政策体系开始进入局部调整与全面变革的时期。与此同时，在农村，随着人民公社这一集体经济制度的瓦解，农村社会政策的经济基础不复存在，农村社会政策体系也进入变革时期。

二、20 世纪 80 到 90 年代我国社会政策的演变

自 20 世纪 70 年代末实行改革开放政策以来,为了改变落后的国民经济状况,中国开始了以发展经济为导向的大规模的社会经济转型。在这一转型期中,国家的施政重点转向经济发展,政府经济政策职能凸显,而社会政策则开始转向服务于经济政策,从而推动经济效率的提升和经济的增长。在减轻国家负担的考量下,随着单位体制的瓦解和农村集体经济的解体,再加上国家有意识地弱化了自己在公共福利提供上的功能和角色,旧的"二元社会中国"进一步分化,更形碎片化。在市场体系和第三部门还没有得到足够发展的情况下,国家不适当地从许多公共服务的提供中全面撤退,其结果是导致了公众的许多基本需要得不到满足,并形成了庞大的社会弱势群体。在这一时期,我国社会政策的演变可以分为两个阶段:

第一阶段(1978—1992 年):社会政策的局部调整期

这一阶段是计划经济时代的旧社会政策的延续与新社会政策变革的酝酿阶段。在改革开放的最初几年,除了教育政策以外,我国社会政策体系没有出现大的调整,只是对原有劳动保险制度进行了局部修补和完善。同时,随着劳动合同制度的初步实施,我国尝试对劳动就业及相关的保险制度进行改革。

为了解决"文革"后出现的严重城市失业问题,我国政府开始改革劳动就业政策,在 1980 年提出了"三结合就业方针",即"在国家统筹规划和指导下,实行劳动部门介绍就业、自愿组织起来就业和自谋职业相结合"的方针(《中国劳动人事年鉴 1989》,第 136 页)。这一政策是对计划劳动制度统一安置就业的否定,打破了由国家完全解决就业的旧观念和旧体制。同时,也开始探索实施劳动合同制度。1986 年,国务院颁布了有关实施劳动合同制的四个暂行条例,以劳动合同制为基本内容的劳动就业体制改革正式启动,计划经济时代实行的固定就业制度开始动摇。为配合劳动就业体制改革,特别是劳动合同制度的实施,我国建立了失业保险制度。

1984 年起,随着我国城市经济体制开始改革,社会保障制度的改革就摆

上了党和政府的议事日程。1986年中共六届人大四次会议通过的"七五"计划中提出："要通过多种渠道筹集社会保障基金,改革社会保障管理体制,坚持社会化管理与单位管理相结合,以社会化管理为主,继续发扬我国家庭、亲友和邻里间互助互济的优良传统"。此后,养老保险改革开始提上政策议程,上海等地开始进行城镇职工退休费社会统筹的试点工作。

扶贫政策是这一时期我国农村社会保障政策的重要内容。1986年,我国在全国范围内开展了有计划、有组织的大规模开发式扶贫计划,旨在通过兴办经济实体、技术帮助、培训等方式,帮助农村贫困人口脱贫致富。到1992年底,全国农村贫困人口减少到8000万。

随着文化大革命的结束,我国教育政策出现新的发展。1977年,我国高等学校恢复了中断11年之久的入学考试制度,高等教育开始走上正轨。随着改革开放政策的实施,我国教育政策进行了重新定位,教育政策的目标转向为社会主义现代化和发展经济服务。为了实现这一政策目标,我国政府在1985年启动了教育体制改革。1986年,国家颁布《义务教育法》,宣布实现九年义务教育的政策目标,并开始实行基础教育分级管理的体制,下放基础教育的财政责任。

因应改革开放之后单位福利功能的弱化,以及依托于单位的社会服务提供机制的失灵,我国在这一时期开始转向以"社区"取代单位来提供社会福利服务。1987年,国家民政部正式提出开展城市社区服务。当年民政部在大连召开的社区服务座谈会上明确指出,"在政府的倡导下,发动社区成员开展互助性的社会服务活动,就地解决本社区的社会问题。"

总体来说,在20世纪80年代,由于计划经济时代形成的社会保障制度没有遭到根本性的变革,其制度效果的遗产依然发挥作用。再加上这一时期城乡民众大体上都能分享到经济改革的成果,社会问题并没有凸显(改革开放初期最主要的问题是就业问题)。在农村,家庭联产承包制带来的农村经济繁荣以及乡镇企业的蓬勃发展,大大提升了农民的生活水平。因农村人民公社的解体而带来的社会保障制度瓦解的社会后果没有得到应有的关注。在这一时期,政府在农村的社会政策主要是在贫困地区推行扶贫工作,减少绝对贫困。在城市,改革的重点是国有企业的劳动用工制度和经营模式,特别是劳动合同制度的实施。为了顺利推行劳动合同制度,政府在80年代中期建立了失业保险制度。虽然这一时期也出现了农村剩余劳动力向城镇转移的问题,但是大量的农民进入了乡镇企业,实现了离土不离乡的转移,没有出现大规模的跨省流动。因此,在整个 80 年代,除了教育政策和就业政策出现较大的调整之外,我国缺乏显著的社会政策变革和创新,二元社会中国得以基本维持。

第二阶段(1992—2002 年):国家的全面退缩:社会政策的剧变期

这一阶段是我国社会政策体系的全面而急剧的变革时期,社会政策的各个主要领域都出现了重大的转型。为了配合市场经济体制的建立,国家试图对计划经济时代建立起来的社会政策体系进行全面改造,并建构起适应市场经济的社会政策体系。社会政策转型的主要表现是,国家从社会福利和服务领域中有计划地全面退出,教育、医疗、住房等领域出现了明显的市场化趋势(Wong and Flyn,2001)。

随着国有企业改革的深化,下岗失业问题成为我国劳动政策面对的首要问题。为了处理由国有部门释放出来的大量富余职工和城镇新增劳动力大军带来的失业问题,我国政府推出了"积极的就业政策",把创造就业岗位作为这一时期劳动政策的主要任务,利用各种各样的政策措施来增加工人特别是下岗职工的就业机会。为了保障下岗和失业职工的基本生活,我国政府建立了由"三条保障线"构成的安全网:第一条是失业保险制度,第二条是工作单位或再就业服务中心为下岗职工提供的生活补贴,第三条是最低生活保障制度(岳经纶,2007a)。此外,各级政府还在城市社区普遍建立了就业与社会保障中心、社区服务中心、社区信息中心等就业服务机构。

当然,这一时期,最重要的社会政策变革是形成了以社会保险制度主导的社会保障改革思路。1992 年,中共十四大召开,确定了建立社会主义市场经济体制的战略目标。为配合市场经济体制的建立,我国在 1993 年和 1994 年确定了社会政策(以社会保障为代表)改革的大思路。1993 年党的十四届三中全会通过的《关于建立社会主义市场经济体制若干问题的决定》提出:要"建立多层次的社会保障体系","社会保障体系包括社会保险、社会救济、社会福利、优抚保障和社会互助、个人储备积累保障"。1997 年,党的十五大政治报告指出:"建立社会保障体系,实行社会统筹和个人账户相结合的养老、医疗保险制度,完善失业保障和社会救济制度,提供最基本的社会保障"。

这一时期我国社会政策变革的重点内容是各类社会保险制度的建立和完善，特别是养老保险制度。1997年，国务院颁发了《关于建立统一的企业职工基本养老保险制度的决定》，确立了企业职工基本养老保险制度，即基本养老保险费用由企业和个人共同负担，实行社会统筹与个人账户相结合。2000年，国务院选定在辽宁进行完善城镇社会保障体系试点，做实个人账户，分账管理，个人账户与社会统筹相结合为目标。

20世纪80年代中期以来，在对公费医疗和劳保医疗制度进行改革的同时，我国政府也在积极探索建立新的医疗保险制度。这个阶段的改革重心在于建立统账结合（保险基金实行社会统筹账户与个人账户相结合）的社会医疗保险制度模式。1998年，国务院发布了《关于建立城镇职工基本医疗保险制度的决定》，出台了城镇职工基本医疗保险方案。该方案的政策目标：建立医疗费用约束机制，以控制医疗急速上涨的趋势；加强职工基本医疗的保障力度，解决部分企业职工由于单位效益不好而不能及时报销医疗费的问题；为非国有企业员工提供医疗保障。基本医疗保险原则上以地级以上行政区为统筹单位，医疗保险费由用人单位和职工共同缴纳，其缴费率分别为职工工资总额的6%和2%。职工个人缴费的全部和用人单位缴费的30%左右划入个人账户。

在这一阶段，尽管提出了我国社会保障改革的大思路，并且开展了以养老社会保险为主要内容的改革，但是，在政策设计上仍然存在着从社会身份出发而不是从需要出发的倾向，路径依赖严重。社会保险的各个项目，如失业保险、养老保险、医疗保险等分险种在不同所有制的企业渐进推进，制度安排分散，不但给企业有选择地参保创造了机会，增大了制度运行的监督成本，而且直接导致社会保险分险种设定费率，综合费率过高，抬高了社会保险的制度门槛，阻碍了社会保障制度改革的顺利推进。

住房改革是这一时期我国社会政策变革的重要内容。早在20世纪80年代，我国已开始进行住房改革的试点。自1991年始，随着经济体制整体改革的推进，城镇住房改革进入全面起步阶段。1991年10月，国务院住房改革领导小组提出《关于全面推进城镇住房制度改革的意见》，指出住房改革的总目标是：按照社会主义有计划商品经济的要求，从改革公房低租金制度着手，将现行公房的实物福利分配制度逐步转变为货币工资分配制度。1994年7月，国务院颁布《关于深化城镇住房制度改革的决定》(国发〔1994〕43 号),标志着中国的住房改革进入全面深化阶段。由于福利性住房政策的事实存续导致了住房市场的扭曲与住房分配不公的进一步加剧,国务院于 1998 年 7 月发布《关于进一步深化住房制度改革　加快住房建设的通知》(国发〔1998〕23 号),明确宣布从 1998 年下半年废除国家供应住房的实物分配制度,全面实行市场化供应为主的住房货币化改革,建立和完善以经济适用住房为主的多层次城镇住房供应体系。

　　总的来说,与 20 世纪 80 年代社会政策的局部调整不同,在 90 年代,随着市场经济体制目标模式的确立,我国的社会政策经历了根本性的转型,经历了一次深刻的范式转移(莫家豪,2008)。无论是劳动就业政策,教育政策,医疗政策,还是住房政策,都经历了从国家主导向市场主导的转变过程。旧的城乡社会保障体系逐步瓦解,变得支离破碎,许多人失去了基本的社会福利和服务。这一时期,我国社会政策的变化可以归纳为:在价值上,从理想主义转向了实用主义;在政策目标上,从关注社会公平转向了关心经济效率;在福利提供主体上,社会福利的主要提供者从国家/单位转向了个人和家庭;在福利提供机制上,从国家计划转向了市场主导;在中央与地方的分工上,从中央主导转向了地方各自为政(岳经纶,2007b)。

　　在这一时期,为了顺利推行国有企业的改革,政府社会政策的重点放在国有企业及其职工身上。为了配合国有企业的改制和单位体制的瓦解,从 20 世纪 90 年代中期起,政府积极推行以社会保险为核心的社会保障制度改革,特别是养老保险制度和医疗保险制度。计划经济时代的非缴费制的劳动保险制度逐步被个人缴费的保险制度所取代。与此同时,为保障下岗失业工人的基本生活,国家建立了三条保障线:下岗职工生活补贴、失业保险和最低生活保障。而最低生活保障制度的建立是我国社会救助制度和社会政策的重大创新。在公共服务社会化和市场化的潮流下,原来由单位提供的各项社会服务逐步社会化、市场化。随着国家的退出,教育、医疗等基本公共服务领域出现了市场化、产业化的趋势。而从二元社会结构派生出来的庞大的流动人口群体基本上没有成为社会政策的目标群体,他们游离在城市与农村之间,既非农民,又非工人,没有得到任何社会保护。可以说,这是一个没有社会政策的时期。在这一时期,二元"社会中国"进一步消解和分化,"社会中国"的整体图景日益模糊。

三、新世纪中国社会政策扩展:社会政策的重建期

直到进入新世纪后,社会政策缺失所导致的严重社会后果才开始得到党和政府的有效回应。我国政府开始反思社会政策弱化所带来的社会后果,重新思考市场经济与社会政策的关系。随着教育、医疗、住房等社会民生问题日益得到政府的高度重视,社会政策在经济发展和社会进步中的作用被重新发现。伴随着一系列新社会政策的出台,我国进入了社会政策体系的重建期。

2002年底召开的中共十六大试图重新解释"效率优先、兼顾公平"的含意,使用了"初次分配效率优先、再次分配注重公平"的提法。2003年初爆发的"非典"疫情使我国政府充分认识到经济增长与社会发展不平衡所带来的危机和后果,促使我国领导人思考如何在经济和社会发展之间保持平衡这一重大问题。作为这种思考的结果之一是在2003年10月召开的中共十六届三中全会首次提出了"科学发展观"这一新的理念。到了2004年9月,中共十六届四中全会放弃了"效率优先,兼顾公平"的旧思维,转而提出建构"和谐社会"的新理念。

2005年10月召开的中共十六届五中全会通过了"十一五"规划的建议。《建议》在以往的经济建设、政治建设、文化建设之外,正式把社会建设列为党的重要工作之一。未来中国要"更加注重社会公平,使全体人民共享改革发展成果"。

2006年10月,中共十六届六中全会通过的《关于构建社会主义和谐社会若干重大问题的决定》标志着中国社会政策时代的来临。可以说,《决定》不仅是构建社会主义和谐社会的纲领性文件,也是新世纪我国社会政策的总纲,是我国社会政策的基本宣言。《决定》提出要着力发展社会事业,完善社会管理,推动社会建设与经济建设、政治建设、文化建设协调发展。到2020年,城乡、区域发展差距扩大的趋势逐步扭转,合理有序的收入分配格局基本形成,覆盖城乡居民的社会保障体系基本建立;基本公共服务体系更加完备。

2007年10月召开的中共十七大对科学发展观和和谐社会建设进行了全

面的阐释。十七大报告指出，"科学发展观，第一要义是发展，核心是以人为本"。这与中国传统文化中"经国济民"思想十分相近，无论是经济建设还是社会发展，终极目标都是增进人民的福祉。因此，在现阶段，追求经济发展的次序由原来的"又快又好"调整为"又好又快"，强调发展的质量提升而不是简单的数量增加。报告指出，"必须在经济发展的基础上，更加注重社会建设，着力保障和改善民生，推进社会体制改革，扩大公共服务，完善社会管理，促进社会公平正义，努力使全体人民学有所教、劳有所得、病有所医、老有所养、住有所居，推动建设和谐社会"。这是对重建中的我国社会政策体系的一次较为全面的论述。

以下我们从教育、医疗、就业、社会保障和住房这五大社会政策范畴来分析我国社会政策重建的轨迹。

表2　近年来中国共产党有关社会政策的表述

2003.10	十六届三中	五个统筹； 重新定义发展观。
2004.9	十六届四中	提高构建社会主义和谐社会的能力。
2005.10	十六届五中	社会建设纳入重点工作范畴； 建设社会主义新农村； 落实科学发展观。
2006.10	十六届六中	构建和谐社会的六大要求； 基本公共服务均等化； 建立服务型政府。
2007.10	十七大	加快推进以改善民生为重点的社会建设； 学有所教、劳有所得、病有所医、老有所养、住有所居。

（一）教育政策

2003年之后，中央政府开始关注教育不公平问题，制定了新的政策和措施促进城乡和地区间的教育公平，更多的教育资源被投入到农村教育。2004年，中央政府决定减免贫困地区义务教育阶段的学杂费。2005年，这项政策延伸到西部地区的学生。2005年新修订的《义务教育法》规定：义务教育是国家统一实施的所有适龄儿童、少年必须接受的教育，是国家必须予以保障的公益性事业，不收学费、杂费；国家将义务教育全面纳入财政保障范围，农村义务教育所需经费，由各级政府根据国务院规定分项目、按比例分担，并在财政预算中单列,引入"问责"机制,对政府义务教育资源投入不足的,限期整改,情节严重的,对其责任人员依法追究责任。2006 年,国家宣布免除西部和部分中部地区农村义务教育学杂费,并决定用两年时间全部免除农村义务教育阶段学生学杂费。2007 年,国务院宣布全国农村义务教育免费,建立健全国家奖学金、助学金制度。至 2008 年,全国城乡普遍实行免费义务教育。至此,1986 年确立的义务教育制度终于在 22 年后首次在全国范围内普遍实行。

为了解决农民工子女上学难问题,2003 年 9 月,国务院要求流入地政府负责解决进城务工农民子女的义务教育问题,并且要求流入地政府财政部门对接收农民工子女较多的学校给予补助,为以接收农民工子女为主的民办学校提供财政扶持。

(二)医疗政策

自 2003 年"非典"疫情爆发后,我国政府开始加强公共卫生体系的建设;同时,开始推进城镇医疗卫生体制改革试点。2005 年,我国基本建成覆盖省市县三级的疾病预防控制体系,同时开始扩大新型农村合作医疗制度试点。2006 年,国家启动《农村卫生服务体系建设与发展规划》,大力发展城市社区卫生服务、深化医疗卫生体制改革。2007 年,我国启动以大病统筹为主的城镇居民基本医疗保险,开始建设覆盖城乡居民的基本卫生保健制度,同时扩大国家免疫规划范围。

2002 年 10 月,中共中央、国务院颁发了《关于进一步加强农村卫生工作的决定》,提出建立农村新型合作医疗制度。自 2003 年 6 月始,新型合作医疗的政策试点在全国展开。新型合作医疗制度的建设目的是:重点解决农民因患大病而出现的因病致贫、返贫问题,推行方式:政府组织、以财政补贴引导、支持农民自愿缴费,县为统筹单位,实行大病统筹为主、以收定支核定医药费报销比例、由县办管理机构支付。2008 年,新型农村合作医疗制度在全国全面推行,农村三级卫生服务网络建设和城市社区医疗卫生服务体系得到进一步健全。

2009 年 4 月,国务院相继公布了《关于深化医药卫生体制改革的意见》和《医药卫生体制改革近期重点实施方案(2009—2011 年)》,标志着讨论多年的我国医药卫生体制改革有了明确的政策目标和基本思路,也预示着我国医药卫生体制重大变革时代的来临。新医改方案的一个最显著的特点是突出了政府在医疗卫生领域的责任,强调了基本医疗卫生的公益性。新医改方案正视了国家在医疗卫生服务领域不适当撤退所带来的严重社会后果,决定通过强化政府责任来缓解"看病难、看病贵"的问题。

(三)就业政策

由于人口基数大,新增劳动力多,我国政府长期以来非常重视就业政策。自 20 世纪 90 年代中开始大规模国有企业改革以来,促进下岗失业工人的再就业一直是我国的重要就业政策。新世纪以来,我国政府加大了对就业再就业的政策支持和资金投入,多渠道开发就业岗位,采取展开多种措施帮扶"零就业家庭"和就业困难人员,如为弱势的失业工人提供特殊补助,为自谋职业者免除税负,为失业青年提供职业见习。为了保障劳动者合法权益,提高就业安全,我国在 2007 年通过了《劳动合同法》,并于 2008 年起实施。此外,我国在 2007 年还制定和颁布了《就业促进法》和《劳动争议调解仲裁法》。

从 2003 年起,农民工权益的保护开始成为劳动政策的重要内容。2003年,中央政府接连发出 3 个有关农民工问题的文件。2003 年 1 月,国务院发出了《关于做好农民进城务工就业管理和服务工作的通知》(国办发 1 号),提出了"公平对待、合理引导、完善管理、搞好服务"的政策原则。2004 年中央"一号文件"首次提出"进城就业的农村劳动力已经成为产业工人的重要组成部分",把农民工正式列入了产业工人的队伍。2006 年 1 月 18 日,国务院常务会议审议并原则通过了《国务院关于解决农民工问题的若干意见》,重申农民工是我国产业工人的一部分,并保证逐步取消对农民工的不公正待遇,同时要求建立城乡统一的劳动力市场和公平竞争的就业制度。

(四)社会保障政策

在 20 世纪 90 年代,我国城镇社会保障政策的重点放在国有企业下岗失业工人的基本生活保障上。自 90 年代末开始,社会救助政策开始得到重视,以最低生活保障制度开始成为我国最重要的社会救助政策。2004 年,国有企业下岗工人基本生活保障向失业保险并轨;2005 年,探索建立农村居民最低生活保障制度。2005 年底,《国务院关于完善企业职工基本养老保险制度的决定》出台,扩大基本养老保险覆盖范围外,逐步做实个人账户,实现由现收现付制向部分积累制的转变,改革基本养老金计发办法是其主要内容。2006年,国务院颁布新的《农村五保供养工作条例》,规定农村"五保"从农民集体互助向财政供养为主转变,并重申"农村五保供养标准不得低于当地村民的平均生活水平"。2006年12月,全国农村工作会议提出在全国推行农村低保制度。2007年,国务院颁发《关于在全国建立农村最低生活保障制度的通知》,要求年内在全国建立农村最低生活保障。2008年,扩大农民工、非公有制经济组织就业人员、城镇灵活就业人员参加社会保险;加快省级统筹步伐,制定全国统一的社会保险关系转续办法。

此外,医疗救助制度也开始得以建立。2003年,国务院制订了《关于实施农村医疗救助的意见》,主要是帮助农民中最困难的人员以及提供最急需的医疗支出。2005年,民政部、卫生部、劳动保障部和财政部(2005)颁布《关于建立城市医疗救助制度试点工作的意见》。

(五)住房政策

虽然我国1998年的住房货币化改革提出了多层次住房供给体系,但是经济适用房和廉租房这些保障型住房的供应一直没有得到各级政府足够的重视,导致城市居民普遍感到"房价贵、住房难"。为了解决低收入阶层的住房困难,2004年以来,中央政府开始重视保障型住房的供应,强调要建立健全廉租房制度和住房租赁制度。2007年8月,国务院发布《关于解决城市低收入家庭住房困难的若干意见》(国发[2007]24号),指出解决低收入家庭住房困难是"政府公共服务的重要职责",明确规定解决低收入家庭住房问题由省级政府担负总责,并对解决廉租住房面临的各种困难与问题的职责如资金来源问题做出明确的规定。2007年,国务院要求特别关心和帮助解决低收入家庭住房问题;加大财税等政策支持,建立健全廉租房制度;改进和规范经济适用房制度;增加中低价位、中小套型普通商品住房供应。2007年11月,建设部等9部委出台了《廉租住房保障办法》(建设部令162号),明确廉租住房的保障对象为"城市低收入住房困难家庭"。2008年,《政府工作报告》要求建立住房保障体系,加大廉租房、经济适用房建设的力度,以解决中、低收入家庭的住房问题。值得关注的是,《政府工作报告》首次把"建立住房保障体系"放在社会建设的章节之下进行叙述,使住房问题彻底脱离以往发展房地产经济的桎梏,成为重要的社会政策议题。

表3　我国当下的主要社会政策

政策领域	城镇社会政策体系	农村社会政策体系
医疗	缴费型的基本医疗保险(职工与居民)	新型农村合作医疗制度
社会保障	缴费型的养老保险,失业保险,最低生活保障,医疗救助	五保制度,最低生活保障,部分地区的养老保险计划,扶贫,医疗救助
就业	劳动合同制、积极的就业政策	农民工培训、就业服务
教育	免费义务教育	免费义务教育
住房	住房货币化,廉租房,经济适用房	为农民提供建房贷款

综上所述,进入21世纪后,我国社会政策似乎出现了一次新的范式转移。在经历十余年的社会政策"失踪"期后,我国政府开始"重新发现"社会政策。自2003年以来,我国政府不断推出各项社会政策,重建国家在公共福利与服务中的责任,出现了前所未有的社会政策扩展期。

从"社会中国"的角度来看,随着国家在社会政策领域角色的强化,新世纪我国社会政策的扩展中出现了一些令人惊喜的发展:第一,中央政府加大了在教育、医疗、就业、住房等领域的投入,中央政府的社会政策功能明显强化,在一定程度上出现了社会政策集中化的趋势(Centralization of Social Policy)。这种趋势有助于提升社会福利的"地域正义";第二,一些地方政府,特别是沿海发达地区正在全力推动打破城乡隔阂、职业分割的社会保障制度,努力建构城乡一体的社会政策体系,出现了具有地域公民身份特色的福利地方化(Welfare Regions)(施世骏,2009a)。统一的地域公民身份虽然只停留在城市一级,但是可以为更高层次地域公民身份的建构准备条件;第三,随着城乡免费义务教育的全面实现,全民医保制度目标的确立,普惠型社会福利制度的建设,以及社会保障制度城乡统筹的推进,以公民身份为本的社会政策体系(Citizenship-based Social Policy)初露端倪。第四,农民工开始被纳入社会政策体系,逐步成为社会政策的受益者。

这一切都有利于打破长期以来存在的城乡分割、职业分割、地域分割的碎片化社会政策体系,有助于推动统一的"社会中国"（Social China）的形成。当然,我国的社会政策体系还处在重构与重建之中,如何建立一个以公民身份为基础、以满足公民基本需要为目的、体现统一的"社会中国"之目标的完整的社会政策体系还需要长期而艰辛的努力。

四、建构统一的"社会中国"：前景与挑战

以上的讨论从历史/时间维度梳理了"社会中国"演变的过程。我们看到,新中国成立 60 年来,随着我国经济体制的转变,国家在社会公共福利提供中的角色发生了明显的变化,我国的社会政策体系及社会保障制度也随之发生了深刻的变化。与此相一致,"社会中国"的图景也在不断变化。

在改革开放前的计划经济时代,尽管我国社会生产力水平落后,经济发展水平较低,社会物资比较贫乏,但是,在社会主义平等价值理念的指导下,国家直接或间接地在社会福利提供当中扮演了支配角色,在生产资料公有制以及城乡分割的基础上,建立了"国家支配型"（State-dominated）的二元社会政策体系,形成了二元"社会中国"。尽管城乡福利水平较低,但城乡居民的基本福利需要,如教育、医疗、就业等,都得到了一定程度的满足。不过,计划经济时代的社会政策体系尽管具有明显的平等化倾向,但基本上是一种以社会（职业）身份而不是以公民身份为基础建立起来的碎片化的社会政策体系,不仅存在城乡分野,而且在城镇中,还存在身份、所有制的差异。这种二元"社会中国"的遗产一直持续到今天。

改革开放以来,我国的经济体制由计划体制向市场体制转型,国家在经济和社会发展中的角色出现了根本性的变化。与此相适应,建基在计划体制之上的社会政策体系和社会保障制度也发生了根本性的改变。这一时期,我国政府施政的基本理念是效率优先,兼顾公平。然而,实践表明,我们在坚持效率优先的时候,并没有有效地兼顾公平。应该说,公平与效率之间的失衡是我国经济改革开放时代的一个重大教训。为了加快经济发展,提升经济效率,经济政策差不多成为了国家的唯一功能。为了配合经济发展,国家从社会公共服务中全面退却（Rolling Back）,国家的社会政策功能严重削弱。这一时期的

社会保障制度和社会福利改革带有明显的市场化取向,使得社会政策沦为国家经济政策的附庸。相应地,二元"社会中国"的格局进一步分化,呈现出三元(农民工是第三元)"社会中国"。

然而,片面追求经济总量和增长速度的发展模式带来了许多社会问题和社会风险,导致了庞大的社会弱势群体的出现,对我国经济的可持续发展和社会和谐发展带来了不利影响。进入新世纪,随着我国经济社会形势的变化,特别是构建社会主义和谐社会和科学发展观这些重大施政理念的提出和落实,党和政府充分认识到经济增长与社会发展不平衡的危机和后果,开始调整国家职能,逐步强化国家在教育、医疗、住房等社会公共服务领域的角色,出现了把国家带回社会政策领域的趋势(Bringing the State Back in)。相应地,社会政策开始成为我国公共政策的主流。社会政策领域的这些积极变化,为建构统一的"社会中国"带来了希望。

尽管如此,统一的"社会中国"的建构依然存在着巨大的挑战。旧的城乡差距和城乡分割的社会政策体系、地区差距与福利的地域不平等继续制约着社会政策的集中化发展。社会政策的地方化和福利地区的形成,虽然在一定范围内推动了地域公民身份的建构,但是却也令公民身份的空间分布更形碎片化。

(一)城乡差别、地区差异与社会福利的地域正义

社会政策本身一直存在一个内在的冲突:一方面,为了更好地满足个人的需要,社会政策应该尽可能地方化,越接近基层的决策越能贴近个人的实际。另一方面,"地域正义"则要求一个国家之内不同地方的公民应该得到大体同等的待遇。前者要求地方化、个别化,后者要求普及化、普惠制。

在我国,传统的城乡分割一直影响着社会政策和社会保障制度的发展。经济改革虽然推动了我国城乡的经济发展以及一定程度上的经济整合,但是,社会整合却没有得到相应的推进。农民工问题的出现就是城乡社会整合失效的表征。

我国社会政策不仅存在着巨大的城乡差异,而且存在着明显的地方化倾向,各地社会福利水平差距极大。可以说,一个城市、一个区县就有一种社会政策体制。以往城乡流动、地区流动程度低,因而跨越地方政府辖区边界而异

地生活的人很少。现在,到处都是流动人口,在很多地方,特别是沿海城市,都出现了外来人口超越了本地人口的局面。而这些处于多数的异地而居的人口却被排斥在社会福利和服务之外,使得社会福利的地域不平等和地域不公平问题日益突出。

地域公平(Territorial Equity)和地域正义(Territorial Justice)这些概念主要是用来考察一个国家中不同地区的福利差异。在关于福利的研究中,它们主要用于分析福利国家在提供福利中的空间分配。地域正义和地域平等关注福利国家的地理背景,不同于传统福利分配研究中以社会阶层、性别为研究角度,提供了空间研究的角度。

地域正义强调在待遇方面的横向公平,认为每一地区都应当依据需要的水平来提供福利;即不论在哪个地区,相同的需要应当得到相同的满足(Equal Access for Equal Need)(Powell,& Boyne,2001),对需要分配的比例应当在每一地区相同,而不主要考虑各地的税收贡献等因素。除了需要机会相等(即地域正义),地域公平的内涵和规则也有多种"平等"含义的目标,包括各地区的投入相等(Equal Inputs)、对相同需要的投入相等(Equal Input for Equal Need)等等。

(二)社会政策地方化与福利地区的形成

在 20 世纪 90 年代之前,如果说我国社会福利制度主要是一个"以全国疆域为经、城镇/农村界线为纬的二元式社会保障体系"(也就是"二元社会中国")的话,那么,在 90 年代之后,随着社会政策的地方化,我国出现了众多的"以地域为经、不同社会(职业)身份类别为纬的新形态多元式社会保障体系",也就是进一步碎片化的"社会中国"。

长期以来,我国地方政府一直承担着实施社会政策、提供社会福利与服务的主要责任,这种情况自 20 世纪 90 年代分税制实施以来,尤为突出。而各级地方政府由于财政状况各不相同,因而提供社会福利与服务的能力各不相同,因而在全国形成了以地方行政区域为边界的众多分散的"福利地区",导致"社会中国"的进一步碎片化。随着福利地区的出现,我国的公民身份呈现出以地域为基础的新的空间分割。如果说在"二元社会中国"之下,我国公民身份界定分割为"城镇居民/农村居民",那么,在福利地方化的趋势下,我国公民身份界定分割为以"本地/外地"为主轴、更多元的区分。

而且，在 GDP 的地方政府竞争中，地方政府关心的更多的是如何吸引外来投资，促进本地经济增长和地方财政收入的提升，而不是为本地居民提供福利与服务。这种情况与全球经济竞争中各国政府竞相压低劳动成本和降低环保标准的"向下竞争"（Race to the Bottom）一样，地方政府缺乏提升居民福利与服务的动力。其结果是普遍的公共福利与服务提供的不足。

（三）走向省域公民身份

福利地区化发展中也存在另一种情况。一些富裕的地方政府，尤其是在沿海发达地区，以及一些资源丰富的内地市县，在改善民生、发展社会事业的政策感召下，大力推进本地的社会保障制度建设，特别是城乡统筹、城乡一体的社会保障制度建设，为本地居民提供不分城乡户籍区隔的社会保障制度。这些努力的结果是形成了若干具有整合意义的"福利地区"。

整合性的"福利地区"的形成，就其积极意义而言，是在一定地域的范围内建立了统一的社会福利制度，这种不分户籍身份、不分职业群体的社会福利制度有利于形成"地域公民身份"。这种"地域公民身份"无疑是形成全国性的公民身份的一个重要起点和基础。从长远来看，这种地域公民身份在空间上的不断扩张无疑将有利于全国统一的"公民身份"的形成。然而，在地级市或区县一级形成的地域公民身份其空间范围过于狭小，而且在地方政府的政策创新下只会产生越来越多样化的地域政策，要把它扩大到整个中国，将经历漫长的过程。为此，一个合理选择是建构省域公民身份。

所谓省域公民身份，就是对以省级政府的管辖范围为空间界限，建立不分城乡、不分地区的统一的公民身份。省域公民身份建立，可以消除城乡之间、不同群体之间在社会福利与服务上的身份差异。与市县管辖范围内的地域公民身份相比，省域公民身份具有更大的空间范围，有利于推动全国性公民身份的建构。省域公民身份并不排斥外来者。省级政府将制定相关政策规定，便利外省居民合法取得本省的公民身份。

结　语

纵观 1949 年新中国成立以来的中国社会政策发展历程,我们可以明显地划分出三个阶段:前改革阶段、20 世纪 80 到 90 年代的改革阶段,以及 2002 年以来的新阶段。在前改革阶段,国家在社会福利提供中扮演了主导,甚至垄断的角色。尽管国家注重社会公平和财富的再分配,在公共福祉的提供方面承担了相当大的责任,但是,由于经济发展水平比较低,而且城乡之间在福利制度安排与福利水平方面存在着比较大的差异(二元社会政策体系),社会福利和社会权利意义上的统一的"社会中国"并没有形成。

在 20 世纪最后 20 年的改革开放时期,为了改变落后的国民经济状况,我国经历了前所未有的大规模社会经济转型。随着经济体制从计划经济向市场经济的转型,我们的社会政策体系也发生了根本性的变化。随着发展经济成为国家的主要施政目标,公共资源主要流向基本建设和固定资产投资领域。为了配合发展经济的战略目标,国家对社会政策作了很大的调整和改革,许多过去由国家承担的福利和服务职能和责任转移给了个人、家庭、社会和市场。随着单位体制和人民公社制度的解体,社会保障制度的改革,社会政策领域的公共财政投入的下降,以及在教育、医疗、就业和住房等基本公共服务领域出现的社会化和市场化取向,我国原有的二元社会政策体系进一步碎片化,在整个中国几乎都找不到一项适用于全体国民的社会福利安排,"社会中国"进一步消解。

进入 21 世纪后,在市场导向经济改革中累积起来的一系列社会问题,如城乡、区域、经济社会发展不平衡,以及与社会发展和民生密切相关的就业、社会保障、收入分配、教育、医疗、住房等问题日益突出。党和政府充分认识到了问题的严峻性和解决它们的紧迫性,提出了科学发展观和构建社会主义和谐社会的新理念,并且宣布我国到 2020 年要基本建立覆盖城乡居民的社会保障体系,实现全面建设惠及十几亿人口的更高水平的小康社会的目标。这些政策目标的提出,带来了我国社会政策的急剧扩张,为统一的"社会中国"的建构带来了曙光。不过,城乡差异、地区差别以及由此产生的社会福利的"地域不正义"，社会政策地方化和福利地区的出现以及由此产生的社会权利的碎片化仍将制约着统一的"社会中国"的建构。

参考文献：

Giddens, Anthony, Patrick Diamond and Roger Liddle(2007), Global Europe, Social Europe Cambridge, UK; Malden, MA Polity Press.

Hill, Michael(2006), Social Policy in the Modern World: A Comparative Text, London: Blackwell Publishing.

Walder, Andrew George(1986). *Communist Neo-traditionalism: Work and Authority in Chinese Industry*. Berkeley: University of California Press.

Wong, L. and Flynn, N.(2001), *The Market in Chinese Social Policy*, Palgrave Press.

程永宏:《改革以来全国总体基尼系数的演变及其城乡分解》,《中国社会科学》2007年第4期。

迪恩、哈特利:《社会政策学十讲》,岳经纶等译,上海人民出版社/格致出版社2009年版。

国务院新闻办公室:《中国的劳动和社会保障状况》(白皮书),2002年。

国务院新闻办公室:《中国的社会保障状况和政策》(白皮书),2004年。

国务院新闻办公室:《中国老龄事业的发展》(白皮书),2006年。

黄黎若莲:《边缘化与中国的社会福利》,商务印书馆2001年版。

黄佩华:《中国:国家发展与地方财政》,中信出版社2003年版。

顾昕:《医疗政策》,岳经纶、陈泽群、韩克庆主编:《中国社会政策》,上海人民出版社/格致出版社2009年版。

关信平:《社会政策春天中的理论思考》,"序",载徐道稳:《迈向发展型社会政策——中国社会政策转型研究》,中国社会科学出版社2008年版。

经济合作和发展组织:《中国公共支出面临的挑战》,清华大学出版社2006年版。

廉思主编:《蚁族:大学毕业生聚居村实录》,广西师范大学出版社2009年版。

路风:《单位:一种特殊的社会组织形式》,《中国社会科学》1989年第1期。

陆学艺主编:《当代中国社会阶层研究报告》,社会科学文献出版社2002年版。

陆学艺主编:《当代中国社会流动》,社会科学文献出版社2004年版。

莫家豪:《改革开放以来中国社会政策范式的转变》,岳经纶、郭巍青主编:《中国公共政策评论》第2卷,世纪出版集团2008年版。

尼尔森、克劳斯:《东欧福利制度比较分析》,载本特·格雷夫主编:《比较福利制度——变革时期的斯堪的纳维亚模式》，重庆出版社 2006 年版。

求是《小康》杂志社：《中国全面小康发展报告（2006）》，社会科学文献出版社 2006 年版。

人力资源和社会保障部、国家统计局：《2008 年度人力资源和社会保障事业发展统计公报》，2009 年，http://www.cnss.cn/xwzx/jdxw/200905/t20090519_209479.html。

沙健孙：《正确理解马克思主义的生产力观点》，《马克思主义研究》2006 年第 9 期。

世界银行：《1993 年世界发展报告：投资于健康》，中国财政经济出版社 1993 年版。

施世骏：《农村社会政策》，载岳经纶、陈泽群、韩克庆主编：《中国社会政策》，上海人民出版社/格致出版社 2009 年版。

施世骏：《社会保障的地域化：中国社会公民权的空间政治转型》，《台湾社会学》2009 年第 18 期。

王绍光：《从经济政策到社会政策：中国公共政策格局的历史性转变》，载岳经纶、郭巍青主编《中国公共政策评论》第 1 卷，世纪出版集团 2007 年版。

王思斌：《社会政策时代与政府社会政策能力建设》，《中国社会科学》2004 年第 6 期。

徐道稳：《迈向发展型社会政策——中国社会政策转型研究》，中国社会科学出版社 2008 年版。

严忠勤主编：《当代中国的职工工资福利和社会保险》，中国社会科学出版社 1987 年版。

岳经纶：《中国劳动政策：市场化与全球化的视野》，社会科学文献出版社 2007 年版。

岳经纶：《和谐社会与政府职能转变：社会政策的视角》，《武汉大学学报》（哲学社会科学版）2007 年第 3 期。

岳经纶：《社会政策视野下的中国社会保障制度建设》，《公共行政评论》2008 年第 4 期。

岳经纶：《中国公共政策转型下的社会政策支出研究》，载岳经纶、郭巍青主编：《中国公共政策评论》第 1 卷，世纪出版集团 2008 年版。

张秀兰、徐月宾、梅志里编：《中国发展型社会政策论纲》，中国劳动社会保障出版社 2007 年版。

郑功成：《中国社会保障制度的变迁与评估》，中国人民大学出版社 2002 年版。

《中国财政年鉴》，历年。

《中国统计年鉴》，历年。

朱亚鹏：《住房政策》，载岳经纶、陈泽群、韩克庆主编：《中国社会政策》，上海人民出版社/格致出版社 2009 年版。

利益表达平衡:社会正义的内在要求①

——我国社会不公的发生逻辑与社会正义实现方式的政治学分析

殷冬水　　周光辉②

社会不公日益成为我国社会发展中面临的一个难题,关于我国为何出现社会不公以及如何实现社会的公平正义,学界有不同分析。我国有以社会平等为取向的国家意识形态,有实现社会公平正义所需要的政府能力,也逐渐形成了实现公共资源有效配置的集体决策机制。然而,改革开放以来,我国社会分化在加剧,地区差距在扩大,一部分公民的社会不公平感在加强。那么,这种矛盾的现象如何解释呢? 为什么有了社会平等为导向的意识形态并具有强大国家动员能力的中国在改革开放时代会伴随市场改革社会不公问题凸显呢? 我国社会不公的原因是什么呢? 本文的任务是呈现学界对我国社会不公发生逻辑的五种不同解释,分析这些解释存在的问题,从利益表达的角度分析我国社会不公的发生逻辑,研究我国社会公平正义的实现方式。

---

① 本文系国家社会科学基金重大项目"促进社会公平正义与政府治理研究"(10zd&040)、国家社会科学基金青年项目"村民自治与我国乡村民主的有序发展研究"(10CZZ016)阶段性研究成果。
② 殷冬水,吉林大学行政学院政治学系,副教授;周光辉,吉林大学行政学院、社会公正与政府治理研究中心,教授。

一、社会不公的发生逻辑：五种路径的解释

社会不公越来越成为影响我国社会稳定的一个难题，关于我国为何出现社会不公，目前国内学界主要有五种解释。

自然差异论认为，改革开放以来，我国社会不公的出现和凸显，主要是由地理自然环境的复杂性和差异性造成的。我国不仅是一个历史悠久、人口众多的国家，而且也是一个地理环境复杂、地区自然环境差异较大的国家。自然环境的差异"造成了经济发展的不平衡，导致贫富差距的逐渐加大"①。我国"东部地势平坦，临近海洋，交通方便，环境优越，开发可利用效率高，基础雄厚。而西部地区地处内陆，山路多，荒漠多，地处偏僻，交通不便，开发效率低下，经济基础薄弱"②。自然资源不足的地区，与自然资源丰富的地区之间的贫富差距，难以在短期内被克服，"老少边穷"地区的贫困，也与自然条件差有密不可分的关系。虽然我国社会不公问题是复杂的，社会不公出现的原因也多种多样，但不同地区自然条件的巨大差异，无疑是我国社会不公出现的一个重要原因。我国社会不公，在很大程度上不是人为的结果，而是地区自然环境差异对人生活状态影响的产物。这种理论的合理性在于它强调了我国社会不公产生的自然因素，为政府通过再分配的方式维护社会公平正义提供了证明。然而，自然差异论的解释，忽略了我国社会不公的人为因素，难以解释世界上其他同样存在巨大地理差异的国家为何能维持较大程度的社会公平正义，也无法说明同样自然差异的我国，为什么改革开放前后人们的公平感之间存在那么大的反差，更难以解释为什么在改革开放时期，我国居民收入存在收入差距拉大、缩小和拉大的不断变化态势。自然差异论也可能带来不良的政策后果，导致人们认为我国的社会不公是自然的、不可避免的，政府也可能是无能为力。

市场改革论认为我国社会不公是政府推动市场改革的必然产物。具体来说，市场改革在如下四个层面导致了我国社会不公：第一，我国的市场改革具

---

① 孟广茹：《造成我国居民贫富差距的原因及对策》，《求知》1999 年第 7 期。

② 茆伟：《浅析和谐社会视角下贫富差距产生的原因》，《佳木斯教育学院学报》2012 年第 5 期。

有不平衡性,不同地区市场改革的进程和市场发育程度存在巨大差异,对人所产生的激励作用也存在明显不同。市场改革的不平衡性拉大了居民收入差距。第二,和其他市场改革的国家一样,我国的市场改革凸显了人力资本的重要性,提高了人力资本的回报率。然而,由于人天赋上的差异以及政府教育资源的配置不公,我国社会不公问题逐渐凸显。第三,随着我国市场改革的不断推进,劳资双方的冲突问题凸显出来。长期以来,由于我国单位与劳动者之间的谈判机制处于失效状态,致使一些劳动者的权益未能得到政府的尊重和法律的有效保护,"劳动力没有能够代表自己利益的组织……在于单个而又分散的劳动力对抗中,资本会显示出其强势的力量"①。第四,我国在推进市场改革的进程中,与市场改革相匹配的社会安全网络没有及时建立起来,致使一些在市场竞争中失败的社会群体陷入贫困,贫困开始出现代际传递。虽然市场改革促进了经济的发展,提升了人民整体生活水平,但市场改革在很大程度上拉大我国居民收入差距。然而,值得注意的是,从世界各国市场改革的经验来看,市场改革与社会公正之间的关系是复杂的,二者之间的关联性也是高度争议的。在一些国家和地区,比如拉美地区,以经济自由化为导向的市场化改革,确实导致了社会的不公和居民收入的拉大,而在另一些国家,比如日本,市场改革可能并未带来收入的拉大。市场改革是否以及通过哪些机制导致了我国社会不公,市场改革论目前缺乏有说服力的研究。

与自然差异论和市场改革论不同,政府政策选择论认为,我国社会不公是政府政策选择的结果,也是"制度歧视的产物"②。改革开放初期,政府实施了"让一部分地区、一部分人先富起来"的发展策略,优先发展基础设施、经济实力和技术水平等基础条件较好的沿海省份和地区,中央政府给予相应的税收、财政、项目支持。这种政策选择拉大了地区差距,造成我国政府对医疗卫生和教育的投入分布严重不均。"全国医疗卫生投入的70%集中在城市;对城市基础教育的投入更是达到了对农村的70倍。"③当前我国社会不公,很大程度

---

① 梁治平编:《转型期的社会公正:问题与前景》,生活·读书·新知三联书店 2010 年版,第 529 页。

② Piere F. Landry, *Decentralized Authoritarianism in China the Communist Party's control of local elites in the Post-Mao era*, Cambridge University Press, 2008, p. 23.

③ 邓中明:《从公共政策角度看我国贫富差距的形成原因及其应对措施》,《华中农业大学学报(社会科学版)》2006 年第 6 期。

上也是中央地方政府关系尤其是财政关系调整的产物。改革开放初期，政府采取了放权让利的改革，希望中央推行的改革能获得地方政府的支持，同时也"向地方政府和企业提供了经济发展的激励"[①]。实践表明，放权让利的改革在一定时期对我国经济发展起到了十分重要的作用，但长期看来，这种改革也对我国社会不公产生了一些不良影响。首先，放权让利的财政改革，降低了中央政府的财政汲取能力，进而弱化了政府为维护社会公平正义所需的再分配能力。如同 Patrick Douglass 深刻指出的那样，"中国目前转型最大的一个讽刺是经济改革提升了国家的繁荣，与此同时，政治改革却弱化了中央政府平等再分配这些新财富的能力。"[②]其次，放权让利的财政改革在调动地方政府积极性和增强地方政府财力的同时，也提升了地方政府和中央政府的讨价还价能力，地方政府与中央政府之间的不同讨价还价能力，在一定程度上造成了中央政府公共资源配置的差异。最后，放权让利的财政改革在激励地方政府的同时，也加剧了地方政府之间的竞争，而改革开放以来中国地方发展的不平衡，在很大程度上是地方政府之间相互竞争的结果。政府政策选择论对我国社会不公发生逻辑的解释，其合理性在于它强调了我国社会不公的政策因素。然而，该理论的问题在于：第一，这种解释可能忽略了政府政策的动态性和调整性。虽然我国实施了"让一部分人、一部分地区先富起来"的政策，政府在一定时期所制定的公共政策可能不是利益中立的，对公共资源的配置也可能不是公正的，但这些地区和人并不是固定不变的，而是变化的、流动的。政府在改革开放过程中没有屈服于精英的力量，也没迁就民众的短期利益，"并不特别地照顾任何群体的利益。"[③]改革开放以来，政府不仅支持东部地区发展，也适时实施"西部大开发"、"振兴东北老工业基地"、"中部崛起"等计划；不仅启动农村经济改革，农村包围城市，促进农村经济发展，也启动城市改革。第二，这种解释忽略了政府政策的多样性。实际上，改革开放以来，我国政府的一些政策可能拉大的居民收入差距，但可能另外一些政策却缩小了居民收

---

① 傅勇：《中国经济模式的政府治理机制》，http://www.chinavalue.net/Finance/Article/2010-7-16/191984_2.html。

② Patrick Douglass, *Income Inequality and Fiscial Reform in China*, SAIS Review, Volume 29, No. 1, 2009, p. 133.

③ 贺大兴、姚洋：《社会平等、中性政府与中国经济增长》，《经济研究》2011 年第 1 期。

入差距。比如，以经济特区为先导的开放政策，可能会拉大沿海和内地的差距，但政府再分配政策却有利于缩小这种差距。

政府权力失控论则认为，当前我国社会不公，主要是各级政府权力未受到很好监督和约束、一些政府官员利用权力腐败的产物。官员腐败是发展中国家政治转型过程中普遍面临的一个问题，作为世界上最大的发展中国家，我国也不例外。虽然我国政府通过政治改革来建立勤政、廉洁、高效的现代政府，但由于法治的缺失、政治过程透明度不高、公民社会尤其是大众传媒对公共权力机构缺乏监督、问责机制的失效等原因，我国仍是世界上权力腐败程度较高的国家。按照国际透明组织的统计，从 1996 年至 2008 年，"在全球最廉洁国家/地区（10 分）到最不廉洁国家/地区（0 分）的分布线上，中国大陆的指数始终不超过 3.6 分，表明属于全球样本最下面的 1/3。"[1]改革开放以来，"由于腐败已渗透到中国共产党和中国社会之中，腐败无疑是中国共产党和中国社会面临的一个主要挑战。"[2]我国市场经济正遭受政府权力的侵蚀，有朝权贵资本主义方向发展的危险。政治领域的腐败，与我国建立一个公平正义社会的发展目标相冲突。权力腐败"破坏了作为执政党的中国共产党的声誉，挑战了中央在省级政府执行其政策的能力"[3]，造成了市场扭曲，阻碍了市场经济的健康发展，加剧了社会矛盾与社会冲突，扩大了不同地区、不同行业、不同社会阶层的收入差距，在很大程度上也限制了社会流动。与权力腐败相伴随的，则是大量伪市场化现象的出现。一些企业的负责人通过贿赂等不正当手段，获得了政府权力的庇护，在经济领域享有特权，进而依赖这种特权来获得巨大的经济利益。权力腐败使一些企业获得了市场垄断经营的地位，也使他们优先获得政府的政策扶持与财政支持。在权力腐败恶化的条件下，政府在公共政策制定与执行过程中难免偏离公共权力公共性的要求，在公共资源的分配上难以坚持平等对待的正义原则，政府再分配的效果也可能会与人们的

---

①　丁学良：《辩论"中国模式"》，社会科学文献出版社 2011 年版，第 128 页。

②　David Shambaugh, *China's Communist Party Atrophy and Adaptation*, University of California Press, 2008, p. 131.

③　Piere F. Landry, *Decentralized Authoritarianism in China the Communist Party's control of local elites in the Post-Mao era*, Cambridge University Press, 2008, p. 259.

期待相左。"再分配机制并未带来更多平等，而是更大的社会不平等。"①权力腐败是我国建立公正社会的天敌，拉大了体制内外成员收入的差距，使政府的政策向资本（而非劳动力）倾斜。权力腐败所获得的灰色收入，具有很大隐蔽性，难以纳入政府收入调节范围，使政府调节机制失效和"再分配失灵"。对于处于转型期的我国而言，政府权力失控论具有一定解释力。但权力失控论可能夸大了我国权力腐败的程度，同时也存在将我国社会不公原因单一化和简单化的危险。

在理解我国社会不公发生逻辑问题上，全球化论的看法是独特的。这种看法强调不应仅仅从国内因素来理解中国社会的不公，而应站在全球的视野来看待改革发展面临的问题。改革开放以来，由于实施了开放战略，我国逐渐融入全球化进程，由一个相对封闭的国家转变成一个高度开放的国家。全球化进程对我国社会不平等产生如下四个方面的负面影响：第一，全球化弱化了主权国家的力量，尤其是弱化了政府再分配能力；第二，全球化的力量，比如跨国公司，通过贿赂、寻求代言人等方式影响政府决策，使政府决策背离公平性和公正性原则；第三，全球化在增强国与国之间依赖性的同时，也增加了社会的风险度。在全球化背景下，人们的生活更不确定，充满了焦虑感，一部分人由于缺乏抵御风险的能力，政府未能提供抵御风险所需的基本福利，导致一部分人贫困，生存状态恶化；第四，全球化"在一定时期内会对中国的收入分配机制造成冲击，并成为制造新的结构性不平等和贫富差距的推动力量"②。在经济全球化背景下，由于我国地区发展的不平衡性，这种地区发展的不平衡性造成了开放程度的不平衡，东部沿海地区比中西部吸引了更多的国外投资，获得了更好的发展机会，也较大程度地参与了全球化进程，对外贸易和国外投资在今后相当长的时间内仍会集中在这些地区。从全球化的角度看待我国社会不公，具有重要的启示意义，然而，全球化论所提出的如上四个观点，需要依赖翔实的数据进一步证实。

---

① Victor Nee，*A Theory of Market Transition：From Redistribution to Markets in State Socialism*，American Sociological Review，Vol. 54，No. 5（Oct.，1989），p. 666.

② 韩克庆：《经济全球化、不平等与中国社会政策的选择》，《东岳论丛》2007 年第 3 期。

二、利益表达均衡：社会正义的内在要求

利益表达失衡，是我国社会不公的一个原因，实现社会不同群体利益表达均衡，则是实现社会公平正义的内在要求。改革开放以前，我国是一个社会分化程度较低的国家，社会具有很强的同质性。改革开放以来，我国现代化进程在加速，市场化改革在不断推进，政治体系的开放性和社会的异质性在增强，公民社会随着国家权力的收缩也在不断成长。如何使不同规模、资源和能力的组织和社会群体在政治领域有平等机会影响政府决策，如何改变目前社会弱势群体和强势群体利益表达失衡的状态，如何通过扶弱抑强的方式建立起一种平衡政治，使政治领域内的不平等控制在为所有社会成员可接受的范围内，构成了我国政治发展和维护社会公平正义的一个问题。

改变利益表达失衡，维护社会的公平正义，实现政治平等，需要降低经济领域的不平等，缩小不同社会群体收入差距。实现政治平等，需要实现某种程度的经济平等。政治平等与经济平等之间有极强的依赖关系，在政治生活中，政治领域的不平等往往来源于经济领域的不平等，与此同时，政治领域的不平等也往往是经济领域的不平等的一个非常重要的原因。政治平等的一个重要价值在于它"增强了支持社会经济平等政策出台的可能性，促进了其他领域的平等"[①]。在实现政治平等的过程中，之所以要降低经济领域的不平等，不仅是因为经济领域的不平等对政治领域的不平等直接产生重要影响，而且也是因为经济领域的不平等往往会导致文化领域的不平等，进而导致政治领域的不平等。在现实生活中，那些经济上处于优势的阶层，往往在文化上也处于优势地位状态，这些阶层拥有更多教育资源，接受更为优良的教育，在文化领域拥有更多发言权；与之相对，那些经济上处于劣势的阶层，往往在文化上也处于劣势地位状态，生活于物质上的匮乏和精神上的无知状态之中。如同阿玛蒂亚·森深刻指出的那样，"我们总是有极好的理由，想要更多的收入或财

---

① Sidney Verba, *Would the Dream of Political Equality Turn out to Be a Nightmare?* Perspectives on Politics, December 2003 Vol. 1. No. 4, p.666.

富。这并不是因为收入和财富就其自身而言是值得向往的，而是因为，一般地，它们是极好的通用手段，使我们能获得更多的自由去享受我们有理由珍视的生活。"①

改革开放以来，我国城乡收入差距、地区收入差距、行业收入差距、所有制收入差距在扩大，贫富分化在增强，居民收入差距鸿沟也在拉大，无论是从纵向的历史比较，还是从横向的跨国比较，我国已成为一个居民收入相对不平等的国家，"居民收入差距处于中等偏上水平。"②据统计，我国收入最高10%人群和收入最低10%人群的收入差距，已从1988年的7.3倍上升到2007年的23倍。2004年，最高收入10%的富裕家庭，其财产总额占全部居民财产的45%；而最低收入10%的家庭相应比例仅为1.4%。根据美国波士顿咨询公司发布的《2006全球财富报告》，我国的150万个家庭（约占全国家庭总数的0.4%）占有财富总量的70%。③ 为了改变收入不平等的状态，降低经济不平等程度，政府应积极承担责任。政府应为市场公平竞争创造环境，促进社会财富初次分配的公平性。政府也应承担起再分配的责任，充分发挥税收、财政、法律等在政府再分配的作用，加强自身改革，转变政府职能，促进基本社会公共服务的均等化，建立健全社会保障体系，推进收入分配改革，按照补低、拓中、调高的基本思路，努力提高劳动报酬在初次分配中的比重，提高居民收入在国民收入分配中的比重，加强税收对收入分配的调节作用，调节过高收入，扭转城乡、区域、行业和社会成员之间收入差距扩大趋势。

改变利益表达失衡，维护社会的公平正义，实现政治平等，需要限制经济不平等转变成政治不平等的机会，限制经济不平等对政治平等的负面影响。"在民主政治中，平等的规范是重要的：财富上的不平等不应导致对政府影响力上的不平等。"④然而，必须承认，在现实生活中，经济的不平等始终是无法彻底消除的，经济的不平等对政治领域的影响也是始终存在的，"不平等的财

---

① ［印度］阿玛蒂亚·森：《以自由看待发展》，任赜等译，中国人民大学出版社2002年版，第10页。

② 曾国安：《20世纪70年代末以来中国居民收入差距的演变趋势、现状评价与调节政策选择》，《经济评论》2002年第5期。

③ 江涌：《贫富分化：中国不能承受之重》，《世界知识》2010年第10期。

④ Cass R. Sunstein, *Political Equality and Unintended Consequences*, Columbia Law Review, Vol. 94, No. 4, 1994, pp.1392–1393.

富使富有的公民比贫困的公民有更大机会影响政治结果。"①实际上，经济上的彻底平等既无必要，也无可能，一个经济彻底平等的社会，既无效率，也无正义可言。在建立公平正义社会过程中，为了实现政治平等，除了要逐渐实现经济平等、将经济不平等控制在一定范围之内外，在经济平等难以彻底实现的情形下，还应限制或控制经济的不平等对政治平等的负面影响。如同沃尔泽指出的那样，在建构公正社会的过程中，需要一种复合平等的观念。这种观念强调我们所生活的社会是一个多元社会，我们每个人都生活在不同领域之中，每个领域都应有相应的善，"社会不同善应当基于不同的理由、依据不同的程序、通过不同的机构来分配。"②一个正义的社会不仅是这个社会不同领域按照其相应原则来分配善的社会，而且也是这个社会不同领域善的分配不应相互影响。在建构正义社会的过程中，不同领域的善是相对分离的，没有一种善应是绝对的，在其他领域可以通用的，也没有一个人可在所有领域都取得成功。改变利益表达失衡，维护社会的公平正义，实现政治平等，一种策略是降低经济的不平等；另一种策略则是限制或控制经济的不平等对政治平等所产生的负面影响，防止部分社会成员将经济权力转变成政治权力。为了限制经济不平等对政治不平等的影响，防止经济权力的不平等转变为政治权力的不平等，要提高政治的透明度，控制政府的权力，保障公民的各项权利，发挥公共领域对政府的监督作用。

改变利益表达失衡，维护社会的公平正义，需要提升国家的自主性。无论是缩小经济不平等的策略，还是限制经济不平等对政治不平等影响的策略，共同之处在于研究视角是以社会为中心的。这种社会中心论的视角认为国家决策不是独立的，而是由社会不同力量共同决定的，"政府政策和对资源的分配，是不同利益集团之间竞争和交易的结果"③，那些经济上处于强势，谈判能力较强的社会组织和社会群体，往往在国家的决策中会获得较大利益，在开放

---

① Jonathan Boston and Alec Mladenovi, *Political Equality and the Regulation of Election Spending by Parallel Campaigners*, Australian Journal of Political Science, Vol. 45, No. 4, December 2010, p. 639.

② ［美］沃尔泽：《正义诸领域：为多元主义与平等一辩》，褚松燕译，译林出版社 2002 年版，第 4 页。

③ Iris Marion Young, *Justice and the Politics of Difference*, Princeton University Press, 1990, p. 72.

社会中也会处于有利地位；而那些生活贫困，组织化程度较低的社会群体，在利益博弈的过程中则会处于不利地位，获得较少利益。社会中心论的分析是有一定解释力的，然而，从政治实践层面来看，社会中心论的解释也有一定局限。这是因为，在社会中心论的视角中，作为独立变量的国家是消极的、被动的，国家成为吸纳、综合、平衡社会各种利益诉求并将这些不同利益诉求转变成公共政策转换器。然而，在实际政治生活中，作为政治领域行动的独立变量，国家的行动并不是消极的、被动的，恰恰相反，国家是一种具有极强自主性的、能动的力量。国家具有独立于社会行动的能力，它具有自主性，这种自主性由超越性、公正性和有效性三个维度构成，为建立公正社会所需。国家能超越社会各种力量而行动，能站在公共利益立场平衡好社会不同群体的利益诉求，有强大国家能力保证公共政策有效执行。在政治生活中，公共官员有能力和机会摆脱社会的约束，逆社会偏好而行事，"将他们的偏好转化成权威性行为"①，这是因为，并不是强势集团所掌握的所有资源都会有政治影响力的，对国家都能产生作用。没有一个利益集团有能力控制所有的公共问题，有资源保证自己在不同问题领域中都处于主导地位。国家与强势集团之间是相互依赖的，国家希望获得强势集团的支持，强势集团希望从国家决策那里捞取好处。强势集团也并不是一元的，而是分裂的、相互竞争的，国家正是在强势集团相互竞争中获得支配强势集团的操作空间。

改革开放前的中国，国家具有强大的政治动员能力，公民社会的发展受到国家权力的严格限制，社会组织化程度低，政治运作封闭性强，国家具有独立社会力量运作的神秘色彩，社会难以有足够的资源和机会来影响国家的决策。由于社会发育不足，国家权力占有社会大部分资源，国家的自主性也无法得到社会力量的有效制约。改革开放以来，随着政治改革的推进，社会各种力量获得影响国家决策的机会，国家的自主性随着社会力量的增长受到社会的约束。然而，由于政策、环境、初始条件等因素的影响，我国社会组织发育程度是不均衡的，对政府决策的影响力也是不同的。国家的自主性成为改革发展进程中面临的一个难题。如果说改革开放前国家的自主性的问题在于国家行为缺乏

---

① ［美］诺德林格：《民主国家的自主性》，孙荣飞等译，凤凰出版传媒集团 2010 年版，第111 页。

社会力量的制约可能导致国家权力的异化，那么，改革开放以来国家自主性的问题在于社会组织力量发展不均衡可能导致国家权力为少数社会组织或群体俘获的风险。改革开放以来，我国公民社会在成长，公民社会组织对国家决策的影响在逐渐增强，全能型国家控制公民社会的范围和方式发生了巨大变化。我国政府在一些领域体现出较强自主性，在面临一些阻力的条件下"包容了诸如农民和工人等弱势群体的利益"[①]，废除了农业税，强调基本公共服务均等化中的政府责任；而在另一些领域，国家自主性受到一定挑战，比如特殊利益集团左右政府政策问题。在全球化的背景下，我国各级政府有责任在回应社会不同诉求的前提下增强自身的自主性，要强化国家的能力，促进领导干部的循环和流动，推动政治改革，强化媒体的监督作用，推动公民社会的均衡发展。

改变利益表达失衡，维护社会的公平正义，需要提升政府决策民主化水平。从政治学的角度看，社会正义的实现，需要政治民主，尤其需要决策民主，这不仅是因为民主是社会正义的构成要素和重要组成部分，而且也是因为民主是社会正义的重要条件和政治保障。社会正义关注的是社会利益和社会负担的合理分配，而社会利益和社会负担的合理分配需要民主的决策机制。众所周知，政府是公共资源重要的汲取者，也是公共资源重要的分配者，政府通过制定公共政策来分配公共资源，通过分配公共资源来影响公民的福利、选择和生活前景。在一定条件下，政府是推动社会公平正义得以实现的重要力量，然而，在另外一些条件下，政府也可能是社会不公产生的一个重要根源。民主决策为社会正义的实现提供了一套利益均衡表达的机制，利益平衡协调机制以及利益动态变化的调节机制。在现代社会，人与人之间的利益诉求是不同的，对何为合理的社会利益和社会分担的分配的认识也是有分歧的，在公民社会发展相对不平衡、政府决策信息有限的条件下，相对于其他决策方式来讲，民主决策更有利于维护社会的公平正义。民主决策更有利于平衡不同社会群体的利益诉求，更能为合理地对社会利益和社会负担进行分配，也更能对社会

① Yongshun Cai, *Managing Group Interests in China: State Priorities and Group Power*, http://www.google.com.hk/url? q = http://www.crpe.cn/06crpe/index/tribune/lunwen/172.pdf&sa = U&ei = yXyQUIBa5JiIB52DgegC&ved = 0CBkQFjAA&usg = AFQjCNGkPFwWGmZ7ULy0G-QGePQMxl-RxTQ p.2.

利益和社会负担不合理分配的状态进行调整。民主不仅是促进社会正义实现的重要手段，也是人类发明的改变社会不正义状态的一种制度安排。"一个好的民主政体必须做两件事：一是使许多边缘群体进入公共领域，使他们的声音为政府所倾听，二是要限制强势群体在政治领域中的影响力。"①决策民主要求政治体系是高度开放的，公民的利益表达是自由的，决策过程是透明的，决策方式是民主的，作出决策的政府官员对社会是负责任的，决策结果是动态调整的、可修正的。

改革开放以来，我国政府采取多种措施，来积极推动决策民主化水平，维护社会的公平正义。具体说来：一是通过法治、建设社会主义法治国家来确保公民各项权利；二是通过政务公开、加强电子政府建设等措施来提高政府决策的透明度；三是通过分权改革来赋予社会活力，促进公民社会平衡协调健康发展；四是通过建立和健全问责制来确保政府对社会的责任；五是通过改变"一言堂"现象和施行重大事项集体决策制度来降低决策的风险。实践表明，改革开放以来，我国政府决策民主化水平在不断提升，决策民主化水平的提升也为社会公平正义的实现提供了重要保证。然而，必须看到，我国政府决策民主化水平，仍有进一步提升的空间。目前，我国公民有序政治参与的渠道仍是有限的，公民权利的运用也受到一些阻挠，一些地方政府政务公开程度不够，决策不透明，听证制度、公示制度、咨询制度的实施流于形式，公民社会组织之间不平衡性问题仍很突出，地方政府重大事项集体决策制度未能很好实施，仍存在"一言堂"现象，在政府问责问题上，公民社会尤其是大众传媒的作用仍非常有限。所有这些现象表明，我国政府决策民主化水平，仍有待提高。具体说来，要继续推动社会主义法治国家的建立，保障公民权利，进一步提升政府决策透明度，促进公民社会协调发展，通过公共政策解决公民社会组织发展不平衡问题，强化政府问责制的实施，强化人大的问责职能，发挥公民社会尤其是大众传媒在政府问责中的作用，进一步落实重大事项集体决策制度、听证制度、咨询制度、公示制度等。

改变利益表达失衡，维护社会的公平正义，需要提升社会弱势群体的体制

---

① Suzanne Dovi, *In Praise of Exclusion*, The Journal of Politics/Volume71/Issue03/July2009, pp.1172-1186.

外行动的能力。经济不平等是难以消除的,经济不平等对政治不平等的影响也是无法彻底回避的,国家要做到完全超越于所有社会集团的利益、公平对待所有社会组织的利益诉求并有能力来执行自己所制定的公共政策,这在实践上也是不现实的,"拥有较多资源的人会利用自身的资源来增强自身的影响"①,"超越特殊利益和公民社会冲突的中立国家理想只是一种神话。"②在经济不平等难以消除、经济不平等对政治不平等的影响无法彻底回避以及国家自主性难以在政治生活中兑现的条件下,政治共同体有义务强调体制外社会抗争这种社会问题外部化解决这样的一种重要机制对于社会不正义修复的积极意义。无论是减少经济不平等,限制经济权力转变成政治权力,还是提升国家自主性和政府决策民主化,都是诉求体制内的方式来维护社会公平正义。对于社会正义而言,体制内的调整是重要的,然而,从政治实践角度看,体制内的调整也是有局限的,这是因为,并不是所有社会群体的利益诉求都能有平等的机会传达给政府,也并不是所有政府都有能力给所有社会群体的利益诉求作出回应,在利益分配格局逐渐稳定并定型化后,政府对现有利益格局所进行的调整都必然会受到利益受损者的反对。因而,维护社会公平正义,必须给体制外的社会抗争适当空间。

社会抗争指的是有组织的一群人,有意识且有计划地改变或重建社会秩序的集体行为,尤其是指底层社会群体通过非常规的政治方式向政府或其他主体伸张其权益诉求的集体行为。无论是对社会正义的实现,还是对社会不正义的修复,这种集体行为的重要性是不言而喻的。与消极地服从或退出行为相比,抗争行为是积极的,抗争者对政治共同体是信任的。公民抱怨是政府信息的一个重要来源。抗争者系统通过体制外的抗争行为,让社会不正义暴露在公众视线之中,给政府施加压力,希望政府能调整现有的公共政策。实践表明,"在议程设置,唤起公众关注那些为政党和精英应看到却被忽视的问题上,社会运动能够同时应该发挥了重要作用,社会运动也介入了政策执行"③,

---

① [美]达尔:《多元主义民主的困境——自治与控制》,周华军译,吉林人民出版社2006年版,第12页。

② Iris Marion Young, *Justice and the Politics of Difference*, Princeton University Press, 1990, p. 114.

③ Myra Marx Ferree, William A. Gamson, Jürgen Gerhards and Dieter Rucht, *Four Models of the Public Sphere in Modern Democracies*, Theory and Society, Vol. 31, No. 3(Jun., 2002), p.229.

将替代性的政策选择传递政府。对社会正义实现而言,社会抗争至少具有如下三方面的价值:一是揭露社会问题,引起政府关注;二是给政府施加压力,促进政府公共政策调整;三是监督政府权力,使其能制定温和的、兼顾各方利益的公共政策。从政治实践的角度看,并不是所有社会抗争行为都是合理的,对社会正义的实现都是有意义的,并不是所有社会抗争行为都是有效的,能得到政府积极回应的,但社会抗争行为存在的一个重要价值在于它为社会正义的实现提供了可能性,是弱势群体改善自身处境的一种有效工具。虽然社会抗争行为可能对现有的社会秩序具有一定的破坏作用,增加了政府治理社会的成本和维系政治权力的风险,但从长期来看,社会抗争行为对于政府应对社会公共问题、克服体制僵化、保持社会活力、使权力握有者更加负责任在一定程度上提供了一种有效的刺激和激励,"上级政府正需要通过抗争政治这个窗口去了解政策执行中的问题所在,并督促下级政府纠正过于偏离政策的行为。"①改革开放以来,社会抗争行为在环境保护、公民权益维护、劳工权利保障、性别平等以及分配正义等方面,已发挥了十分重要的作用,在公民利益表达、权力监督以及提出替代性政策上也已具有十分重要的价值,推动了政府政策调整。"权威当局愿意倾听抗议团体的呼声……抗议者的需求转变成立法者关注的政策问题"。② 实践表明,社会抗争改善了社会弱势群体的命运,在一定程度上推动了政治改革,促进了法治的发展,弥补了制度化途径的不足,"改善了民众的生活处境,提升了民众的权力指数。"③对当下我国而言,提升社会弱势群体的体制外行动的能力,要通过施行法治,确保公民的各项权利,政府政策应向社会弱势群体倾斜,提高其组织化程度和集体行动的能力。

参考文献:

Sidney Verba, Would the Dream of Political Equality Turn out to Be a Nightmare? Perspectives on Politics, December 2003 Vol.1. No.4, p.666.

---

① 应星:《"气"与抗争政治:当代中国乡村社会稳定问题研究》,社会科学文献出版社 2011年版,第 203 页。
② 谢岳:《抗议政治学》,上海教育出版社 2010 年版,第 187 页。
③ 李德满:《社会运动何以在中国产生——中国社会运动的海外研究及其进展》,《井冈山大学学报(社会科学版)》2011 年第 6 期。

Cass R.Sunstein, Political Equality and Unintended Consequences, Columbia Law Review, Vol. 94, No. 4, 1994, pp.1392-1393.

David Shambaugh, China's Communist Party Atrophy and Adaptation, University of California Press, 2008, p.131.

Iris Marion Young, Inclusion and Democracy, Oxford University Press, 2000, p.55.

Iris Marion Young, Justice and the Politics of Difference, Princeton University Press, 1990.

Jonathan Boston and Alec Mladenovi, Political Equality and the Regulation of Election Spending by Parallel Campaigners, Australian Journal of Political Science, Vol. 45, No. 4, December 2010, p.639.

Myra Marx Ferree, William A. Gamson, Jürgen Gerhards and Dieter Rucht, Four Models of the Public Sphere in Modern Democracies, Theory and Society, Vol. 31, No. 3 (Jun., 2002), p.229.

Patrick Douglass, Income Inequality and Fiscial Reform in China, SAIS Review, Volume 29, No.1, 2009, p.133.

Peter Digeser, The Fourth Face of Power, The Journal of Politics, Vol.54, No.4 (Nov., 1992), p.978.

Piere F. Landry, Decentralized Authoritarianism in China the Communist Party's control of local elites in the Post-Mao era, Cambridge University Press, 2008, p.23.

Suzanne Dovi, In Praise of Exclusion, The Journal of Politics/Volume71/Issue03/July2009, pp.1172-1186.

Victor Nee, A Theory of Market Transition: From Redistribution to Markets in State Socialism, American Sociological Review, Vol. 54, No. 5 (Oct., 1989), p.666.

Xi Chen, an authoritarian state and a contentious society: the case of China, Dissertation of Columbia Unversity, 2005, p.145.

阿玛蒂亚·森:《以自由看待发展》,任赜等译,中国人民大学出版社 2002 年版。

奥尔森:《国家的兴衰——经济增长、滞涨和社会僵化》,李增刚译,上海世纪集团 2007 年版。

曾国安:《20 世纪 70 年代末以来中国居民收入差距的演变趋势、现状评价与调节政策选择》,《经济评论》2002 年第 5 期。

陈剩勇、林龙:《权利失衡与利益协调——城市贫困群体利益表达的困境》,《青年研究》2005 年第 2 期。

陈水生:《当代中国公共政策过程中利益集团的行动逻辑——基于典型公共政策案例

的分析》，复旦大学博士论文，2010 年。

达尔：《多元主义民主的困境——自治与控制》，周华军译，吉林人民出版社 2006 年版。

邓中明：《从公共政策角度看我国贫富差距的形成原因及其应对措施》，《华中农业大学学报（社会科学版）》2006 年第 6 期。

丁学良：《辩论"中国模式"》，社会科学文献出版社 2011 年版。

韩克庆：《经济全球化、不平等与中国社会政策的选择》，《东岳论丛》2007 年第 3 期。

贺大兴、姚洋：《社会平等、中性政府与中国经济增长》，《经济研究》2011 年第 1 期。

黄苇町：《警惕权势分利集团挟持公权力》，《人民论坛》2010 年第 2 期。

江涌：《贫富分化：中国不能承受之重》，《世界知识》2010 年第 10 期。

李德满：《社会运动何以在中国产生——中国社会运动的海外研究及其进展》，《井冈山大学学报（社会科学版）》2011 年第 6 期。

梁治平编：《转型期的社会公正：问题与前》，生活·读书·新知三联书店 2010 年版。

茆伟：《浅析和谐社会视角下贫富差距产生的原因》，《佳木斯教育学院学报》2012 年第 5 期。

孟广茹：《造成我国居民贫富差距的原因及对策》，《求知》1999 年第 7 期。

诺德林格：《民主国家的自主性》，孙荣飞等译，凤凰出版传媒集团 2010 年版。

塞缪尔·亨廷顿：《难以抉择——发展中国家的政治参》，华夏出版社 1989 年版。

沃尔泽：《正义诸领域：为多元主义与平等一辩》，褚松燕译，译林出版社 2002 年版。

谢岳：《抗议政治学》，上海教育出版社 2010 年版。

尹艳红：《当代中国利益集团结构失衡与重构》，《华东经济管理》2011 年第 8 期。

应星：《"气"与抗争政治：当代中国乡村社会稳定问题研究》，社会科学文献出版社 2011 年版。

赵鼎新：《社会与政治运动讲义》，社会科学文献出版社 2006 年版。

赵秀芳：《从公民话语权看弱势群体利益的维护》，《理论与现代化》2010 年第 5 期。

周春霞：《论农村弱势群体的媒介话语权》，《安徽大学学报（哲学社会科学版）》2005 年第 3 期。

第二篇

社会建设与社会经济

社会建设的另一种想象：
社会经济在中国①

潘　毅　　陈凤仪②

一、引　言

中国社会走过了 30 年的市场经济，这种经济模式的问题和病态，都已经完全显露在人们的眼前。中共十八大过后，人们都在期待着最坏的年代会成为过去，新的社会发展和建设会到来。本文试图指出当下主流发展模式的弊病，介绍社会经济的理念和原则，分析社会经济与以往经济模式的不同，探索社会经济的实践方式、与政府及市场的关系，并介绍一个具体的香港个案，让大家一起探索超越主流经济的多元性实践。同时，我们期待可以为社会建设提供一种新的想象。

当下的中国社会正处在第二次改革的十字路口。面临着过去的 30 多年市场经济发展所带来的各种社会问题以及深层社会矛盾，中共十八大提出在继续保持经济平稳较快发展的同时，加强社会建设，注重以人为本，注重全面

① 本文是《打造新的跨境联结：香港和珠三角的社会/社区经济，公共政策研究，2010—2012》（Forging new trans-border links: social/community economies in Hong Kong and the Pearl River Delta, Strategic Public Policy Research, 2010—2013）研究课题的部分成果。感谢香港社会经济联盟筹委会所有成员，特别是研究员卢燕仪小姐和香港理工大学应用科学系古学斌、严海蓉和顾静华博士。

② 潘毅，香港理工大学应用社会科学系，教授；陈凤仪，香港理工大学应用社会科学系，讲师。

协调可持续发展,注重统筹兼顾,注重保障和改善民生,促进社会公平正义。

一直以来,中国的高速工业化与劳动人口城市化之间的巨大落差造成了两亿多农民工"进退两难"的身份困境,他们的劳动权利与生存权利因为这种模糊的社会身份而无法得到保障,使幸福和尊严成为距离他们最遥远的梦想,而如何解决"三农"问题更是农村问题的焦点。

"十二五"规划提出通过城镇化来弥补城市化与工业化之间的落差,城镇化的重要任务是将农业转移人口逐步转为城镇居民,完善土地承包经营权流转市场,实现对国土资源的高效利用。这意味着,为了配合工业化发展,城市化进程即将全面展开。农民变成居民,一个缠绕在农民身上几十年的沉重的咒语似乎忽然解除了,换来的是一个轻飘飘的居民身份。农村变成城市可以如此容易,只要资本愿意向其招手,便可以戏剧化地在城乡一体化以及城镇化等政策口号之下迅速完成。土地被资本高效地使用了,农民是否因此过上了幸福的、有尊严的、有保障的生活? 现实告诉我们,通过农村土地流转向城市工业资本以及地产资本开放所带来的身份与空间转换,无法真正解决三农问题,甚至很可能将农民的生存境遇推向更加窘迫和尴尬的状态。

2011 年 3 月和 2012 年的 5 月,我们来到重庆西永镇"老街"。2010 年 5月,为了给一家跨国企业筹建规模巨大的工业园,西永镇数万亩土地被征用,数十个村庄被拆迁,很多拆迁后等待搬入安置房的村民都住在"老街",我们希望去了解拆迁后村民的生活情况。怎料到,只是随便跟一个在路边闲坐的村民聊起征地的事情,一下子就有三十几个人聚拢来,纷纷向我们诉说着自家的委屈。

这些村民大多来自西永村和兰桂村等村庄,他们的房屋和土地被征用已经三年多,四口之家平均能够拿到的土地补偿、安置补助约为 22 万元,房屋拆迁补偿费由于每户面积不等多少不一,平均约为四五万元。这笔钱在购买了养老保险(20500 元/人)和回购了安置房(每平方米 800 元左右)后便所剩无几了。而现在,眼看拆迁已经过去三年,安置房却依然没有着落。村民这些年来只能在外租房,房租每年上涨,今年在老街租房一年就得支出近万元。再加上生活开销的大幅度增加,三年下来很多村民的征地所得款已花费殆尽。

一些家庭比较困难的村民由于无法支付在老街的租房费用,自行搬回了已被推土机推平的村庄，在一片废墟之上搭起简易的棚屋，一家几口挤在窄小黑暗的空间之中。由于村中已经断水断电，他们只好又点起煤油灯，到池塘打水，用几块纸皮遮挡就算搭起了一个厕所。为了生计，他们重新在荒废的土地上种起蔬菜，并在老街的集市当起菜贩，过着非常艰苦的生活。伤心的村民告诉我们，他们本来已经过上了小康的生活，有田有地，一亩菜地一年的收入也近万元，家家户户都有二层小楼，房子装修得干净舒适，现在却到了这步田地，像个拾荒的人。

一个个类似这样的工业园区的扩展，背后隐藏着多少像西永村这样令人心酸的故事。城乡一体化，继续为跨国垄断资本高速累积创造奇迹，而这场圈地运动带给中国农民和农民工的，却是一场彻底的无产阶级化。他们不仅失去了原来的生活社区和社会关系，同时面临着严重的生存困境，就业以及各项社会保障都无法真正得以落实。

伴随这场城镇化的努力同时产生的是大批失去家园和土地只能靠出卖劳动力维生的无产者，甚至，对于那些失去生产和生活资料的中年农民来说，连一个出卖劳动力的机会都无法获得，仅因为年龄这个原因，他们就会被那些从东部搬迁过去的制造业企业拒之门外。在工业资本与地产资本的强强联手推动之下，除了造就圈地运动，难以实现真正意义上的城镇一体化。我们可以看到，一种不是以农村社区为本，以农民的自身发展为目标的城镇化模式无法真正解决三农与农民工的困境，反而进一步瓦解了乡村社会，造成大批农民流离失所，这无疑将会动摇中国社会稳定的基础。

以资本为主导的城镇化发展模式主要依赖大企业与大资本，不是以人为本，而是以实现利润为唯一目标，这必然造成其与当地社会经济发展与社会关系的脱离。这种发展模式不仅谈不上有助于社会建设，更无法解决中国当下面临的种种深层社会矛盾。那么，改革的出路何在？如何实现经济发展与社会建设的同步进行？

二、"社会经济"的基本理念

美国社会学家、2012 年度美国社会学会会长赖特（Erik Olin Wright）早在

2006 年就提出了建设另类社会主义方案的指南针①，他指出，资本主义社会过于依赖市场力量（Market Power）来发展经济，而国家社会主义又过于依靠国家力量（State Power）调控生产与资源和成果分配，唯有一种新的经济模式——社会经济，才能建立社会力量（Social Power），重新把资源分配、生产和再生产、流通和劳动成果的权力交回劳动人民身上。

社会经济，或称为"团结式经济"和"社区经济"，是主流市场以外的另类经济实践，是一场要求参与者透过自我提升以达致经济生活模式改变的社会运动。② 有别于主流市场的运作模式，社会经济运动极度重视隐藏于经济活动背后的各种社群关系，提倡社群之间的互助合作及团结精神，反对资本主义只着眼于狭隘个人利益和利润的追求。

社会经济的参与者都有着共同的信念和愿景，即反对资本主义经济底下的剥削与不公义，这些社会经济实践包括生产者合作社、消费者合作社、公平贸易、社会企业、小区货币、良心消费、集体购买、小区支持农业、小区内生性经济、内置金融、集体所有制经济等。

不同的社会经济组织于生产、交换、使用、分配和价值创造这五个不同的经济范畴内联结不同的社群进行另类经济实践，让不同的群体都能够直接参与体验真实的另类经济生活，透过持续不断的学习与实践，从而改变个人的生活态度并对现存的经济生活模式和社会经济制度做出批判和反思。

整体而言，社会经济运动的参与者均认同以下共同价值观：第一，注重合作及互惠互补：以互助合作的精神替代放任竞争；第二，重视个体与集体：社会公益由人民议决而非专家所订定，并凌驾利润与资本累积；第三，经济公义与社会平等：运动的重点是要为终结各种社会及经济不公义而进行抗争；第四，对生态及环境的保护：对大自然生态系统的敬畏与尊重，是运动其中一个着眼点；第五，民主参与及持份者的民主管理：民主参与须落实于不同社会层次及经济组织之中；第六，多元发展及多样性：相信发展并不是单一的，而是可以有

---

① Erik Olin Wright, "Compass Towards a Socialist Alternative," *New Left Review*, Vol. 41, 2006, pp. 93–124.

② JK. Gibson-Graham, *A Postcapitalist Politics*, Minneapolis; London: University of Minnesota Press, 2005; Ethan Miller, *OCCUPY! CONNECT! CREATE! — Imagining Life Beyond "The Economy"*, http://www.geo.coop/vol-2/issue-10.

众多不同的路径,而这些路径必须由人民作为主体以团结互助及民主参与的精神开创出来。

依据欧洲社会经济联盟(Social Economy Europe)所倡议的《社会经济原则宪章》(Charter of Principles of the Social Economy),社会经济运动的内部守则包括七点:

第一,重视个人及社会目标高于资本与利润;

第二,成员的参与必须是开放而自愿的;

第三,重视社会持份者的参与、由成员民主管理;

第四,业务的营运不单照顾组织成员和服务用户的利益,并同时关注公众利益;

第五,维护并着力实践社群之间的团结精神及相互守责的基本原则;

第六,独立于公营部门,实行自主管理;

第七,盈余的分配大部分用于维持永续发展的目标、服务成员的利益,以及照顾公众利益。

社会经济运动的组织者与参与者在其内部运作中必须重视以上原则,并持守以上提到的共同价值观,然而由于不同的社群特点以及当地情况和业务的差异,在具体的经济实践中,社会经济组织有可能需要在不同的价值范畴做出取舍;面对此情况时,社会经济的实践者须持续地透过集体参与及讨论,考虑和分析他们所面对的独特情况,并根据《宪章》的规定以民主的程序做出道义决策,以求在不同的社会及经济价值之中取得平衡。这个民主参与及决策过程,是社会经济运动实践的重要一环,透过经济民主的体现,参与者得以自我提升,并续渐改变个人的经济生活模式以及改变社会。

因而,社会经济运动是多元、开放、而又一统的。不同的社会经济项目一方面有着多元的目标社群和运作模式,但它们同时又秉持着共同的价值理念;运动的开放性则在于它要求参与者对社会经济运动所提倡的不同价值理念进行批判及反思,因社会经济的实践往往需要参与者分析不同的社会价值及经济价值到底应如何取舍,并最终以"互助合作"及"民主参与"作为运动的基础理念去持续推动整个运动的发展。在这个意义上,社会经济所依附的不是一个单一的共同愿景(a unified collective vision),而是通过另类经济生活的实践,建构一个以参与者为主体的共同塑造愿景过程(a process of collective visioning)，以达致个体与制度共同演进的结果。①

目前，社会经济运动已于全球各地展开，在大部分欧洲、南美洲、非洲、亚洲国家，以及美国、加拿大，以至澳、纽等地，都可以找到推展社会经济运动的团体及由它们组成的网络组织。联合国大会宣布 2012 年为国际合作社年，以突出合作社对社会经济发展的贡献，特别是对减少贫困、创造就业和社会融合的影响。2012 年的合作社年主题为"合作社企业建造更美好的世界"，定下了三大主要目标。第一，提高认识：提高有关合作社及其在社会经济发展和实现千年发展目标中所作贡献的公众意识；第二，促进发展：促进个人和机构之间的合作社形成和发展，以解决共同的经济需求和社会经济能力；第三，制订合适的政策：鼓励各国政府和监管机构制订有利于合作的形成和发展的政策、法律和法规。

通过提高有关合作社的认识，国际合作社年将有助于鼓励个人和社区对合作经济的支持和发展。在全球经济危机的冲击下，各国的失业率高企，社会动荡。2009 年国际劳工组织发表报告指出，由社员拥有的合作社比私人企业有更高的抗逆能力及持续发展潜力，更能在经济危机中屹立不倒。报告指出，经济全面收缩，私企裁员结业，合作社却能够继续经营，保障工人生活，是有效的纾困措施。

三、香港社会经济实践：社区"互惠人才市场"

社会经济作为一种优化的资源分配方式，可将社区内互不相联的各种经济成分转变为利益合作共同体，建立一种新的经济生产方式，从而带动社区乃至更广区域的经济发展。香港的一个社区"互惠人才市场"计划就在这样的基础下衍生，它计划以提升区内个人技巧及发挥个人潜能为目标，让每一个人均可以分享社区内"合作知识型"经济的成果。

---

① 参考 Erik Olin Wright, *Envisioning Real Utopias*, London and New York: Verso, 2010; Ethan Miller, Solidarity Economy: Key Concepts and Issues, in Kawano, E., T.N. Masterson and J. Teller-Elsberg(eds.), *Solidarity Economy I: Building Alternatives for People and Planet*, Center for Popular Economics, Amherst, 2010.

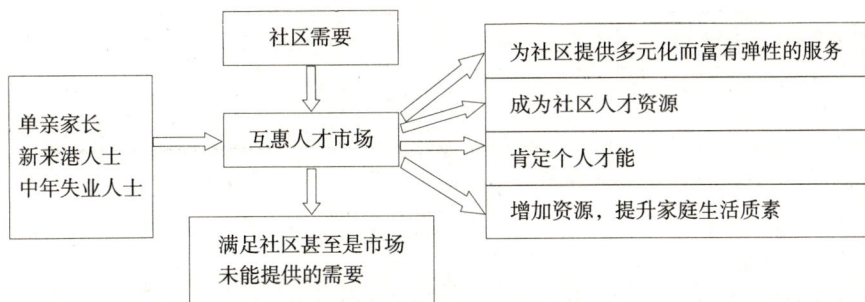

图1　社区"互惠人才市场"

表1　市场经济与社区经济的本质性差异

比较项目	主流经济	社区经济	社区经济具体实践例子
价值取向	以市场供求决定价值	重视人的尊严及劳动价值	●由街坊的能力及才能出发，让参加者发挥才能 ●具有尊严的回报及发展前景 ●有参与决策的权利
知识类别	资历架构/知识霸权/文凭主义	经验知识/民间智能/集体智慧	●并非以学历评定个人价值 ●鼓励每位参与者提出自己的意见 ●鼓励讨论以达至共识文化
发展重点	经济发展	平衡发展	●在生计、生态及社会各方面尽量取得平衡发展 ●鼓励参与者参与小区及关心大自然
消费意欲	被塑造的欲望	实际生活需要	●把资源投放在质素上，而非包装 ●鼓励按实际需要生产及推销，而非供过于求的生产
生产模式	大量生产	DIY（自己动手制作，回应生活需要，重用物资，手工制作）	●保存制作者/生产者/服务提供商的风格及理念 ●以质素取胜
消费模式	大财团垄断的消费	支持生产者及小商户	●发展有机蔬菜共同购买网络及支持小区农夫，鼓励他们转型有机种植 ●"帮衬"及支持小商户，并与小商户建立互惠合作网络
消费媒介	非钱不行的交易模式	人情的交换生活	●建立人性化的小区交换系统，肯定被社会否定的才能及价值，强调互信及对小区的承担 ●艰苦经营的合作社中的例子：谁需要大一些，谁先出粮

73

续表

比较项目	主流经济	社区经济	社区经济具体实践例子
劳动价值	界定基层为廉价劳工	基层劳动应受保障	●建立直接交易平台及机制,减省中介、行政及程序上的支出,让付费及收费双方均受惠 ●反省义工概念,抗衡社会、甚至政府基金,把家务照顾的劳动义务化 ●家务照顾的劳动应获尊重,不应被廉价化或边缘化
劳动自主	上级决定	基层自主	●基层家庭照顾者,有劳动自主性,才可参与经济活动
劳动机制	待聘	自雇	●发展劳动合作社,建立可行性及认受性
社会公平	激化贫富差距	扶贫	●为基层创造谋生途径,让劳动者活得多一点尊严

香港"邻舍辅导会沙田服务中心"是一所福利机构,社会工作人员负责策划和推行扶贫服务,中心的"互惠人才市场"计划就是一个活生生的社会经济实践的例子。目前,计划内两百多名妇女,每月为1600多名长者、伤残人士、长期病患者及有需要的家庭,提供陪诊、剪发、清洁、起居照顾、维修、计算机培训、兴趣班等支持服务,有效地为小区提供了多元化及大量的小区支持服务,同时又创造了另类家庭友善的工作机会,让未能在主流市场上占有一席之地的单亲、新来港或中年失业人士,能够参与社会及发挥个人才能,并借此减低福利依赖,促进自力更新。

根据中心的统计,在参与计划的200多名妇女当中,单亲妇女占约65%,中年失业妇女占约25%,来港超过七年的妇女则占约10%。当然,有部分会员同时拥有几种身份,例如单亲又失业,或单亲的新来港人士等。她们的教育程度普遍不高,多于九成的妇女只有中三程度(初中毕业程度)或以下,拥有中五程度(高中毕业程度)或以上的妇女不足一成。从参与者的背景,我们知道需要另类工作机会的人士主要是一群低学历、高龄及无薪酬但全职照顾家庭的妇女,她们难以在现时工时长、工资低的劳动市场寻求就业,来解决养家或顾家的需要,逼于无奈要堕入综援网。当这些妇女被贴上"领综援"那带有福利依赖的标签,她们很难抬起头做人,加上资源匮乏,她们参与小区的机会就更少了。结果,这些妇女被社会边缘化,甚至遭到排斥,更难脱离贫穷。

其实,每一位单亲、新来港或中年失业的妇女都拥有独特的才能,也是社会上宝贵的人力资源，只是现时的劳动市场把她们排斥在外。只要为这些妇女创造谋生的机会，她们一样可以靠自己的双手为家庭增加一点收入。这些收入或许微不足道，但足以为她们夺回一点经济自主权，提升家庭的生活质素，增加个人的自尊、自信及社会参与，从而减少对政府施予的依赖。

事实上，透过"互惠人才市场"计划，这些妇女确实为小区提供了多元化而富有弹性的服务，甚至满足了市场未能提供的需要。以剪发合作队为例，虽然收费方面是以服务人数计算，而每位妇女完成的数目亦各有不同，但她们的薪金是一致的。或许难以想象，有些做事麻利的妇女真的不介意做多一点，另外一些妇女亦有空间"慢工出细活"。同时，有经验的妇女可以教导新人剪发技巧，而新人也会积极学习。一个团队内可以包容这么多的人，就是互助服务团队的意义，这反映了她们发展出共同拥有、共同分享合作成果的新社会关系。

另一个例子是"陪诊合作队"，同样是主要由单亲和新来港妇女组成，一位叫"梅"的妇女便一直参与至今。她是一位单亲妇女，独力负起照顾三个子女的责任，大儿子患有地中海贫血症，而她本人亦曾患有淋巴癌。在困境中，梅加入了陪诊队伍，希望在增加收入外，还能扩大朋友圈子，寻找同路人的支持。在参与的过程中，梅见证到自己的改变，她说自己学会了多聆听别人说话，不像以往总要别人听她说话，亦更懂得与人相处、包容别人及与其他成员互相效力。而且，她的子女也认为妈妈较过往乐观、开心，衣着不再那么老土。以往，梅主要依照丈夫的口味穿着衣服，领口稍为大一点的衣服均被视作性感，因此她的选择很有限。现在，她穿衣服不再为了别人，而是为了表现出自己的喜好及性情。面对不合理的事情，梅一定不会坐视不理，就算面对中心主任，她一样会当面"拍枱"（拍桌子）。她认为，有时候工作员不能完全明白妇女在前线工作的感受，因此工作员应该要听妇女的意见。可贵的是，梅已跳出了"服务使用者"的身份局限，正以"同工"的身份与中心职员一起努力经营，这份突破界限的平等参与，正是社会经济所提倡的民主决策，让参与者得以自我提升。梅坦言大概基于从小缺乏父母的爱，所以她很在乎人与人之间的关怀。她指出，现在子女都长大了，她的确有空间找一份收入更可观的全职工作，然而她并非把金钱放在最重要的位置，在她心目中，能推动计划内的成员和谐共处、减少纷争更为重要。实际上，当我们对梅的背景有了进一步的了解后，便不难理解究竟是什么在吸引着她———一个充满关怀与平等的地方。在这里，她找到了她独特的价值；在这里，她找到了值得她去追求的理想。

社会经济所尝试的是一种以非纯经济利益为主导的社会交换生活，是一种基于互助关怀的社会关系，强调以小区为本，自下而上的参与及动员，发挥各个不同群体的才能、技术与经验，来服务社群中的其他成员。不少劳动者拥有的技术及经验虽被主流市场所排斥，但仍可贡献小区，甚至转化为工人之间以互助合作方式维生。在香港发展小区经济，是改善基层处境的一条可行出路，近几年本地一些劳工及小区团体在弱势社群中组成工人合作社，或以"小区互助"方式进行各社群之间的网络联系，正是希望能建立一种超越纯粹以经济利益主导的社会关系。

四、社会经济与政府及市场的关系

要制定以人为本的经济政策，最重要的是不应单一地去考虑如何促进经济增长，或只着眼于增加个别阶层或社群的经济收入，而是要在不同界别不同范畴内大力推动经济民主，实现"社群赋权"（Social Empowerment）：即无论是商界或政府，还是由社会经济组织所进行的经济活动，都应当在最大程度上让社群参与，监督经济活动的规划与运作，并达至赋权的效果。

我们提议，不论是社会经济的参与者又或是广大市民，都应更积极地参与经济事务的讨论，以多元的方式监督政府及市场的经济活动，并通过下列不同的路径于经济事务上实现社群赋权：

（一）监督商界及企业

由广大公民社会以不同持份者的身份直接监督企业的运作，或者透过影响政府的施政监督企业运作和对民生有影响的市场经济活动。

（二）监督政府的经济职能

由广大公民社会以公民的身份直接监督政府在规划资源运用及提供公共服务等各方面的经济职能，例如由公民直接参与起草制定预算案，及实施服务提供商和服务使用者共同管理公共服务等等。

（三）大力发展社会经济

通过社会经济运动在不同经济范畴的实践,让广大市民直接参与另类经济,创造另类城市空间及市场空间,让市民可以反思当下经济制度的弊端,并续渐改变自身的经济生活模式及改变社会。

我们认为,在共同推动经济民主的前提下,社会经济组织可与政府及商界组织加强联系,借此引导政府官员及商界人士了解并提升社会经济所认同的价值观,使不同界别能够产生良性互动,而社会经济的参与者亦可着力支持政府及商界举办一些与社会经济价值观相同的经济政策和项目。

我们的研究团队目前正在积极地促进香港社会经济组织联盟的发展,并通过这样一个合作平台,审阅现存经济制度的具体限制,以寻求突破口推动建立社会经济的友善环境,并在新政府进行管治计划的初阶段,寻求把议题带到公共领域,让更多人参与讨论,引发更大的关心和更多的对话。在公共政策方面,我们促请政府确切理解及接纳推动社会经济发展的重要性,并在不同层面及政策范畴内促进社会经济项目的发展。相关的政策建议包括:

第一,实践经济民主:近年来,特区政府从经济及民生的角度出发,推出了一些内容与经济活动相关的社会政策以期改善基层市民的经济及精神生活,如推动就业融合、增加社会共融,及强化社会资本等等,但计划的成绩却差强人意。我们注意到,无论是政府或是由第三方机构承办的计划,项目大都欠缺以持份者为主体的民主管理系统,而只是由项目官员或机构工作人员负责统筹和执行计划;我们认为缺乏持份者的民主参与,正是这些项目未能产生更佳效果的一个主因,政府在未来进行相关计划时,应积极落实发展经济民主,通过社群赋权的实践以提升这些政策的效果。

第二,扩大支持社会企业的政策:我们建议政府可从两方面着手,推动社企的发展:首先,有鉴于目前很多社企的业务在社会目标的定位上都十分模糊,政府应大力推广社会经济的原则,并要求社企营办者承诺遵守《社会经济原则宪章》,以确保所有社企的业务都能真正实践"以人为本"的价值原则。其次,政府亦应效法欧盟国家及加拿大等政府以社会经济的政策框架取代目前比较狭隘的社会企业政策,将社会经济不同的组成部分,包括生产、交换、使用、分配和价值创造等经济范畴的社会经济项目都加入到公共政策的支持范围，以加快另类经济系统的形成。

第三，开拓城市空间及市场空间：对于本地社会经济营运者而言，在高昂的租金及城市更新的压力下，要在社区寻找空间开展社会经济项目变得越来越困难，很多近年落成的大型社区在设计上都不利于小商贩经营，市场由大资本垄断的情况日益严重。政府必须在政策及公共房屋的设计上做出改善，适当预留额外空间给予社会经济营运者使用，而政府同时亦应鼓励其他公营机构腾出商业空间（如一些由大专学院或公立医院所拥有的物业），让更多社会经济营运者可以参与竞投使用。在公共服务的采购政策方面，政府更应起带头作用，在标书中大幅增加社会回报计分的比重，这样就可以在不影响公平竞争的原则下让不同的营运者推出更具社会效益的经济项目，同时产生社会回报和经济回报，并能提供更高质素的公共服务。

第四，进行一次整体性的"政策扫描"：联合国大会于 2009 年 12 月 18 日通过"64/136 号"决议，高度肯定了合作社对社会经济发展的贡献，并宣布 2012 年为国际合作社年。我们建议政府进行一次整体性的"政策扫描"（a comprehensive policy scan），以全面了解目前各政策局所掌管的政策范畴是否会影响社会经济的发展，并对可能的影响做出评估；各地政府更可通过进行政策扫描进一步了解目前的社会环境，从而制定出更贴近民心、真正以人为本的社会政策及经济政策，打破目前政府施政偏向大商家的局面。

结语：社会建设新想象

一般来说，经济发展的目的是要为广大人民服务，而不是倒过来要劳动人民为大资本赚取暴利和为个别城市加强竞争力做出牺牲。市场经济的主要缺陷在于资本垄断的不可避免，人与土地的高度商品化以及对社会与环境的破坏；而计划经济的主要缺陷在于高度集中的计划生产缺乏灵活性，官僚主义管理，工人的生产参与积极性和自主性不足。相比之下，社会经济则最大可能地避免了这两种经济制度的内在缺陷，并吸收了这两者的长处：它整合了市场经济的生产效率与管理模式，又承继了计划经济的公平分配与社会参与。

我们认为，经济的发展必须回归社会，将市场经济逐渐向社会经济转变。应立足农村社会现实，真正推动和扶持多元化的经济模式，在农村社会的原有基础上培育工业化与城镇化，而不是任由或者鼓励大资本侵入农村社会，将土地和农民进行彻底的商品化，剥夺农民仅存的生产资料与生活资料。相比于市场经济，社会经济的要旨应该包括：以人为本、立足社区、互助合作、民主参与、人与土地的和谐共生、生产不是为了消费而是为了解决民生问题、多元化的社会所有制。

推展社会经济运动，是一个持续不断的过程，运动的目标是要联接最广泛的民众，在香港、内地以至全球各地进行另类经济实践，重新审视经济生活中的社会关系，使积极参与者能够完成自我改造，成为全球的"经济公民"。社会经济以团结的力量取代竞争的力量，创造经济民主的实践空间，于不同地域及经济范畴实现经济公义。透过与不同界别的互动合作，社会经济的参与者一方面着力扩阔社会经济活动的版图；另一方面尝试改造主流市场及公营部门的经济运作模式；只有当全球更多的民众能通过另类经济实践做出个人改变，社会经济运动才有希望扭转目前主流市场的运作模式，重新建立并孕育良性、非剥削的生产关系及经济关系。

从根本上来说，社会经济不是服务于资本积累的，而是重新将经济发展嵌入社会关系中的一种新型模式。社会经济的实践是多元化的、开放性的、非垄断的，真正回归社区和人的发展需求的。合作社（生产者合作社，消费者合作社）、社会企业、公平贸易、社区内生性经济，集体所有制经济等都是社会经济的具体实践。在走过 30 年的计划经济，又接着走过了 30 年的市场经济的当下，中国正面临着经济发展与社会建设的双重压力，正在实践和探索中的社会经济，或许正是我们改革的新出路。

参考文献：

Graham，K.Gibson *A Postcapitalist Politics*.Minneapolis；London：University of Minnesota Press.（2005）.

Miller，Ethan *OCCUPY！CONNECT！CREATE！— Imagining Life Beyond "The Economy"*. http://www.geo.coop/vol-2/issue-10.（2011）.

Miller，Ethan Solidarity Economy：Key Concepts and Issues，in Kawano，E.，T.N. Masterson and J. Teller-Elsberg (eds.). *Solidarity Economy I: Building Alternatives for People and Planet. Center for Popular Economics*, *Amherst*. (2010).

Wright, Erik Olin *Envisioning Real Utopias*. London and New York: Verso. (2010).

Wright, Erik Olin Compass Towards a Socialist Alternative. *New Left Review*, Vol. 41, (2006). pp. 93-124.

以社区经济为导向之社区发展历程分析

——以台湾三个自发型乡村社区组织为例①

吴明儒　刘宏钰②

一、前　　言

政府的资源有限,民间的力量无穷。在 20 世纪 90 年代之后,随着民主改革的进步,以及西方新公共管理主义思潮的影响,台湾的社区发展在社区营造运动的刺激下,再度产生新一波的社区创新活动。社区成为新的社区文化展现舞台而受到重视。之后,经历"9·21"地震后的社区重建,社区更成为社区产业与社区照顾服务的基地。自 1968 年"社区发展工作纲要"颁布以来,台湾的社区发展历经将近 40 年的努力,基层社区各自发生了不同程度的改变。乡村社区致力于让社区居民更为深入了解自己社区的文史遗风,连结历史文化情感;伴随工业化与都市化的进程,台湾的社区发展由乡村挺进,延伸到了都会地区。一时之间,各地的社区发展协会纷纷如雨后春笋般地出现。社区发展也由注重人文历史逐渐演进到城乡环境,从最初的硬件工程建设迈向了软硬兼施的社区营造工作。

①　本文初稿曾发表在 2011 年广州中山大学与财团法人中华文化社会福利事业基金会所举办之"两岸社会福利学术研讨会——小区工作理论与实务",并感谢两位匿名审查者之审查,文责由作者自负。

②　吴明儒,台湾中正大学社会福利学系,副教授;刘宏钰,台湾中正大学成人及继续教育研究所,博士生;社团法人嘉义县紫藤妇幼关怀协会理事长。

尽管已经经过了相当长的时间,台湾社区发展仍多集中在生活及生态面向,较少触及生产面向。台湾社区营造开始进行产业面向的思考,源自早期引用日本社区强调"人、文、地、产、景"经验中所谓"产"的课题;之后,文建会初期提倡的"文化产业化,产业文化化"的理念多少也提供了台湾本土版的产业面向基础;在"行政院"提倡的"健康社区六星计划"中,社区产业列入其中,"社区产业"成为社区营造者的任务更趋向明朗化,同时成为成就"完满"社区的必要条件之一;"9·21"大地震后,政府及民间大量投入资源进行灾后重建,许多社区的重建工作不得不开始面对社区居民的现实"生计"问题,社区产业因此快速融入了营造范畴,进而累积出若干社区的案例经验,此间所出现的社区相关研究颇有意趣且值得进一步深入探究。本文将研究焦点置放于嘉义县新港乡顶菜园、南投县埔里镇桃米社区及宜兰县苏澳镇白米社区三个乡村社区案例,考察其社区产业发展的缘起、历程及成果,分析比较其间异同,进而对社区发展与社区经济关系进行初步探索。具体研究问题着眼于探讨"社区营造""社区产业""社区经济"及"社区企业"等名词的定义为何? 差异性如何? 与社区发展关系为何? 是否每个社区发展都需要关注到产业课题? 要发展社区产业又须具备何种条件? 所谓社区产业经济,是否只能是"特产""生产"与"营销"等相关课题? 其余关注面向为何? 未来社区发展是否唯有朝向产业经济发展一途? 社区所在地经济又该采取何种产业发展模式? 综合上述问题,本研究的目的归结为:

一、探讨社区产业导向之社区发展概念。

二、分析台湾乡村地区的产业与社区共构发展之经验。

三、了解社区经济与社区发展间的关联性与功能。

二、产业面向的社区发展论述

20 世纪 70 年代,草根性社区动员的风潮兴起,乡村、邻里及小市镇的居民开始携手合作,回应日益恶化的环境与经济,为捍卫社区的生存与地球的永续经营而努力。学者(Touraine,1985;Castells,1983)认为,此为发展现代乡村政策、提升民众参与能力、弥补城乡资源差距及促动多元民主社会转型的契机。台湾社区营造发展总体可概分为两个时期：一、民间自发期，系指1986年至1993年之间，社区出现的自发性组织，如1986年嘉义新港文教基金会是最早成立的社造团体。二、公部门推广期，系指1994年至2009年之间，"行政院"各部门次第展开专门主题的社区营造，如文建会在1994年公布"社区总体营造政策"，即是公部门推广社造理念之肇始。随后陆续出现经济部商业司执行的"形象商圈及商店街"计划，环保署的环保社区"生活环境总体改造"，经建会的"城乡景观新风貌改造运动实施计划"，内政部营建署执行的"创造城乡新风貌计划"，及卫生署的社区健康营造三年计划等（陈其南，1998；黄煌雄、郭石吉、林时机，2001）。

在1994—1998年社区总体营造施政计划中，文建会提出了"结合地方文化特色产业资源，推动'产业文化化·文化产业化'，开拓社区生机与活力"的施政目标；《台湾健康社区六星计划》提出了"推动产业转型升级"、"发展产业策略联盟"等"产业发展"的工作细则。凡此种种，在鼓励社区开发特色产业的基础上，进一步提升了地方经济的再生力。2002年"行政院"提出的"发展文化创意产业计划"，并首度定义"文化创意产业"为："源自创意或文化累积，透过智慧财产的形成与运用，具有创造财富与就业机会潜力，并促进整体生活环境提升的行业"（亚太文化创意产业协会，2011）。近年来，"社区总体营造"、"社区产业"、"社区经济"、"社区企业"等社区发展计划与行动已累积不少具体案例与相关研究，唯在概念的使用上仍易生混淆，以下兹就相关名词概念加以说明和辨析。

（一）社区营造：地方文化产业的再生

"社区总体营造"概念源自日本的造町、英国的社区建筑与美国的社区设计。文建会对社区总体营造的定义为："社区总体营造是以社区共同体的存在和意识作为前提和目标，借着社区居民积极参与地方公共事务，凝聚社区共识，经由社区的自主能力，配合社区总体营造理念的推动，使各地方社区建立属于自己的文化特色，也让社区居民共同经营'产业文化化、文化产业化'、'文化事务发展'、'地方文化团体与社区组织运作'、'整体文化空间及重要公共建设的整合'及其他相关的文化活动等。如此，由于社区民众的自主与参与，使生活空间获得美化，生活质量获得提升，文化产业经济再行复兴，原有的地景地貌也焕然一新，进而促使社区活力的再现。此一全面性、整体性的规划与参与社区经营创造的过程，则称为'社区总体营造'"。

"社区营造"则系针对不同种类社区议题的行动，日本宫崎清教授主张将这些议题区分为"人""文""地""产""景"五大类。"人"指的是社区居民的需求的满足、人际关系的经营和生活福祉之创造；"文"指的是社区共同历史文化之延续，艺文活动之经营以及终身学习等；"地"指的是地理环境的保育与特色发扬，在地性的延续；"产"指的是在地产业与经济活动的集体经营，地产的创发与营销等；"景"指的是社区公共空间之营造、生活环境的永续经营、独特景观的创造、居民自力营造等。社区营造的前提在于居民社区意识的发展。

社区营造基本上是社区自发性的行动，但多数公共议题的处理必须公权力的运用或者是公部门的经费补助，为了支持社区营造，政府往往订有特定的政策，因着执行方式与一般政策的不同，而另以"社区协力政策"区隔之。台湾透过社区营造与县市综合发展之关系，促成社区启动"由下而上"的机制，包括：增进社区的自主意识、发展文化观光，及社区主动向县政府表达各项建设需求（陈其南，1998：157—172）。自1994年文建会提出"社区总体营造"的概念并推动数项补助计划以来，台湾的社区协力政策又逐步由文建会扩展到其他部门，如环保署的"生活环境改造计划"、经济部的"创造形象商圈计划"；2002年整合提升为"新故乡营造计划"；2005年，进一步具体化为"台湾健康社区六星计划"。

从台湾社区发展的脉络来看，因受到联合国相关政策计划的影响，早期的社区营造是以协助发展落后地区基础建设为主，包括基础工程建设、生产福利建设、精神伦理建设。到了20世纪90年代之后，社区营造才开始以人文历史作为社区主体，唤起居民社区意识进而注意社区的主体性，透过人文历史的追寻，启发社区居民生活面向的认知，此即社区永续发展的生活经营面向。随之而来的是台湾健康社区六星计划所强调的"社区主义"精神，其主要的理念包括：

1.以社区作为政府最基础之施政单位，强调社区的主体性与自主性。

2.培养社区自我诠释之意识及解决问题之能力。

3.培育社区营造人才，强调培力过程（empowerment）的重要性。

所谓的"培力社区",一方面要唤醒民众的公民意识,另一方面也要寻求解决台湾乡村青壮人口外流的严重问题,及其可能引发的城乡落差不断地加剧。社区生活面向趋向稳定后,才得以进入生态及环境面向的整顿,意即空间营造、环境改造、社区绿美化等面向。然而,社区营造不只是人文历史的追寻及空间环境的改造,更是社会习性及社区的整体发展。尤其在"9·21"大地震后,重建区居民在社区重建过程中,意识到生活及生态面向的重要性,社区自主运作成为社区重建的骨干,社区永续发展因而转进了经济面向。从生活、生态面向进展到经济面向,社区营造让社区透过经济发展而具有自主运作的能力,从而实现其核心理念——创造更多的社会资本,创造更多促使社区合作的共同价值或规范。

(二)社区产业:在地产业的创新

从个别微观面或是整体面观之,"社区产业"既可是社区各自特色的呈现,也可以国家整体产业发展为目标。个别而言,社区产业是社区团体根据地方上原有之文化传统或风貌特色,在地集体创造出具社区特色及精神的独特文化活动、创意商品或服务,其过程强调手工、地方自主并具独特性、具有故事性、创意、体验性、生命力,取得消费者认同,创造具有社区公共效益、增进生活福祉、永续经营的产业及服务。简言之,社区产业必须与居民的生活机能相结合,才能发展出自我特色。社区产业最重要的元素是环境和人,社区居民既是生产者,也是消费者。整体而言,社区产业具备了下列使命:(1)推动产业转型升级;(2)促进有机农业及绿色消费;(3)发展产业促进联盟;(4)促进在地就业机会。社区产业的精神就是社区居民运用在地资源,透过居民参与、在地认同及集体经营的方式,共同创造出共存共荣的新社区模式。社区产业的特色是加入许多的文化元素与创意,一体成形,由"人、文、地、产、景"五大要素所共同架构。从"有土斯有财"的农业经济时代进入"有人斯有财"的知识经济时代,社区产业的发展成为一种文化竞合的长远工程。以产业作为社区自主运作的手段,社区产业重视的是产品的质量及创新,强调的是"在地化"的经济形态。社区产业以社区居民为主体,透过社区主体协力,提供良好的生活及生态环境,形塑社区居民生活共同体的社区意识,使得在地产业更具有社区营造的意蕴——从在地产业出发,再回归到在地经济。社区产业的目标有:

（1）协助社区组织创造提升生活质量的机会；（2）将接替的计划转换成可持续操作；（3）针对社区需求，研发具有创意、经济效益的解决策略，并落实于就业及教育领域；（4）招募及训练社区居民建立正确的价值观及操作策略，以扩大影响逐渐增加的受益族群（洪德仁，2005：5）。社区产业可创造在地就业机会，永续发展地方特色，凝聚社区共识，也是居民自主、自尊、自信的来源（李永展，2006）。

（三）社区经济：运用经济手段解决社区问题

社区经济植基于社区。在社区内，透过社区营造让民众对社区有共识，也愿意对社区投入更多心力，然后再在社区自主运作的前提下，让社区具有经济性的维生能力，社区发展则将不再受政府或私人企业所左右。社区经济含括了以家户生计为诉求的生产、流通、交换和消费等诸多商品或服务的活动。然而，经济社区（或产业社区）往往建构在经济（或产业）已经发达，但缺乏社区营造的社区，因此为了鼓励这些社区能够纳入社造理念，通常是在由经济部门主政的经济产业为主的基础上导入社造理念，而此又必须要与社区经济相区隔。蔡宏昭（1995）认为，社区经济系以企业或商店为主体，以社区为客体的互动关系，社区经济除了企业的努力外，尚须有心人士的推动，由创始团体带动与主导，推展社区经济工作。此一看法似乎又将社区经济的主体放到了营利企业上。

"9·21"灾后重建时期，具有社区回馈机制的产业组织开始出现，包括一些非营利组织及营利组织，如合作社、工作坊及企业等，显示出重建区社区经济发展的特殊现象（黄世辉，2004）。具体而言，"9·21"地震后劳委会在中彰投地区推动"多元就业发展"，在重建区经由劳政单位的用心规划和民间团体的努力执行，形成了"以促进地方产业发展为手段，创造在地就业机会为目的"的多元就业开发方案。2003—2004年社区营造学会承接此一方案，运用社区营造的概念，产生了令人鼓舞和振奋的重建效益。该方案有以下主要内容（陈永进，2008）：

1.社会服务：儿童课后辅导照顾、社区保姆与幼儿托育、居家关怀照顾服务、老人关怀服务、老人送餐服务、外籍及大陆配偶关怀协助、身障者照顾协助服务。

2.文化产业：文史资料调查收集、文史古迹导览、民俗技能传承、艺文活动推广。

3.观光休闲：自然生态旅游与导览、观光休憩园区、产品营销与推广、餐饮销售与推广、环境美化。

4.环保清洁：厨余回收运用、生活用品废弃物回收、废弃电池回收、二手衣物回收、环境清洁与维护。

5.地方产业：地方风味美食、地方农特产品、糕点烘焙、有机蔬果栽培、工艺产品创作。

从香港的经验中，黄洪（2001）体悟到："社区经济"所尝试的是一种非纯经济利益为主导的社会交换生活，是一种基于互助关怀的社会关系，强调以社区为本，由下而上的参与及动员，发挥各个不同网络群的才能、技术与经验的联结，来服务其他社群中的成员。在其所关心的弱势劳工族群中，黄洪（2001）提到：不少劳工拥有的技术及经验虽被主流市场所排斥，但仍可贡献社区，甚至转化为工人之间以互助合作方式维生。他还提到，近几年本地一些劳工及社区团体，在弱势社群中组成工人合作社或以"社区互助"方式，进行各社群网络之间的生活互助，希望建立一种不是纯粹以经济利益主导的社会关系，而是工人之间、弱势社群之间互助关怀的社会交换生活。如社区内失业的装修工人为老人迁居、装修，单亲妇女的互助托儿，本地工人合作社尝试发展社区的环保回收工作，等等。这些实践，既发挥了工人原有的能力和技术，又满足了社区的需要和促进其发展，在协助工人或其他社群建立相互信任感方面扮演了积极的角色。

（四）社会（区）企业：看见社区产业未来

"社会企业"是由经济合作暨发展组织（Organisation for Economic Co-operation and Development，OECD）十五个会员国所共同倡导的新概念。OECD 出版的《社会企业》（Social Enterprises）报告书指出，社会企业系指任何可产生公共利益的私人活动，具有企业精神策略，以达成特定经济或社会目标，而非以利润极大化为主要追求，且有助于解决社会排斥及失业问题的组织。Dees & Elias（1998：166）将社会企业视为是社会部门的改革运动，非营利组织则透过师法企业途径进行再造工程。Victor A. Pestoff（1998：9-20）认为，从福利国家到福利社会(from the welfare state to a welfare society)的发展趋势中,社会企业扮演着关键的角色。社会企业的主要特色包括：(一)采取不同的合法组织形态(例如合作社或社团)；(二)富有企业精神活动的组织；(三)有利益不得分配之限制,但可以重新投资以实践企业的社会目标；(四)强调利害关系人而非股东,重视民主参与及企业化组织；(五)坚持经济及社会目标；(六)主张经济及社会创新；(七)市场法则的观察；(八)经济持续性；(九)具有高度的自主财源；(十)强调响应未经满足的社会需求；(十一)劳力密集的活动(OECD,1999:11；丘昌泰,2000:366)。

社会企业是由企业与社会两部门融合所产生的混合组织,英文中 Social Enterprise 和 Social Business 两个词经常可交互使用。社会企业的形成通常必须经过需求市场的调查和研究、筹措资金、拟定计划书、雇用相关人员等步骤(Twelvetrees,2008:140)。依据经济部中小企业处(2006:4)的定义："社区企业"系指社区内,符合中小企业认定标准第三条规定之小规模企业,且对社区经济发展有贡献的小规模企业群；或属消费性且可发展为乡、镇、区特色之社区产业。由此可见,"社区企业"必须对"社区经济"有所贡献,且能凸显"社区产业"特色,而且规模都不大。欧美许多类似的社区企业,因而必须要形成一个社区企业网络组织,形成一个具有"社会企业"(social enterprise)特色的组织。例如：英国韦尔斯社区企业网络组织就是一个具有社会意识(关怀)的私人企业(a private business with a social conscience),其认为社区企业对于地方的经济发展有着很大的帮助,不只是为创造就业机会与财富,还可创造出社会与环境皆健康的社区。社区企业的范围广泛,包括咖啡厅、小吃店、洗衣店、赡养机构、假日跳蚤市集、书店、艺廊、杂货店等皆可属之(许世雨,2007)。在实务上,社区企业常是社区响应需求与机会的有机发展,而不仅限于计划一途(Twelvetrees,2008)。

透过社区生产活动,社区企业创造出社区的福祉,是以一套"社区回馈机制"的建立已是必然,可能是公共造产,也可以是文化活动,如此方能将生产者和贩卖者的个别经济利益转化,并延伸成为具有社区公共性的利益。社区企业让社区透过资源整合策略在竞争的市场经济上占有一席之地,或许是社区合作社、策略联盟、社区创投等策略性操作,而不纯粹单指资金方面的支持,而此正是社区产业未来发展的重要课题。

三、台湾乡村社区发展经验分析

挣扎于传统与现代之间,要走出一条属于自己的路,必须寻找在现代与传统间某种互利共生的存在。传统必须具有仪式与重复性,现代必须呈现新颖且标准化。在传统日渐消退的地方,生活风格的选择将会蔚为一种风尚,甚且较之过去,还要更为积极地在原有基础上,不断地创造并重新产生自我认同感。穿梭来回在传统与现代之间,台湾乡村社区不断地在寻找着未来的各种可能。为进一步了解社区经济与社区发展间的关联性,以下将就嘉义县顶菜园文化发展协会、南投县桃米社区及宜兰县白米社区三个乡村社区案例分别进行探究,这三个社区组织各不相同,分别代表文化发展协会、基金会及社区发展协会,其共同之处是不以政府补助作为发展社区的依赖来源,反之这些社区组织具有很强的自发性与自主性。

(一)案例一:嘉义县顶菜园文化发展协会

有感于家中父母日渐老迈,陈明惠结束外地工作返乡发展。在受完社区营造员训练课程后,他于2003年成立了顶菜园文化发展协会。眼见社区凋零,过去荣景不再,陈明惠理事长开始从事收集社区文物以保存传统价值的社区工作(台湾社区通,2011;嘉义县顶菜园文化发展协会网站,2011)。在"有一天火车乀转来"的纪录片中,他这么说道:"咱的故乡,景观崩溃,人的生活崩溃,庄头剩下的只有老人和醉汉,以及三代的拼凑景观,年轻人为了宣示家园的产权,回乡盖楼房,但却是人去楼空,第二代的争祖产,以铁皮屋划清界线,人的价值观要如何找回,值得我们去探索。"

曾经是台糖五分车铁路必经之地的顶菜园社区,原是从嘉义到北港的"嘉北线黄金铁道",在此所矗立的"板头厝车站"曾经是许多嘉义人当年到外地上学、工作的重要驿站(嘉义县顶菜园文化发展协会网站,2011)。将社区发展与怀旧在顶菜园社区文化产业发展中巧妙地融合,陈理事长在社区的入口意象处标示"相信有一天,火车乀转来",不管来访者是否曾有在此待过,都能因而唤起曾经共同拥有的记忆。在顶菜园社区中可以看到集体的"社会想象"（social imginary），这种想象透过台湾地方俚语、政治标语、故事、布袋戏棚场景再现、传统器物等，形成一个透过社区所营造出的乌托邦（Utopias），参访者仿佛顿时间走入了时光隧道，由此过去集体的记忆被唤起，过去对社区的美好想象也被唤起。

以在地农村生活为主轴，顶莱园社区结合社区营造去体验古笨港原乡，探索独特的文化风采，共同寻找消逝已久的文史遗迹。从探查先人来时路，去了解先民登陆古笨港胼手胝足造就古笨港繁华的过程。从一砖一瓦做起，打造出一处世外桃源。园区内不设围墙，尽力呈现出农业时代的景观，为的是保留一个让现在及将来的人都能够由此体会台湾早期文化的空间。园区内到处可见废物利用的情形：老旧的猪舍经过改造后变成了"猪舍客栈"；木制的电线杆被拿来当做小木屋的建材；小屋里面存放的尽是早期的农村文物；原是粮食局存放粮食的仓库，摇身一变成为可以泡茶聊天的包厢……最具特色的"台湾谚语步道"，透过诙谐的台湾四句联，在逗趣之余也发人省思。人文的挖掘、创意的发挥、加上产业的结合，新港顶莱园社区逐步让传统乡村社朝向了经济型的农园发展。

（二）案例二：南投县埔里镇桃米社区

位于南投县埔里镇的桃米社区，原是一个典型的乡村社区，人口结构老化、产业经济衰退、社会关系疏离、公共空间简陋、地方自治不彰。1982年埔里镇公所将之选定设置垃圾掩埋场，当时因未有完善环保措施，造成空气及水质严重污染，也引发社区居民激烈抗争。尔后，公所允诺改善，并每年编列"桃米社区发展回馈金"，地方居民遂组织"埔里镇环保卫生改善监督促进会"，进行长期监督，因而埋下了日后社区民众普遍重视并积极参与生态环境保育的种子（江大树、张力亚，2008）。"9·21"大地震为台湾中部地区带来了严重的灾情，南投县埔里镇桃米社区居民却能顺势将危机化为转机，在地震过后，除了利用其丰富的自然资源，再加上专家的辅导及社区民众的热心参与，终而让以往默默无闻的桃米坑，蜕变成为生态旅游的社区产业发展典范。

自"921"震灾发生后，政府将社区重建列为灾后重建计划四大工作纲领之一，鼓励灾区居民"由下而上"积极参与重建工作。为求争取各项重建经费，桃米社区迅速成立"社区重建委员会"，由当时的里长（身兼社区发展协会理事长)担任主任委员,下设空间、产业、护溪、研发四组,社区重建组织架构已然初步形成。嗣后,桃米重建委员会向埔里镇公所提报包括:桃米溪保育及亲水计划、社区河堤便道及人行步道设置、中潭公路艺术大道社区入口意象指标设置及门户环境绿美化、社区森林小学教育园区、暨南大学社区大学城、社区聚落环境特色发展、社区交通系统整体改善、桃米里第二公墓环境改善、福同宫庙前广场公共空间整建、社区产业发展、社区后山辟为山中农产生活体验区、健全社区防灾及安全体系等,共十二项主计划、三十八个重建纲要规划方案;这些琳琅满目的重建计划,概估总经费需求为规划费2470万,工程费4亿6500万,合计高达新台币5亿之多(南投县埔里镇公所,2000:附录丙,10-1—10-3)。这样包含大量项目的提案,似乎并未考虑到社区执行能力是否充足,以及是否过于偏重工程建设取向等问题。同时,桃米社区重建委员会所提报的这些重建纲要方案,也如同灾后许多规划报告一样,在呈交镇公所汇整后就被束诸高阁。虽如此,桃米社区居民(尤其是热心干部)仍然持续努力了将近半年,透过许多次的会议讨论各项重建课题,丝毫不在意政府是否立即重视并补助其提案。基于这样的积极参与精神,打破了乡村基层民众原有对于公共事务的陌生与冷漠,并逐渐凝聚出为家园重建共同打拼的情感与动力。

埔里镇桃米社区之所以能够成功转型为桃米生态村的关键因素,系因新故乡文教基金会与社区发展协会的角色扮演与功能之展现。在新故乡文教基金会的陪伴与启迪之下,社区成员开始有所自觉,并懂得善用自身与外来资源——社区、政府、学界、企业与非营利组织,协力成功地打造了一座生态村。建构出台湾社区营造经验中的一个弥足珍贵的典范。跨领域的合作为桃米社区树立起震灾重建的重要指标,在促发、激励台湾广大山城、农村产业转型的可行性之余,更启动台湾生态旅游的示范作用(林吉郎、杨贤惠,2005)。

从"921"大地震之后,新故乡文教基金会长期持续参与了桃米社区的震灾重建及社区营造。为能持续激发社区居民的参与热情,基金会更持续协助并多方寻求各种重建经费来源。为能落实执行这些计划,除指派更多组织成员(包括:社工、文史、行政作业等专长)陆续加入协助,同时也积极引介许多专家学者,进到桃米社区参与重建辅导工作。因着基金会的积极整合,桃米社区重建委员会与外来专业团队密切而频繁地互动,不断共同激荡出永续家园的重建理念,陆续提出各种相关社区总体营造计划方案。基于每位社造参与

者都曾有过震灾巨变的深刻感受，社区重建共识因此迅速凝聚，朝着兼顾生态保育与观光休闲的农村区域产业活化的方向发展。桃米社区积极争取各级政府与民间团体相关经费的协助，并一一完成各项社区生态资源调查、社区环境绿美化、成立自主营造工班、建造原生苗圃湿地、生态导览解说人才培训、民宿经营专业认证、社区文史记录、社区民意调查及召开社区会议等，生态保育、环境伦理等永续发展理念，都具体落实在社区总体营造过程当中。在此期间，基金会也向南投县文化局申请"从家园的山与水重新出发"之社区环境修复与自然景观保育的重建计划，文建会通过补助筹建全国第一个社区型"九二一震灾纪念馆"，这些对于社区生命共同体之意识凝聚不啻发挥了推波助澜之功效。接着，台湾飞利浦公司赞助基金会在桃米的社造工作，并陆续捐献两座创意休闲凉亭与诸多公共照明设施、挹注后续教育训练经费，促成第二波社区生态导览解说员的培训及社区美食班的课程（林吉郎、杨贤惠，2005）。

当然，在社区发展过程中不免引发社区内外若干纷争与批评，举凡外有游客抱怨社区环境的凌乱、民宿专业性的不足；内有社区居民批评自主营造设施工程质量不佳，营运收入仅是图利于某些特定干部。突然骤增的工作压力，使得三个专业协力团队彼此一度出现沟通不良现象：由基金会和特生中心主导的营运机制，未能充分取得世新观光系的共识支持，导致后者公开宣布退出辅导团队；遽遭此一冲突过程，社区干部对于营运模式亦形成了保守与激进两派不同看法，社区内部、社区与基金会及专业团队间的信任关系因而改变，组织互动遂陷入紧张。幸而几经冷静思考、诚意沟通与相互妥协，逐渐化解了彼此的误会。经过短暂数个月的沉潜与反省，桃米社区终于再度重新出发，并正式迈入自主营运阶段。随着营运中心的成立，原由基金会负责对外单一窗口与行政游程安排，开始逐步移交给社区干部自行处理，"游客营运中心"成为桃米生态村对外服务与对内整合的单一窗口，设有专人负责安排订房、餐饮、旅游、解说及文化产品订购等各项服务。此间，基金会与专业团队长期倡导的"社区公积金"概念，也被正式纳入制度化的运作规范，亦即所有因社区生态旅游而获得的每一笔收入，不论是导览、解说、民宿、餐饮等，皆须提拨百分之五至十，作为社区公共事务运作与弱势团体照顾的经费来源，俾能有效落实社区总体营造理念所强调的利益共享（林吉郎、杨贤惠，2005）。

为配合文建会推动文化创意产业开发，同时将地方产业结合于社区生态旅游之中,桃米社区又再研发拼布艺术与生态雕塑两类产品,而其创造图案皆以代表社区丰富生物多样性的青蛙与蜻蜓模型为主,且强调社区特色、在地研发,同时导入社区生态体验游程,以提升文化创意产品的附加价值。再者,社区自主营造工班的生态工法与创意设施等相关技术及作品更曾多次获得外界赏识,不少政府机关与民间团体就经常邀请其参与各项社区空间绿美化工程之施作。作为基金会参与震灾重建的重要伙伴社区,桃米生态村俨然发展成为基金会扩大推动社造理念的最佳实务交流平台与学习场域,各项社造的经验研讨分享与生态参访活动更常在此办理。

"921"地震改写了桃米社区的命运,创造出社区产业文化。桃米社区的社区产业发展经验,凸显出非营利组织的中心角色任务。它结合社区、政府、学界、企业等"五力"协力发展模式的意涵,兼具"天时、地利、人和"的重要性,经由社区居民的自觉与非营利组织平台功能的发挥,内外环境的资源因此获得有效开发与整合,从而产生可观的协力效益并创造出新格局,开创了一个社区发展的成功典范(林吉郎、杨贤惠,2005)。从社区的自觉与投入、专业团队的启发与教育,到政府及社会的协助与支持,都是形成桃米社区成功转型的重要基础。

(三)案例三:宜兰县苏澳镇白米社区

白米社区位于台湾东北部的苏澳镇,北回铁路横经社区聚落,人口数约1000 人,以闽南族群为主。日据时代以矿业而繁华一时,光复后成为矿石工业区。此地曾是台湾落尘量最多的地方,为了要对抗工业污染,居民成立了社区发展协会。由于矿业开采致使环境严重破坏,白米社区本濒临消失的命运,却绝地逢生地发展出独特的木屐文化产业(宜兰县苏澳镇白米社区发展协会,2011)。由于文建会社区总体营造的政策,白米社区重拾起即将没落的传统木屐工艺产业,且藉由社区组织的力量经营,让社区生活文化与产业充分地结合,藉以形成白米地区独特在地化的文化产业(文建会,2011)。

产业发展与社区环境双赢的策略,无疑是让白米社区发展导向成功的重要因素。由于白米社区系由社区自主性发展,因此也被称为"自觉运动",自1993 年发展至今,已然成为公部门认定的社区总体营造"示范点"。透过"白米木屐村"的集体参与方式,白米社区凸显出与其他以少数生产者获益的社区产业的不同。经由社区组织形成合作社的方式,使得居民成为社区合作社会员及受雇者的双重身份,创造出在地居民将近三十多个工作机会,当初投资的居民开始获利,也因此带动更多其他居民的投资意愿。不过,白米社区发展的过程,也带来一些反省的声音,如社区发展协会理事长林端木所言(文建会,2011):"社区营造与产业发展之间,其实有其冲突之处,所以协会不会想要开辟生产线大量制造木屐相关产品,而是希望贩卖的是社区的文化与精神,号召更多的社区民众,把社造工作延续下去"。因此,如何回馈社区的福利需求人口成为社区另一项重要工作。白米社区从 1999 年开始申请办理社区照顾关怀据点。目前白米社区位于永春里的居民计有 769 人,65 岁老年人口约 180 人,回馈社区的行动包括:办理关怀访视、电话问安、健康促进、咨询与转介服务以及长青学苑等方案,招募了 12 位志工热心投入,积极展现关怀社区、回馈乡里的行动力(文建会,2011)。

对应于全球化的规模生产,社区经济在地发展议题所要思考的重点,更应置放于能创造整体社区福祉上。很多社区产业衍生的诸多问题,往往是发生在营利之后的利益分配。此一过程倘若处理不当,常会使得社区产业因而导向失败。如何透过资源整合,在竞争的市场经济上为社区找到一条生路? 如何寻求彼此利益的平衡,让社区找到一条较无内部争议的路? 凡此皆是社区产业发展必然面对的问题。"社区回馈机制"的建立有着各种发展的可能性,可以是公共造产,也可以是文化活动,将生产者和贩卖者的个别经济利益,转化延伸成为具有社区公共性的利益,社区产业才有永续经营的可能。白米社区正是以这样的指导方向,持续地努力并前进着。

四、社区经济与社区发展关系

社区发展,有赖于社区经济的开发与延续;社区经济的促进,植基于社区产业的发现与创新;社区产业,必须与居民的生活机能相结合,才能发展出自我的特色。社区经济,可以是社区生活方式的选择与在地文化的形塑。根据地方上原有文化传统或风貌特色,社区团体透过在地及公共的集体创造,各自发展出具有社区特色及精神的独特文化活动、创意商品或服务。地方文化产业具体所呈现的,是一个地方或社区所有的在地样态,同时强调着文化的地理依存与价值内涵(见图1)。从地方自明性中提出非都市型社区营造的定位与想象,强调以"生活的地方"取代"商品的空间",进而形塑独树一格的在地产业经济。社区发展展现的创造性能量,显露更多人的在地参与。一场百年大地震让贫富不均、失业率升高、世界贸易组织冲击农业等社会问题更加恶化,参与地震重建的社区工作者被迫开始思索各种可能的解决方式。于此时空背景之下,在诸多偏僻的农村社区,社区产业以社区共识为基础,以社区公共利益为优先,将包括文化创意与农特产(生产)、生态旅游与田野教育(生态)及长期照顾(生活)三面向用心来予以整合。

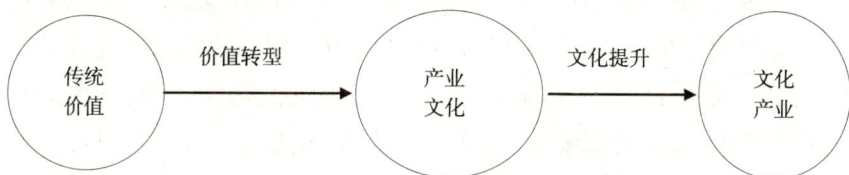

图1 小区产业与文化的关系演进

运用具备在地特色的小众生活文化,去抗衡大量生产制造出来的大众流行文化,势必是社区产业未来必走的道路。面对全球化的影响与冲击,社区在地产业特色的形成与发展、文化的形塑与创新必须要有更为严肃的思考。在经济形态上,知识的生产、传播与应用成为注入社区经济的活水;在产业发展上,知识生产与消费活动倾向于在地性与本土化,将社区经济与社区发展产生有机的联结。不论是社区产业或是社区企业,皆应着重于社区公共利益与社区关怀,且能因此发展出一种社会企业(social enterprise)的最佳模式,展现创新的在地特质,并结合企业的专业与非营利组织的公益色彩。为因应日趋严重的福利国家危机,政府与企业及社会三部门间的合作关系朝向公私协力之伙伴关系(public-private partnership)发展。Thomas(2004:246-247)明确指出,社会企业是第三部门的要素之一,常被称为非营利组织或社会经济,社会企业发展出一种全新精神的企业样态,社会企业的起源代表了从传统福利系统转变为混合系统的过程。前述三个乡村社区的社区产业案例经验,在其发展背后均以第三部门的民间组织作为推手,在社区发展进程中,作为第三部门的民间组织,角色任务也从原先的强势培力到之后的柔性陪伴,一方面社区组织内外的潜在冲突必须弭平，另一方面永续营造的理念与动能还得获得提升。透过外部引导启动增权展能的社区行动，所凭借的不只是社区居民改变的共识（altered consciousness），还有对于既存社会秩序不公平且不中立的觉醒（awareness）与体认。

社区营造原是为了促进社区自主，让社区居民能够真正成为社区的主人。但在实际执行上，往往由于政府政策性的介入与诱导、居民的间歇性与冷漠疏离的社区参与态度以及仰赖专业精英的信息流动模式，社区营造因而也失去原所期待的自主性与主体性（丘昌泰、陈钦春，2001）。这样的社区发展趋势，让社区在经费上多半倾向依赖公部门的补助，在运作上更习惯倚望专业团队的引导，致使社区多数沦为了政府社区营造政策执行的代理人，倘无经费的持续挹注，则是再也难以动员社区居民去采取行动。原在社区营造过程中所应许的愿景，若无法在短期内具体实现，社区居民的参与热忱也可能很快消失殆尽。面对不同的地方政治派系、不同的资源分配认知、不同的未来想象，或不同的社区营造理念时，社区或因此面临了分裂的危机，或因社区意识难以凝聚而致再也动弹不得。

从1968年开始的社区发展，其主要项目重点在实质环境的建设，如社区活动中心、道路、排水沟等的建造与设置，主要目的是为完成国家建设，而非凝聚社区意识。在20世纪80年代，因着过度追求经济成长，使得环境所付出的代价远超过社区的容忍限度所引发的若干社区自发性的动员，则是采取抗争的激烈形式展现。这些社区动员的特色，均是由民间发起具有社区共同受害意识的单一诉求，以冲突方式去挑战现有法律的限制。1987年由于林怀民返回新港乡公演的机会，让这个小镇的陈锦煌医师看到文化危机而成立新港文教基金会，但也因此造就了社区的转机（陈世慧，2012）。文建会推动的"新故乡社区营造计划"所一再强调激发集体意识的"造人运动"，旨在共同寻找文化定位，带动地方发展（陈郁秀，2003）。1994年提出的"社区总体营造政策"，企图借由文化艺术的角度切入，凝聚社区意识，改善社区生活环境，建立社区文化特色，使得社区发展主轴和概念有了更多元的思考（黄肇新等人，1998）。多元思考的社区总体营造政策具有地方经济发展的意涵，希冀透过文化策略的发展，落实对社区意识与伦理的重建工作；而此般社区论述又在当时担任文建会副主委的陈其南于日本参访之后，加入了日本"造街运动"与

"地方文化产业"的概念,凝聚了民间自主力量,进而活络了参与环境营造及地方经济活化的行动(黄丽玲,1995)。

社区产业的发展结合了社区总体营造,既要"造景"、"造产",更要"造人"。在"造人"方面,第三部门组织扮演举足轻重的自发性组织角色,群策群力并志同道合地联结了个人与团体,唤醒地方居民的社区意识,致力营造出自我的社区特色,启动自发性的社区内在力量运转、累积与强化社会资本之能量,进而带动社区产业与地方经济发展(见图2)。推动社区产业的团体究竟要如何整合与协调?彼此间的信任基础又该如何维持?社区本身的特色产业要如何包装?在地文化要如何创新价值与内涵?社区文化该如何营造成为社区产业?社区居民的产能与热情又该如何去持续?凡此皆指陈出社区经济发展过程中亟须一一去面对与解决的现实。社区产业的推动,固然需要政府的政策努力,更重要的是,社区产业中合该具有的社区历史、文化与在地性等元素,更得仰赖社区居民理念与做法上的改变——以合作取代竞争,以特色取代流行,以价值取代价格,以体验取代消费,由创意串联在地生活智慧,由产业结合社区生活机能,促成社区真正地蜕变与转型,推动社区产业策略联盟,进而延续社区源源不绝之生命力,开展在地能量与行动实践。

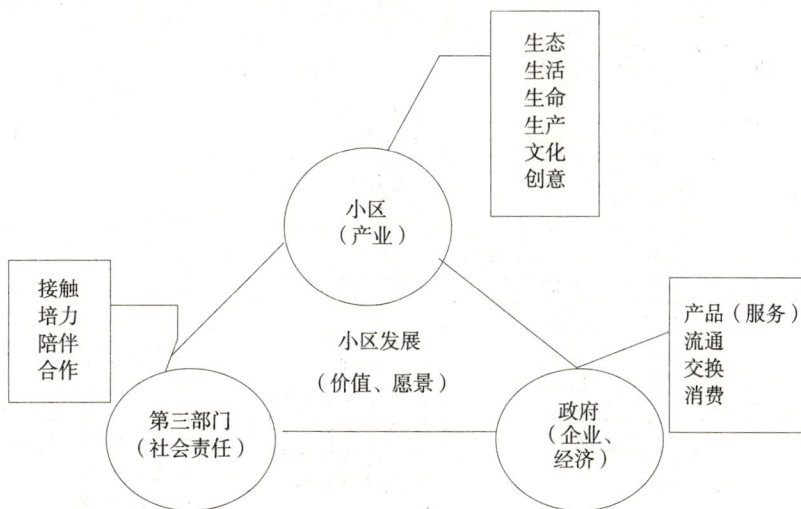

图2　社区发展的三角伙伴关系

五、结语与建议

　　根植社区生活中的诸多现实，势将成为社区未来永续发展的利基，并据以导引出更多元化社会的真实面貌与丰沛活力。社区产业与经济发展须以社区价值为核心，例如"环境"之于白米社区、"生态"之于桃米社区、"铁道"之于板头社区(顶菜园文化发展协会)等。运作模式以"价值先行、社区链接、产业跟进"三阶段运作。倘若，社区发展过程中缺少了价值导向的文化内涵与社区居民的投入，持续性的产业经济利润则将无法创造(见表1)。

表1　三种不同社区产业发展及内涵的比较分析

名称 项目	苏澳白米社区	埔里桃米社区	新港顶菜园
组织形态	社区发展协会	基金会	文化发展协会
地理位置	宜兰县(北)	南投县(中)	嘉义县(南)
古地名	白米瓮	桃米坑	笨港
昔日社区定位	北回铁路经过 矿石工业区	垃圾掩埋场	台糖五分车铁路必经之地
转折点	对抗工业污染	"921"大地震	返乡抢救社区没落
特色产业	木屐	拼布艺术 生态雕塑	制香 陶艺
实质内涵	合作社	生态保育 观光休闲	人文 创意
概念构想	木屐村——鼓励自主发展、集体参与	生态村——为家园重建共同打拼	怀旧——创造集体社会想象
运用策略	产业发展与社区环境双赢策略 自觉运动	桃米溪保育 亲水计划 森林小学教育园区 社区生态资源调查 社区环境绿美化 生态导览解说	板头厝车站 台湾地方俚语 政治标语 故事 布袋戏棚场景再现 传统器物 陶板大壁画
社区愿景 (主要诉求)	贩卖社区文化与精神	社区公积金、利益共享	相信有一天火车乁转来

续表

名称 项目	苏澳白米社区	埔里桃米社区	新港顶菜园
重要推手	社区发展协会 白米合作社	新故乡文教基金会、 社区发展协会	顶菜园文化发展协会 板头社区发展协会 板陶窑文史工作室
潜藏问题	1.社区营造与产业发展冲突 2.如何落实产业成果之分享	1.专业协力团队出现沟通不良现象 2.营运机制未充分取得共识支持	1.社区居民的认知 2.如何将社区产业回馈至社区民众
发展走向	号召更多社区民众延续社造工作	结合社区、政府、学界、企业等"五力"协力发展	发展经济型农园

数据来源:研究者整理。

上述三个乡村社区的发展经验与模式,颠覆并创新了过去对于弱势偏乡社区的原先想象,同时见证了以非营利组织为跨领域平台合作模式在台湾社区发展的诸多可能性。最弱势的地方,往往保存了最大的潜在资源与能量,而此全然端看社区的选择与行动(廖嘉展,2011)。因而,本文据以归纳社区经济在社区中的若干功能与关系,并对未来社区发展方向提出建议:

1.源自天灾或自然环境威胁等关键事件、对黄昏故乡情感的归属与社区服务的互动,往往是触动社区经济开展为社区产业的契机

桃米社区因为"921"地震而关注产业的重建,进而寻找到生态村的发展愿景;白米社区由于矿石开采业的没落,而对社区日薄西山的前景有所觉醒,引发自主性的社区行动;顶菜园感念故乡旧铁道荣景消失,造成社区急速衰退老旧,而刺激社区有心人士发愿投入怀旧产业。社区的危机,正是引发居民深层省思的契机,进而触发社区工作者更为积极地投入社区产业开发与永续发展的行动。

2.在地生活的实地体验与故事营销可促进地方文化产业再振兴,吸引消费者的认同与情感联结

社区产业最重要的元素就是环境和人,这也意味着社区产业发展必然要和生活相结合,居民既是生产者也是使用者。社区产品不仅要具有商品价值,背后更要有在地使用价值/文化(即生活)来支撑。譬如:种茶的村落要习惯泡茶待客、客家美食同时贩卖在地客家人的饮食文化、原住民的歌舞利用祭典

仪式营销……社区产品结合生活使用创造文化价值，社区故事透过营销成为生产技巧。每个社区经过营造与转型后即成为一个风水宝地或是心灵故乡。跳脱"有土斯有财"的思维，"有人斯有财"才是未来社区发展的主要考虑。换言之，社区产业与形象的营销，必须要由形塑在地居民的自信与尊严出发，先建立在地文化的认同，才能争取消费者的认同。以地方文化产业作为社区产业转型的方向若能成功，意即建构了社区经济发展的利基，既可均衡城乡文化的差距，也能解决乡村人口日益疏离之现象。顶菜园以"相信火车乀再转来"的铁道概念成功营销社区，创造集体的社会想象；桃米社区以生态环境保育作为诉求，启蒙群众社区环保意识，结合人的社会关怀，也从参与中凝聚地方意识；藉由木屐的生活经验，白米社区促使消费者对于在地文化的了解与认同。这些结合生活创意与文化情感的社区产业方式，透过在地深度旅游的营销与体验，成功吸引了游客前往社区参访或住宿，同时挹注社区产业源源不绝的经济活水，即是体验营销与故事营销的成功案例。

3.地方文化产业凝聚了社区共识，发掘并保存了地方的文物史迹与文化资产，同时串联在地人的历史记忆，重新接续社区生命脐带

台湾整体社会过度强调一致性及快餐文化的导向，使得社区原有的地方特色逐渐丧失，社区共同历史记忆无法累积，公民意识严重欠缺。每个社区都有其独特历史、文物与人文景观风貌，即使在地文化产业凝聚了社区生活文化与先人智慧宝藏，社区居民却未必会了解与珍惜，经由地方文化产业的重新营造，可带领居民再度审视己身所居社区文化质朴之美，进而产生荣耀与爱惜之心去加以保存与维护。嘉义县新港乡之顶菜园文化发展协会就是在社区产业策略联盟中，透过农村文物的保存与活化，结合社区周边团体与产业，创造出独特的社区文化，同时藉由雇用当地社区民众，有效增加家户收入，也活络了社区经济活动。

4.社区经济的目的并非追求高度经济成长，而是运用微型经济方式结合生态、环保、价值保存等永续概念创造社区行动

台湾自1994年推动社区总体营造政策迄今，业已逐渐从政府规划、专家辅导"由上而下"的政策运作模式中，逐步转向期待透过社区培力"由下而上"深化并累积社区自主营造的内涵与能量，且能透过人文关怀与正义伦理填补公私领域之间的落差。活络社区经济可促成社区发展，转而以"由下而上"方

式深化并累积社区自主营造的内涵与能量。然而，面对全球化的竞争，社区经济发展还必须具备社会企业的精神，否则将难以永续发展。在地化的需求日益殷切，地方性圈围性文化的同时兴起，使得社区原有资产受到保护，在地产业发展的重要性也被特别强调。相对于各级政府机关而言，非营利组织对台湾社区营造的实务推动，不论是在理念推广或是方案规划上，一直扮演着重要政策的掌舵与划桨前进的功能。桃米社区经验有口皆碑，新故乡文教基金会以"社会企业"方式推动见学园区的经营，透过纸教堂参观门票与相关产品收入、支撑文艺表演、农民市集等形成新的产业关系，并提拨百分之十收入作为桃米社区互助基金，"让爱与互助的概念，真正成为震灾省思后的价值体系"，生态保育因而形成桃米社区的共识与核心价值。反转产业没落所引发的社区危机，藉由发展传统木屐制作，宜兰县白米社区发展协会再度为社区居民提供了一条生计之路。

5.具体转化文化内涵套用于社区产业的外在表现形式上，可创造文化价值的认同与提升产业附加价值性

如何藉由"意象重建"去强化"地方营销"策略，端视在地民众如何定位所处地方文化产业的特色。在建构社区产业理论基础的同时，必然也要对文化与经济的关联性有所论述。社区文化产业必得同时兼具经济价值与文化价值，不具文化内涵的产业经营形态势必难以长久，唯有从文化层面去加持社区产业的发展，才能使得地方产业特点能够被彰显，产业发展的生命力因此也能得以提升。文化产业的经济效益，是决定社区文化产业生存的主要因素之一。特定空间的象征、意象与记忆的资源，历史保存和地方资产维护，都是社区产业发展的重要因素与条件。值此全球文化产业竞争的年代，本土文化的竞争优势因而一再被提醒，所谓的本土文化，就是台湾社会生活中的点点滴滴所衍生出具有生命力的表现模式，它唤起群众的高度情感共鸣、历史记忆或是乡土情怀。地方产业的"特殊性"以及"稀有性"，成为吸引国际性观光休闲的发展重点，也成为带动产业经济与凝聚居民意识的主要资产。

无论是以同业串连、异业结盟或是跨业整合等方式，社区产业或经济发展唯有"合作"和"整合"，才能开创未来社区发展更多的空间。特殊在地文化价值的营销，在于独特回忆的启动与牵引，从社区参与阶段就开始社区形象的塑造。"体验型消费"产生了回忆，也产生了文化的认同，回流、再消费的几率才

能跟着提升。社区产业发展着眼的，不再只是市场经济的短暂竞争，更是一种文化竞合的长远工程。愿景的形塑需要的是更为具体且前瞻的思维，亟欲在过去传统社会中寻求未来发展的灵感；当前社区发展工作，应将地方文化产业的振兴作为未来社区优先发展的策略。在经济发展和文化价值的融合与协调中，能为社区寻求出一个平衡点，是社区发展中一项必要、也是必然的挑战议题。

参考文献：

亚太文化创意产业协会：《文创产业兴中华（2011 两岸城市文化创意产业竞争力调查报告）》，商周集团 2011 年版。

丘昌泰：《公共管理——理论与实务手册》，元照 2000 年版。

丘昌泰、陈钦春：《台湾实践社区主义的陷阱与愿景：从"抗争型"到"自觉型"社区》，《行政暨政策学报》2001 年第 3 期。

行政院：《台湾健康社区六星计划说明书》，2005 年。

江大树、张力亚：《非营利组织参与社区营造之角色与策略：以"桃米生态村"为例》，发表于国立台湾大学社会科学院中国大陆研究中心与浙江大学公共管理学院合办"海峡两岸参与式地方治理"学术研讨会（2008/9/22-23，台北市）。

李永展：《社区产业之初探》，载于《永续城乡及生态社区：理论与实务》，文笙，2006 年，第 269—286 页。

林吉郎、杨贤惠：《台湾社区产业发展中非营利组织角色之研究：以新故乡文教基金会辅导桃米社区为例》，《通识教育学报》2005 年第 7 期，第 41—73 页，2005 年 6 月中国医药大学通识教育中心。

陈世慧：《众志成城——新港社区营造》，《经典杂志》2012 年第 170 期。

陈永进：《社会企业：全球化下乡村社区产业的出路与进程》，载于行政院劳工委员职业训练局中彰投区就业服务中心编：《多元开发就业方案——民间团体发展成为社会企业论述精选集》，劳委会职训局中彰投区就业服务中心 2008 年版，第 121—134 页。

陈其南：《台湾社区营造运动之回顾》，《研考报导》1998 年第 41 期。

陈郁秀：《"全球化"台湾文化新思维，文建会网络学院 case 智库：社会总体营造》，行政院文化建设委员会 2003 年版，第 7—13 页。

许世雨：《台湾第三部门推动地方文化产业现况之分析》，《亚洲研究》2007 年第 55 期。

黄煌雄、郭石吉、林时机：《社区总体营造总体检调查报告书》，远流，2001 年。

黄世辉:《重建社区产业的发展与困境》,《九二一重建社区总体营造学术研讨会论文集》,2004 年。

黄肇新、蔡淑芳、刘晓梅:《社区资源手册:关怀、参与、改变的新契机》,开拓文教基金会,1998 年。

黄丽玲:《新国家建构过程中社区角色的转变——"生命共同体"之论述分析》,国立台湾大学建筑与城乡研究所硕士论文,1995 年。

廖嘉展:《桃米社区能,大城乡也能——生态保育与在地文化发展》,载于《中国时报》2011 年 2 月 17 日。

Blackshaw,Tony Community Studies. London:SAGE.(2010).

Dees,J. Gregory & Elias,Jann The challenges of combing social and commercial enterprise. Business Ethics Quarterly. 8,1:(1998). pp.165-178.

Delanty,Gerard Community. London:Routledge.OECD(1999). Social Enterprises. OECD.(2010).

Pestoff,Victor A. Beyond the Market and State:Social Enterprise and Civil Democracy in a Welfare Society. Aldershot:Ashgate Publishing Company.(1998).

Twelvetrees,Alan Community Work(fourth edition). New York:Palgrave MacMillan.(2008).

"中华民国"社区营造协会(2011)。查询日期:2011 年 7 月 2 日。网址:http://cesroc.twweb.biz/front/bin/home.phtml。

台湾社区通网站(2011)。查询日期:2011 年 7 月 2 日。网址:http://sixstar.cca.gov.tw/index_new.php。

行政院文建会(2011)。查询日期:2011 年 7 月 2 日。网址:http://sixstar.cca.gov.tw/index_new.php。

英国韦尔斯社区企业(2011)。查询日期:2011 年 7 月 8 日。网址:http://www.communityenterprisewales.com/dsp_about.jsp。

黄洪(2001)。社区经济是什么? 查询日期:2011 年 7 月 8 日。网址:http://www.iri.org.hk/article_1.html。

经济部中小企业处(2011)。查询日期:2011 年 7 月 8 日。网址:www.alcive.tw/ct_c/ct_promotion.asp。

振兴社区地场产业的治理策略与
实践效益分析

——以新故乡见学园区为例

廖嘉展　张力亚[1]

前　言

　　长期以来,台湾为了经济起飞,在"以农养工"的政策导向以及资本主义的都市化过程中,不仅将原有农村生产体系、生活形态加以破坏,也引发大规模"城乡移民潮"(Urban-Rural Migration),使得乡村人口不断外移,而单一都市则不断膨胀,导致区域结构发展与城乡人口分布不均现象(翁注重,2001:163)。另外,全球化的自由市场经济发展,虽让各国人才与财货更便捷快速地在各地流通,却也引起世界各国与国内各区域的贫富分配不均、资源浪费与碳排放等问题(杜丽冠译,2008)。高度经济发展的结果,让世界各地的居民皆面临因此而起的全球气候变迁挑战,其所带来的不确定性自然灾害威胁,不仅对各国政经情势造成压力,也使得台湾内部原已相对发展弱势的乡村,面临更严峻的挑战。不过危机就是转机,在多重风险与挑战的时代系络中,传统乡村要如何重新寻找出一个兼顾"韧性\回复力"(Resilience)、"永续环境"(Sustainable Environment)与"利益共享"(Interest Sharing)的发展模式,无疑是乡

---

　　① 廖嘉展,财团法人新故乡文教基金会,董事长;张力亚,暨南国际大学公共行政与政策学系,博士候选人、兼任讲师。

村再活化的重要课题。

回顾台湾1999年9·21地震的重建经验,检视灾后重建的不同阶段,可以发现在初期救灾时期,除各级政府的政策资源投入,则以宗教慈善组织与国际救难队伍最令人佩服;安置时期,除宗教组织持续关怀,企业组织及义工团体也付出相当多经费与心力;重建的前阶段,则以民间灾后重建联盟及民间重建团体(例如:慈济功德会、教师会、人本教育基金会等)为主,适时发挥监督与配合政府重建政策的角色。2002年,为协助社区重建及发展,文建会推动为期二年的"921震灾重建区社区总体营造执行方案"(架构包含:项目行政中心、社区营造中心与宣传中心)(黄世辉、赖孟玲、张怡棻,2009:78—79),采取社区营造模式协助重建区的六十个社区组织进行重建工作。这个计划赋予社造中心两年培力社区的重责大任,希望透过培力者促动社区学习机制,通过居民参与讨论,可以拥有发现问题、解决问题及自主管理能力,对社区重建产生重大的影响。2005年,负责重建业务的"行政院"921地震震灾重建推动委员会结束业务,进入后重建时期。上述计划所长期培力的在地重建专业辅导团队、社区组织,也在这时期发挥关键的角色,继续协助社区重建工作(廖嘉展、张力亚,2009:119)。

历经多年努力,社区重建普遍有基础性的成果,但仍旧遭遇发展瓶颈困境,特别是社区产业振兴的课题。诸多社区从满目疮痍的家园中再度站起,重新看待隐藏在生活经验中的地、景、人、文、产,并赋予丰厚的文化内涵及建构自我的认同,若能将这股自地震以来所积累的能量加以汇聚,建立一套可持续运转的"产业模式",摆脱依赖传统自由经济市场的束缚,乃是后重建时期刻不容缓的工作,也是振兴乡村社区经济的主要路径之一(廖嘉展,2012)。面对因全球化而来的一致化商品冲击,属于在地社区或地方区域性的产业商品,如何找到可持续发展的蓝海策略(Blue Ocean Strategy)?在众多地方产业发展模式中,从保存与维续地方自我特色的角度来思考,辅以地方文化内涵与绿色经济原则,藉由创意整合出新的小规模地场产业或社区产业模式,乃是其中一项有效策略(翁注重,2001;黄世辉,2005:106;周宾凰、徐耀南、王绢淑译,2011)。

值此,本文将针对地场产业的特质,及其对后重建社区与振兴地方经济的功用作探究。同时援引新故乡见学园区(以下简称:见学园区)进行治理策略与实质效益的实证分析。文章内容分四个部分：首先，针对地场产业的内涵作说明；其次，针对见学园区的设置缘起以及推动地场产业的治理策略做探究；再次，则是将地场产业的特质与实证个案进行相互检证，说明实践地场产业的效益；最后，扼要汇整本文重点并提出结论。

一、地场产业的理论内涵

检视国内外相关文献，关于地场产业（Local Industry）的理论性定义，不同学者有不同的解释观点，例如：社会经济（Bridge，Brendan，and Ken，2009；Triantafyllopoulou，2012）、社群经济（郑文良，2007）、社区产业（许世雨，2008）、地方产业（黄世辉，2004）等概念均与之相关，其中社会经济的概念获得欧盟议会（European Parliament）的认同与倡议，其主张社会经济虽然具备商业运作逻辑，却是以民主的方式鼓励员工参与、共同分配资源，以寻求集体社会的获利（Triantafyllopoulou，2012：116）。在此，本文将汇整上述各家学说内容，从"产业特性、经营观念、经营主体"三个面向，针对地场产业的理论内涵作解释，相关内容如后：

（一）植基"在地特色"与"群聚经营"的产业特性

"地场产业"是一种对于传统经济发展理论以及既有文化工业（Culture Industry）①反省的新经济模式（翁注重，2001：160；陈其南，2007：118），其强调以地缘特性为基础，利用在地资本、技术、劳力、原料等资源，将原有的地方产业重新包装形成一种新的文化产业，并于特定地区聚集成为"小而美"的经济规模加以发展（翁注重，2001：160；黄世辉，2005：108）。在地场产业的经营场域中，贩卖的商品内容，并非仅仅是一种有形的实质商品，而是一种以公共集体创造的方式，赋予有形与无形产品的生活性与精神价值内涵（陈其南，2007：118），甚至是在地商品所延伸出来的食衣住行育乐，或是一种地方形

---

① 所谓"文化工业"是指：随着工业革命后，机械化复制（mechanical reproduction）大量生产技术的出现，以及资本主义不断扩充再生产，商品化的形式被推进到文化领域。藉由标准化（standardization）、齐一化的商品生产原则，摧毁艺术的纯粹度及通俗艺术的反叛性。

象。例如:农特产品、手工艺品、休闲产业为原料所进行开发、加工成具地方特色的创意商品、文化活动或服务等。综合相关文献分析(王清华,2005;洪德仁,2005;陈佳霙,2005;许世雨,2008;李莹莹、张力亚,2010),在此归纳出几项地场产业特质:

1.具有在地独特的社区文化特性:社区产业具有社区历史、文化、故事及生命力;包含大自然环境与动植物、庙会庆典、手工艺品等,也是传统文化的延伸与创新,可以找回社区历史记忆,又能创造社区共同的感染力与未来发展。

2.社区公共利益与关怀:社区产业以增加就业、增进生活福祉及促进永续发展为出发点,更以追求社区公共利益与关怀为目标。因此社区商品除了是"物品"外,更带有一份"人味"与"情分",诉说着邻里之间的亲密关系、人与人间的信任、愉快的闲话家常及情感。

3.小规模生产,无大量资金:社区产业缺乏资金投资是普遍的现象,因而没有流畅的生产线架构,不能大量生产,无法发展到规模经济,因此成本居高,难以进行细致的专业分工。

4.高人力成本,无法大量复制生产:多属劳力密集、手工制造的产业,难以用生产线大量复制产品。有些甚至无法生产出两件完全一样的产品,但此一"缺点"却也是创意与营销的特殊"契机"所在。

5.社区产业与社区居民的生活机能结合:不像都会区中上班族以雇佣关系为主轴,工作和生活可以是两回事;农村或部落的社区产业与生产者(社区居民)需求的生活机能可以相结合,工作就是生活。

这种具备"在地化、非普遍化"的特性,植基于"地方",与"地方自然、人文特性"有密切关系(黄世辉,2005:124)的新形态地场产业,其经营模式与一般企业经营是大相径庭(详如表1)。地场产业与一般企业两者的差异显现在:用人、产品选择与制造、制造者与用户之间的关系、贩卖价格、通路利润分配等项目中。一般企业经营着重于市场优势与竞争力;而地场产业则是重视在地消费的策略以及现地消费模式的运用,是一种偏重内发型的地域型产业(孙华翔,2007:1)。其产品特性:具有独特性、故事性、创意化、个性化,至于生产过程,则强调"量小、分工、不易复制"。

表 1　一般企业与地场化产业的经营差异

面向	一般企业经营	地场化经营
用人方面	企业追求的人才以专业为优先	社区合作社之经营和各种活动的举办都以在地住民为主体。
产品选择制造	寻找最新颖的销售产品,标准化、量化的生产模式。	制造起来费时又耗人力,全部经过手工制造。产品本身融入了情感与时间的因子。
制造者与用户间	尽可能的专业分离	制造过程是可以被参与的,可以让使用者亲自操作,用户与制造者的距离消除,增加使用者的成就感跟整体感。
贩卖价格	便宜	高价
销售通路	广泛流通	狭隘有限
训练方面	专业化	以情感为优先
利润分配	追求股东的利润极大化	创造社群组织之间的共同利润

数据来源:增修自伍立人,2003:59。

以地方文化、资源作为观光发展的地场产业发展模式,其实深具地域经济振兴的作用。以台湾宜兰的苏澳白米社区为例,白米社区除赋予"木屐传统工艺"一个地方鲜明形象外,也运用这样的营销策略,持续链接其他在地组织或居民,投入建设周边产业,如民宿、杂货店、餐厅等,并将当地自然环境、地方民俗活动等,用"套装"的文化概念整合起来,全面性的发展出白米社区的地场产业(转引自伍立人,2003:57—58),并且将利润扩散至在地的社群组织,而非如同一般企业一样,利润仅分享于投资者本身。

(二)以"知识"与"绿色"经济理论为主轴的经营观念

强调"在地性"与"小规模群聚"的地场产业发展,面对强势的"全球资本主义"商业模式,要如何加以响应并创造出生存的蓝海空间,其实需要不断的扎根学习与创意思考(黄世辉,2004:176)。例如,在推动传统地方产业振兴的过程中,如何在不拘泥于"传统历史或原乡情怀"的思维框架中,透过不断的交流学习、对话、辩证、冲突与反省,以重新"再地方化"的策略,让地方业者与在地居民重新理解在地的地方文化内涵,进而透过公民参与的途径,重新确认地方特色,并定位地方产业发展方向,继而振兴地方各种产业,将是成功再活化的关键(陈其南,2007:119—121)。毕竟,唯有透过这样的学习与成长,才能让地方或商品存在着不断加值、诠释的效果,并且得以让游客每次到访都有新的发现、感受(伍立人,2003:58)。对于这种"不断加值转化",本文认为:"知识经济"的应用将是核心关键。透过经济知识的学习与应用,不仅可以转介各方专家,培养在地居民具备"团结合作"、"资源活用"与"知识活用"三项振兴地方产业的核心能力(铃木直人,2007:94),同时也可让产业业者与商品两者间,进行不断的观念与内容转化,赋予商品新的价值内涵,藉以吸引顾客的目光。

此外,考虑地场产业在发展上并非属于单一经济面向课题,而是一项综合性"聚落永续发展"课题(孙华翔,2007:3)。是故,在产业发展过程中,本文认为可将"绿色经济学"的观念加以融入应用,一方面承认在地自然、人文资源的承受力(周宾凰、徐耀南、王绢淑译,2011),避免一味追求无限制的扩充发展并进而创造出一些非源自于在地特性且大量复制化的商品内容。这些都违反"地场产业"的本质。另一方面也需鼓励地方各类产业业者将"永续"、"生态"的观念,视为是自身产业发展的核心价值。同时将在地生产与非生产者社群视为"生活共同体",将部分因地场产业所获得的利润,挹注在地社群的公共福祉创造面向,促使地方社群在环境生态、产业经济与社福文化不同面向的整体性发展。最终,打造在地幸福经济(林丽冠译,2008),实践"永续性"与"社会公义"的愿景目标(Henderson,1988)。

综上,在发展地场产业振兴过程中,如果适当的将"知识经济"与"绿色经济"两个理论内涵加以融合运用,不仅提供经营观念新的指导方针,也可藉以创造出一种新的经济形态实践。毕竟在当代的地方产业发展中,不仅需要响应地方产业振兴的经济需求,也要考虑整体的自然生态环境维护以及在地社群生活福祉的提升。

(三)以"第三部门组织"作为社群合作机制的必要性

一个与"地方特性"紧密结合,且具备"创造在地社群共同福祉"的地场产业,在经营主体的操作上,要如何选择一个既能拥有开创思维,又可结合当地不同产业组织利基进行产业发展,并妥善将各方经营之利润做多元重分配,一方面创造在地就业机会,另一方面将获利的效益注入照顾在地其他非企业组织成员的公共福祉之中。在国际经验中,具备慈善、公益特质,以及社会资本

（Social Capital）能量，又可从事以社会目的为出发点的商业经营之第三部门社会企业（Social Enterprise）组织，乃被认为是适当的组织（Borzaga & Defourny，2001；Bridge，Brendan，& Ken，2009：11；Kerlin，2010）。以日本为例，日本中小企业厅为了地方经济的活化，于 1981 年鼓励各县结合产业部门设置以第三部门为主体经营的地方产业振兴据点，作为地方经济建立的社会基础（黄世辉，2005：108），这个据点又可称为地场产业中心。由非营利组织所经营的地场产业中心，为了将观光及地方产业做有效的连结，扮演着技术开发中心、研修实习中心、展示中心、信息中心等的功能，同时也作为地方居民与社区文化创造活动的场所（黄世辉，2005：108—109）。虽然，以非营利组织为主体的地场产业中心，需要具备部分的专业性，才能有效发挥所需承担的功能。以下将援引几个日本实务个案，藉以更具体地说明以非营利组织作为地场产业中心经营主体的作用。

首先，从日本奈良县（NARA）的网站①可发现，该县号称是日本国起源之地。为发扬这个历史特性，奈良县境内各公私组织开始进行串连，成立"财团法人奈良县广域地场产业振兴中心"，将县内原有的特殊人文、自然资源整合起来，设定以"历史"、"文化"、"交流"为主题，规划设计出"世界遗产、祭典活动、美术工艺品、人文、历史、自然体验"等各式各样的旅游行程，企盼藉以打造得以流传未来一百年、一千年的城市内涵。

其次是日本三鹰市，该市为了解决因"工厂数量的减少、商业行为的空洞化、高龄化、少子化及税收减少"四大问题导致的城市内部景观、活力锐减课题，于是由有志者召集市区内的市民、企业、大学、行政机关等机构成员一同组织"SOHO CITY 三鹰推动协议会"，并成立以"社造及活化"三鹰市都市中心为事业体的"三鹰城镇营造股份有限公司（株式会社）"，一同为三鹰市的形塑出"地域经营，住职合一"的"SOHO CITY 三鹰构想"之地域振兴愿景而努力。在此过程中，三鹰城镇营造股份有限公司扮演着超越原有第三部门传统角色的功能，一来整合 SOHO CITY 三鹰推动协议会的成员意见，二为推动各项 SOHO CITY 三鹰构想计划，如：举办庆典、讲习会、沟通协调会、创立新事业、

---

① "奈良县"，http://www.pref.nara.jp/nara_c1/dd_aspx_menuid-1001.htm（检阅日期：2009/6/24）。

再造魅力市街、拟定综合成阵营造计划、发掘"人、文化、环境"地方特色资源等,跨越组织分隔界线,为三鹰市创造新的就业与环境改善机会(林荣一、许瑞君,2005)。

最后,徐志山(2005)《元气三岛町!》一文,则针对"远野道之驿——城镇"的地场化产业发展进行介绍。该文指出,三岛町这个冬季积雪可以达到两三公尺的乡村,经过30年期间的一连串社区营造运动,居民也顺应自然周期运转,逐渐编织出自己的新天空。在整个发展地场产业的脉络中,初期是从"新故乡计划"着手,吸引都市人来观光,但是历时三年就遇到瓶颈,开始思索如何转型。其中一项是选取在地悠久历史,连结亲子关系的"父母手工艺品"为出发,推动"生活工艺运动"以及"有机农业",形成"在地制造运动"。发展期间,除了获得政府部门在硬件建设上的大力支持由市公所、农会、工商会共同组成的地方经营团体,一方面配合在地生活脉络作整体规划思考,另一方面也采取产地直接贩卖的方式,作为产物营销的手法,从而建立起地方自信,并将产业的根留在当地,藉以降低人口外移与产业空洞化的危机。

从日本经验可以发现:在推动地场产业过程中,选择以非营利组织性质的"第三部门社会企业"作为地方社群合作的节点,可以发挥其恰当的作用。第三部门社会企业不仅可以扮演公私部门与在地"异业结盟"的网络节点,也因为这类第三部门组织可同时具备着传统非营利组织的公益与慈善特质(Bridge,Brendan,& Ken,2009),以及运用商品策划营销与整合在地意见进行微型商业经营,而能以协助政府与在地不同产业社群作发展,为地方经济带来新活力。

综上所述,本文认为地场产业是一种以在地自然与人文等特殊在地性资源为基础,辅以绿色经济与知识经济的新思维,将在地特色重新包装,形成以精致少量、套装文化旅游而运作的在地群聚经营模式,这种模式在实务上则需仰赖以第三部门为主体的经营团队,如此才能扮演协调各个不同在地企业的角色,并且进行资源的共配置与利润分享(详见图1),进而落实地场产业追求、振兴在地产业活力与建构在地社群共同意识的宗旨目的。就其目的性,地场产业的经济模式,也符合永续发展的"生态、生活、生产"三生共荣的宗旨。例如:在环境生态面向部分,地场产业强调的是,立基于在地自然与人文环境容受力而进行的发展,符合生态系统的观点。在社会生活部分,则重视因地场

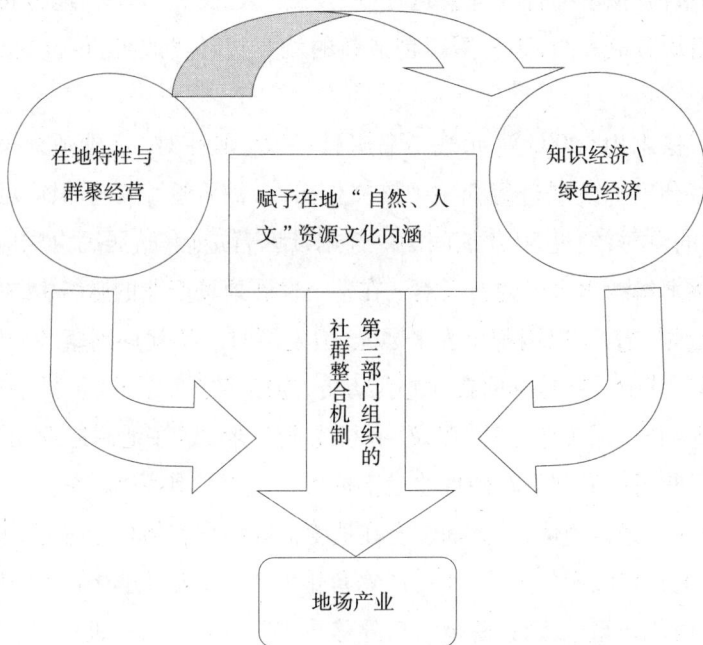

图1　地场产业发展模式

数据来源：本文绘制。

产业而获得的利润分享，因此选择以非营利组织作为经营组织。至于在经济生产部分，则是重视小规模的在地群聚商业，而非追求传统大量开发工业。是故，地场产业的发展具备着永续发展的实践作用。

二、新故乡见学园区的设置缘由与治理策略

本文援引新故乡见学园区为例，进行个案经验的分析，以解释非营利组织在推动地场产业过程中的主要理念、治理策略，以及实践效益。以下将优先针对见学园区的设置缘由与治理策略加以说明。

（一）见学园区设置缘由

921地震后，政府及社会在短期内投入大量资源，让不少社区或产业建立

相当程度的发展基础,也累积一些可观的成果。不过,2005 年负责重建业务的"行政院 921 灾后重建推动委员会"结束业务,也正式宣告重建阶段性的完成。来自政府的重建资源不再正式进入"后重建时期"。

面对回归一般化社区发展型态,具备一定社区营造能量的社区组织,以及面临经费逐渐紧缩的非营利组织,彼此之间有没有可能透过一种前瞻性的模式,形成后重建时期的互助网络发展机制?(李莹莹,2010:89)让社区的利害相关者、非营利组织、产业组织及有意愿发展的个人进行结合,并将它予以产业化,形成"新形态的社区产业模式",这样的愿景要如何可能呢? 它们一直是笔者在实务工作上关注的课题,而"新故乡社区见学中心"恰恰就是在这样的想法下孕育而生。

见学园区如何从想象到实际落实,除了长期于第一线参与"921 灾后重建"以及"非营利组织"经营的经验体悟,更重要的是肇因于一场美丽的意外,进而加速见学园区的设置。2005 年 1 月任台湾 921 地震重建区代表团团长的笔者,带团前往日本参访阪神地震十周年纪念活动时,在前往神户市长田区野田北部的鹰取拜会之际,获知原位于当地的鹰取纸教堂 Paper Dome,随着阪神地震复兴的步履,即将拆除移建,于是在致词时突然迸出:"当 Paper Dome 功成身退时,能不能将他移筑至台湾,作为台湾和日本在社区营造及地震社区重建的交流平台?"

经过慎思考虑,日方同意这个提议,且着手筹划协助后续移筑事宜(颜新珠、何贞青,2008:54)。至于 Paper Dome 台湾移筑的场址选择,经过多方因素考虑,最终决定将其坐落于基金会长期投入培力的南投县埔里镇桃米社区。历经三年期的规划、整地与搬迁,在诸多台湾 NGO 组织与社区居民的共同协力下,于 2008 年 1 月 25 日,完成"千人立柱"活动,正式宣告 Paper Dome 台湾再生序幕;同年 9 月 21 日,在众人合力下开启 Paper Dome 的门框,开始进行式营运,并于次年 921 地震 10 周年之际,正式开园营运(详细内容请参见颜新珠、何贞青,2008)。

(二)转型"社会企业",扮演社区产业的网络节点

面对"见学园区"的营运,原本单纯以"协助发行杂志"、"社区营造"为职志的新故乡文教基金会(简称:基金会),其组织功能也连带遭遇挑战,而亟须

构思转型之道。几经考虑，为同时兼顾见学园区的营利需求，以及非营利组织的本质，遂选择朝向"社会企业"的模式作组织转型（李莹莹，2010：94）。社会企业的组织运作与核心宗旨，除仍具传统公益服务功能外，也融入企业管理思维。意即是追求"社会目的"（social aim）与"经济目的"（economic aim）两个面向的实践（Borzaga & Defourny，2001；郑胜分，2004），不过即使在经济目的上援引企业经营模式追求利润盈余，但是其实际的商业操作模式与利润分配并非如同企业一般，追求纯货币与个人财富的极大化，而是一种新的"非典型商业模式"（图2）。希望藉由非营利组织的社会企业商业运作模式，将不同在地特色资源加以结合，利用营销创造财货利润，嗣后透过共享与回馈的机制，将利润再次投入在地产业与环境特色的升级与营造，并且投资解决社会相对弱势群的生活问题。

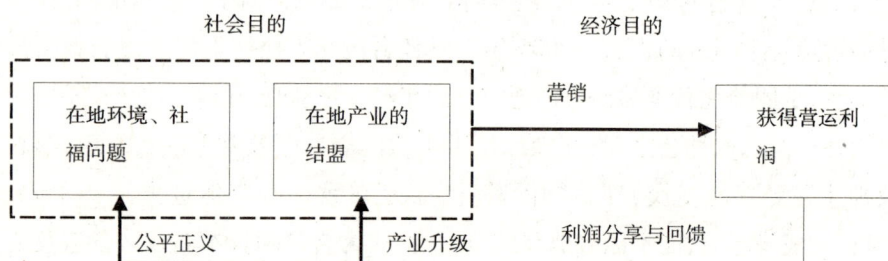

图2　社会企业应用在地场产业的运作机制

数据来源：本文绘制。

为达成社会企业的组织转型目的，基金会于2005年修改组织章程，设立"新故乡文教基金会附设社区见学中心"（简称：见学园区），并在桃米生态村设置"新故乡见学园区"，作为营运基地。整个园区是用"新故乡自然生态休闲农场"申请合法硬件，园区最重要的实体建筑系为日本阪神地震之后的纸教堂，纸教堂的渡海再生利用，为园区添加了无限助力。

在整个基金会与附设见学园区的组织架构确定后，碍于基金会以往并未具备经营管理的经验，于是采取"滚动式管理模式"作为初期的经营管理方式，同时陆续针对基金会与见学园区的组织功能作厘清，确保两者的活动能量持续扩大。最终于2010年将组织调整为：董事长下设置"执行长"、"执行秘书"与"财务"。执行长下设"社会公益"与"社会企业"两个部门。社会公益部门,设置"信息、社区营造"两组;"社会企业"部门则设"农园、活动企划、社区见学、组织管理、园区营运"五组(见表2),并以新故乡附属见学园区作为营运场址。基金会为了持续维系非营利组织的公正性与社会目的性,在财务部分委由专业会计师的签证,据以处理基金会的财务课责,以昭公信(李莹莹,2010:98)。

表2 组织分工与运作理念

部门	组别	工作内容	运作理念
社会公益	信息	教育研习、生态城镇研究、出版规划	举办讲座、出版与推广刊物,宣传生态社区营造理念。
	社区营造	社造项目执行、社区互助网络建构	辅导个别社区推动社造工作,并做区域间的串连。未来拟设"社区互助基金",协助弱势社区初阶学习。
社会企业	农园	农业生产、自然农法推动	管理见学园区的农园,推广无毒、自然农法。希望未来可进一步推广于社区农户。
	活动企划	活动企划、网络营销、商品开发	1.结合埔里在地传统产业,进行文创商品开发。2.规划各种文艺活动,提供在地艺术家与表演者的活动舞台。
	社区见学	见学活动规划、执行、网络联系、客服	规划设计生态见学游程,让参与者从解说及实际体验中,理解生态教育内涵与实践之道。
	组织管理	人力资源、总务、庶务、财产管理	人力资源主要来自两个系统:专业人才、社区弱势工作者,为社区创造在地就业机会。同时提供在校学生实习、工读机会。
	园区营运	票务、餐饮、商品门市之营运	1.串连社区型、个人型文创商品,规划小型文艺市集。协助在地产业发展。2.餐饮部分,以推广在地食材应用与轻食运动为主。

数据来源:本文整理。

(三)采取"见学网络"概念,串连区域内社区产业

社区见学设置目的,企盼扮演着:"震(受)灾社区重建的经验交流平台"、"台湾社区营造的交流中心"、"生活创意产业的形塑"、"生态社区理念的传播与实践"与"生态城镇网络的建构与推动"五大社会公益功能(颜新珠,2009;廖嘉展,2012:138—140)。为实践上述五项功能,基金会采取"见学网络"的

概念,希望利用社区见学中心作为网络连结平台(图3),透过五感(视觉、听觉、味觉、触觉、嗅觉),逐步联合在地周边不同特色产业与社区组织,形成新形态的产业聚集社群,展开生态的、技艺的、饮食的、社区的、产业的、震灾的产业体验学习旅程(图4),从"心"领略社区的魅力,重"新"感受台湾的热情与活力。

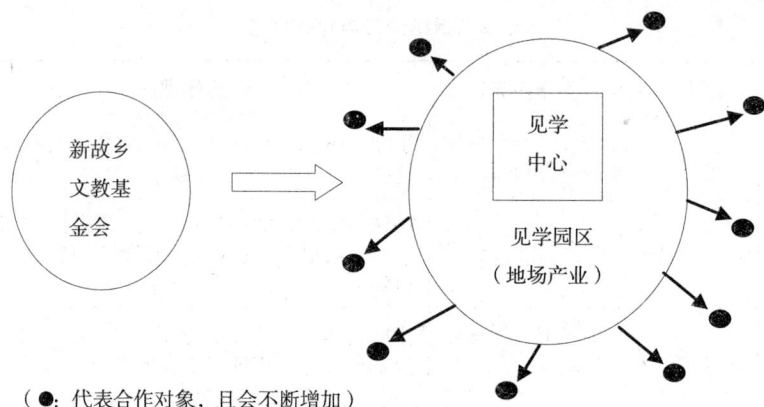

（●: 代表合作对象，且会不断增加）

图3　学园区见学网络扩散示意图

数据来源:本文绘制。

　　另外,基金会也计划将有基础能力发展的社区及在地特色产业,透过社区见学网络,形成一个互助体,藉由社区见学的开展,同时提升社区的人文及自然环境,兼顾生态与生活,扶植社区产业的发展,促使社区可以在这样的机制运作中,获得应有的收入,让社区与 NGO 都得以迈向可持续发展的道路(颜新珠,2009:270)。这种以非营利组织为主体,进行区域内特色产业与社区产业的在地结盟,其所发展的产业模式,无疑具备了地场产业的发展特质。希望藉由群体合作与资源共享、回馈的价值思维,创造出在地、区域社群的共荣发展,以对抗高度利润极大化的传统商业模式所造成的贫富不均课题。

三、"地场产业"的实践效益分析

　　"见学园区"自2008年试营运到2011年底,历经将近三年多的时间,整个

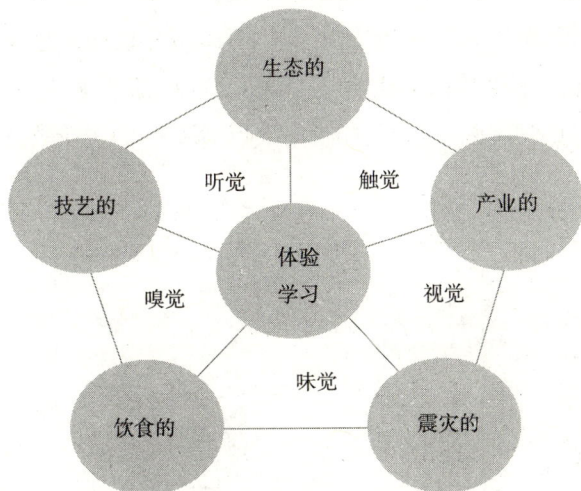

图4　见学园区见学体验学习图像

数据来源:颜新珠,2009。

园区共吸引约 1183718 人次(表3),创造超过 70284478 元收入。见学园区采取门票费用可全数折抵消费的策略,藉以提供入园的诱因,让收入呈稳定成长。

表3　纸教堂新故乡见学园区入园人数　　　　(单位:人次)

年度	购票入园	免费入园	小计	备注
2008.9	0	无正式统计	无正式统计	2008.9 —2009.1 采免费入园
2009.2 —12	187739	约20000	207739	
2010	482262	2198	484460	
2011	521956	13760	491519	不含免费①入园 7706 人

数据来源:廖嘉展,2012:148。

其次,就商品特色而言,也开始累积一些"地场产业"的效益。以 2010 年纸教堂园区的商品为例,园区内与在地相关的文化创意与农特商品,共可分为

————————

①　免费入园类别:1.埔里镇桃米里居民,请携带证件为入园凭证。2.三岁以下(含3岁)儿童及领有残障手册者。3.特定弱势团体,需提前一周预约。4.埔里地区公私立中小学及大专院校学校户外教学。

七大类型（详如图5），其合作厂商总数为49家，商品品项计有104项，全年度商品总营收为15,560,715元（详如图6），占2010年度园区总收入36%左右。总之，"见学园区"不论是商品销售或是实际营收，都产生了一定效益。以下将进一步针对"见学园区"推动的"地场产业"所衍生的实质效益分点作说明。

1999年PD商品厂商数与项目总数图表

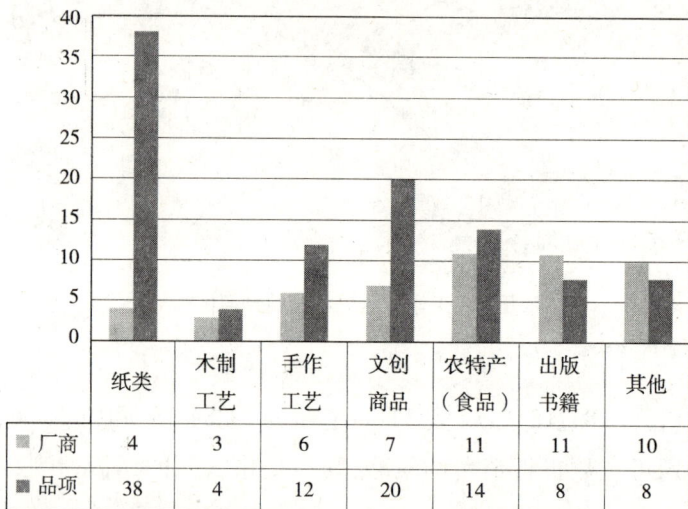

	纸类	木制工艺	手作工艺	文创商品	农特产（食品）	出版书籍	其他
▨ 厂商	4	3	6	7	11	11	10
■ 品项	38	4	12	20	14	8	8

图5　新故乡"见学园区"2010年商品类型统计图

数据来源：廖嘉展，2012：151。

（一）利用"知识经济"的元素，推动在地传统文化工艺的复苏

首先，"见学园区"在营运的商品规划设置过程中，考虑社会企业的营利需求，以及"纸教堂"（Paper Dome）的特性，优先设定"文化创意产业"的类型作为"见学园区"的主要商品（表4）。文化创意产业的商品类型，除了积极媒合台湾各种"社区型"于创市集，便利"个人化"手工艺创作者的商品进行展售（李莹莹，2010：115）。同时也与南投县埔里镇传统在地特色产业"造纸工艺"进行结合。这样的思考系源于：纸教堂有纸的元素，埔里又是手工纸的故乡，从日据时代的造纸术，到现在多元的纸貌，包括广兴纸寮传统及创新的手工纸，造纸龙的瓦楞纸DIY，长春纸厂的科技用纸等，都深具特色。

在发展"造纸工艺"的文化创意商品过程中，还将园区用于储存纸教堂相关建材的货柜，改装成"纸铺"作为贩卖点，同时积极评估当前埔里在地造纸

1999年PD商品营运分析

其他
1,594,325
10%

出版书籍
1,161,064
8%

纸类
4,406,139
28%

木制工艺
694,170
5%

农特产（食品）
4,845,528
31%

手作工艺
2,486,920
16%

文创商品
372,569
2%

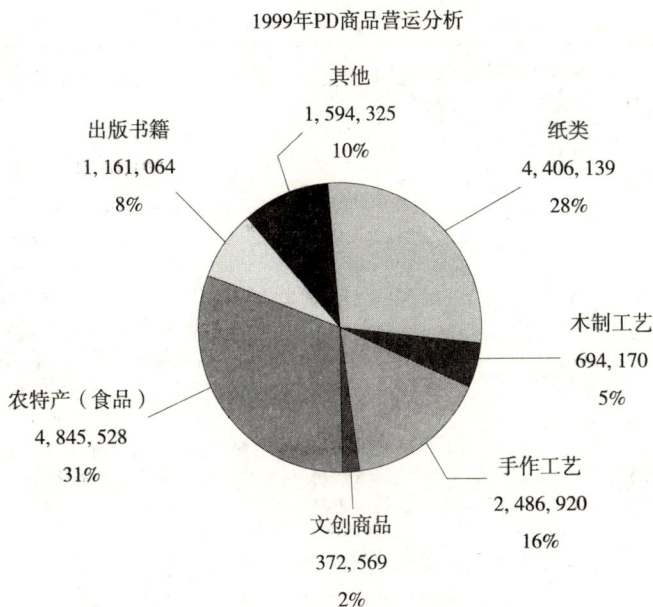

图6 新故乡"见学园区"2010年商品类型营收比例图

数据来源：廖嘉展，2012：151。

行业的服务内容，以与同业市场的服务类型区隔。换句话说，企图寻找出与目前在地造纸行业不同服务趋向，同时可以扩大"造纸工艺"的商品化范畴。几经评估后，遂与专长在制作特殊用纸的"埔里丰镒特殊纸公司"合作，透过材料的供应，以及自主性设计构想，开发出特殊化商品例如：包包、办公室器具、生活用品等。

表4 新故乡见学园区"文创商品"一览表及其社会目的

合作对象	商品项目	说明	社会目的实践
丰镒特殊纸厂	相关纸制商品	南投县埔里镇的在地特殊纸公司	推动埔里传统"造纸工艺"的技艺振兴，同时创造出新的服务性商品。
台湾纸模型	车站纸模型	文创商品	
扶风文化	生态纸模型		
纸箱王	纸制模型商品		
埔里纸艺应用	编织帽	陈碧兰小姐个人工作室自行编织	

合作对象	商品项目	说明	社会目的实践
风潮音乐	CD 唱片	文化出版业	配合园区生态与文创氛围,推广自然、心灵音乐系列。
陈彦手工皂	手工皂	文创手工艺	媒合"个人型"文化创意工作坊的特色商品媒合,提供营销与展售的平台,协助相对弱势的产业族群进行商品营销。
明华个人工作室	软陶艺品	文创手工艺(洪明华老师的作品)	
三和瓦窑	瓦制品	文化创意商品,厂址位于高雄县大树乡	
孙少英老师出版品	书籍、明信片	南投县埔里镇在地画家(孙少英老师自行出版)	
彭春林生活创意工房	原住民布包、零钱包	屏东内埔乡水门村原住民社区工艺	媒合"社区型"文化创意工作坊的特色商品,提供营销与展售的平台,协助相对弱势的产业族群进行商品营销。
野桐工坊	原住民编织品	苗栗县泰安乡象鼻部落	
中寮乡工艺	布包、保温袋、手工皂	南投县中寮乡阿公、阿嬷的手工编织作品	
埔里社区妈妈工艺	布偶——猫头鹰、青蛙	南投县埔里镇内社区妈妈布偶吊饰(家庭工坊)	

数据来源:廖嘉展,2012:152—153。

综上,见学园区在推动"文创产业"的过程中,通过兼顾广泛性与在地性的文化创意产业商品媒介:一方面将园区的商品贩卖塑造出"文化创意"气息,另一方面也可重新振兴与发扬在地的传统"造纸工艺"。

(二)援引"绿色经济"概念,促进"社区型产业"的结盟与升级

"见学园区"也与埔里地区的若干特色产业进行结盟(表5),其中以"农特产品"为大宗。此肇因于基金会早期从事社区营造工作,一直存在着如何有效协助社区型或地区型一级产业,进行产业再升级的想法。是以,"见学园区"积极与埔里当地与周边乡镇的社区型农特产业进行异业联盟,包括埔里镇内的"宏基蜂蜜"、"台光香草园"、"永国木业"、鱼池乡的"杜康行"、"和菓森林"、信义乡的信义农会,以及埔里镇桃米社区、水里乡上安社区的社区型产业,等等,企盼打造出地域性的产业聚集氛围与效益。

表5 新故乡见学园区"农特商品"一览表及其社会目的

合作对象	产品类型	地域范畴	社会目的实践
宏基蜂蜜	蜂蜜相关商品	南投县埔里镇养蜂产业	媒合周边乡镇行的特色产业,塑造出地域性产业群聚效益。
台光香草园	香草熏香膏	南投县埔里镇花卉产业	
永国木业有限公司	木拼图	南投县埔里镇特色产业	
杜康行	醋	南投县鱼池乡特色产业	
和菓森林	红茶		
信义农会	梅子相关商品	南投县信义乡农特产业	
宏观	红糟、黑露儿	南投县埔里镇桃米社区内部的特色产业	结合各个"社区型"的特色农业产品,提供展售平台,推广社区型农业转型与升级的示范。
涩水竹炭工作室	竹醋液	南投县埔里镇桃米社区内的高质量竹炭产业	
水里上安社区工艺	梅枝笔	南投县水里乡上安社区产业	
雨林咖啡	咖啡		希望藉此推广关怀自然生态而产生的产业理念。
仁爱乡眉溪部落绿生农场	绿生农产	尝试建构中的"自然农法"农耕模式。	期盼藉由自然农法的操作机制,可以转化原有传统农业耕作的思维,同时提升社区农业产品的价值。

数据来源:廖嘉展,2012:154—155。

另一方面,由于近年基金会一直在推动生态社区理念之故,因此希望将环保、生态与有机的观念,藉由社区营造模式,协助社区农业朝向有机农作的转型与升级。在此构想下,基金会结合仁爱乡南丰村眉溪部落的工作团队,进行绿生农法的作物施作与市集试卖,业已获得一些成果,且在经历一段时间的技术培训后,基金会已于2010年将眉溪部落的绿生农法工作团队媒合进入桃米社区试运作,希望藉由有机农作的示范性作业,透过体验学习的方式,将自然农法的观念推广于社区内,嗣后再配合实务操作的练习与耕作,据以逐步转化社区原有耕作思维与形态，转而成为自然农法的实践基地。

（三）运用园区空间，推广文化展演

见学园区是一个多元功能的空间，园区内除了从日本移筑台湾的纸教堂，基金会也聘请邱文杰建筑师设计一个由 C 型钢为材料所组成的大棚架，创造见学园区建筑刚柔合一氛围。为让见学园区的空间多元利用，基金会开始筹划各类展演工作，联合在地各类各式演艺团队、艺术工作者、埔里地区学童，以音乐、舞蹈、戏剧、偶戏表演等方式为团体、个人提供展演机会，塑造园区的在地美学氛围；同时也利用这些展演空间，举办各类演讲、研习与技艺学习工作坊，让见学园区成为"幸福之地·梦想舞台"。自开园以来相关展演活动如表6 所示：

表 6　见学园区文化活动总表（2008.7 — 2011.12）

活动类型	场次	社会效益	备注
音乐会	160	文化活动的开展，从累积的过程中，培力人才，不管是策展人才、演出人才，与观众的欣赏能力，希望藉由新故乡的网络，营销这些工作者的作品，也让更多人分享、认识这些工作者。	
展览	30		
研习讲座	10		
宗教活动	47		含礼拜、弥撒、受洗等
技艺学习	75		
其他活动	25		含戏曲、舞蹈、婚礼等

数据来源：本研究整理。

展演是纸教堂的对外沟通媒介，其中在 2009 年 921 地震 10 周年，举办 13 场系列演唱会，并为 88 水灾重建及埔里的社福团体募款；2010 年 921 的 11 周年，结合埔里的社区医疗群开展为陈绸少年家园募款等活动。这些展演，有在地特色，有外来的响应，有成名者的演出，也有业余者的努力，丰富多彩，吸人眼球。

（四）采取"社群组构"① 方式，驱动区域性集体行动能量

见学园区的设置，除创造在地就业与产业串连外，新故乡也期待结合埔

---

①　社群组构（Social Figuration）是由 Norbert Elias 所提出。该理论的核心要旨在于：人的认识论观点是立基于不同人群的互动结合，而非如同哥白尼式的认识论观点，亦即以自身的单一视野与周边人、事、物进行对话（李松根，2002）。

里镇内其他主要产业,共构埔里镇区域性的愿景行动。此构想在参与2010年大埔里观光发展协会成立时埋下了种子。在一次参与该协会所办的张家铭师生的画展中,协会朱伯勋总干事、18 度 C 巧克力茚董事长与笔者谈及会务的发展方向时,深深觉得埔里需要有一个共同的愿景及行动计划。是以,观光协会于2010年底决定先筹设"埔里镇愿景规划与执行推动委员会",分别设置:埔里愿景规划小组;实现愿景推动小组;文宣组。笔者为愿景规划小组召集人。经过几次会议讨论,决定以埔里早期的"蝴蝶生态"为主轴,藉由环境空间的美化,以及生态保育观念、生态旅游的辅导,作为埔里镇区域性再发展的行动目标。这个区域性行动目标在推动过程中,考虑到民间社团的行动力与弹性化,相较于公部门而言更具有运作空间,于是协会决议先以大埔里观光发展协会为推动主体,一方面邀请农委会特生中心前副主任彭国栋做11 条步道的蝴蝶生态调查,同时规划相关的解说员训练及认证课程;另一方面,也由新故乡规划"再现埔里蝴蝶王国计划"(财团法人新故乡文教基金会,2010),希望结合社区与相关兴趣者,展开环境保育、复育及文化创意的相关实践。

历经两年努力,该项计划在2010年获得行政院文化建设委员会"社区营造亮点计划"三年期经费补助,也陆续完成10 条蝴蝶生态步道的调查,举办"大埔里地区蝴蝶生态解说员初阶、进阶课程"和"大埔里赏蝶之旅",培力35位蝴蝶生态解说员,办理"我的蝴蝶梦——蝴蝶栖地自力营造",鼓励在地居民、学校重整环境,从实作中学习生态环境知识,同时也发行"'蝴蝶风'社区报"、举行"蝴蝶风生态城镇系列讲座"、"'蝶迷·迷蝶,刘明浩和他的蝶友们'摄影展"、"埔里蝴蝶辨识大赛"等各式各样的活动,以推广生态环境维护的成果与讯息。此外,在推动"再现埔里蝴蝶王国计划"期间,新故乡结合在地跨部门组织,如文建会、农委会林务局、特有生物研究保育中心、日月潭国家风景区管理处、南投林区管理处、南投县政府文化局、农业处、埔里镇公所、仁爱乡公所、南投林管处埔里工作站、南投县大埔里地区观光发展协会、暨南大学等单位,组成"再现埔里蝴蝶王国协调推动小组",举办多场次"跨部门协调会议"①。截至目前,业已获得南投县府农业处的"苗木提供、食草及蜜源植物

---

① "蝴蝶王国跨域会议",http://homeland.org.tw/homeland/indexdetail.php? ed_id=900。

培育、设置禁止猎捕蝴蝶的警告标志、解说牌设置"[①]和暨南大学资工系的"现埔里蝴蝶王国手机 APP 功能建置计划"[②]等策划与技术支持。

总体而言，"再现埔里蝴蝶王国计划"为埔里地区的各个公私组织（图7），提供了一个愿景发想、相互合作实践的机会。在此过程中，藉由民间社团的集体行动，一方面规划实践愿景，建构基础性人力与物力支持系统；另一方面则是以"不断沟通"的方式，渐进带动其他公共部门的接续参与。期盼透过这些努力，可以在埔里地区累积出新的市民社会运动能量，让埔里"转型"成为更为宜居的"生态城镇"。

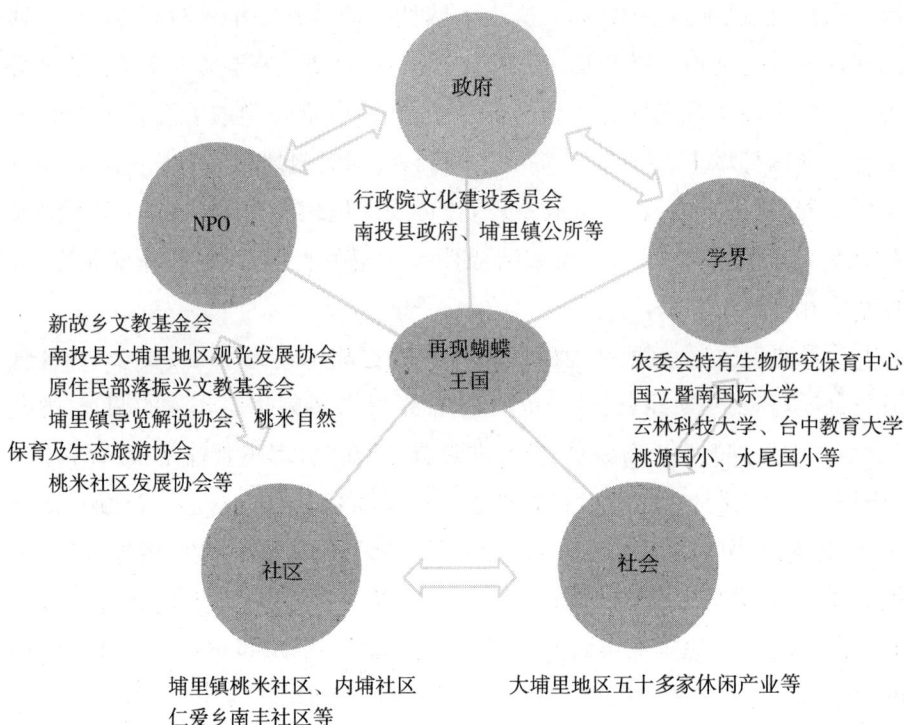

图 7　再现埔里蝴蝶王国——生态城镇见学网络的建构与推动图

数据来源：廖嘉展，2012：188。

---

　　① "推动'再现埔里蝴蝶王国'会议"，http://homeland.org.tw/homeland/indexdetail.php? ed_id＝929。

　　② "暨大资工系师生携手为蝴蝶造窝"，http://homeland.org.tw/homeland/indexdetail.php? ed_id＝903。

四、结　论

J. Robertson(1990)在《未来福祉》(*Future Wealth*)一书中指出：21世纪世界经济的一项主要特色是"自力更生之在地经济的复苏"，这种转变如要成功，需要在社会心理观点、经济与金融组织，以及政治与社会权力结构上同步变革才有机会。这个观点与本文所谈的社区地场产业似乎甚为贴切。

总结"见学园区"这几年来在推动"地场产业"的实务操作内容可知，"基金会"扮演着推动"地场产业"的网络节点，除了以"见学网络"为概念建构出"见学园区"的实体运作空间，还在组织上进行同步调整，转型成为兼具"商业营运"与"社会公益"双重目的"社会企业"。此外，基金会也根据过去几年推动社区营造的经验，援引"知识经济"与"绿色经济"的理念作为建构地场产业的核心价值。前者，系以知识经济为内涵，重新寻找埔里当地"造纸工艺"的创新空间，同时将具备特色性但相对弱势的"个人工作坊"与"社区型工作坊"之文化创意商品相结合，透过"见学园区"的平台整合营销，促进在地传统文化工艺与相关文化创意产品的复苏、活化。至于后者，基金会一方面藉由地区性异业结盟的方式，媒合不同地域的特色农特产品，建构在地消费模式；另一方面，也从事"自然农法"的实作推广，并且结合有意推动"自然农法"的农耕团队，尝试创新新的农耕思维。再者，运用"社群互助"的逻辑，串联区域内有共同想法的行动者建构区域性发展愿景，进而转化原有治理结构，形成一股新的集体行动能量，促使社群共同愿景目标实践。上述的做法某种程度上也呼应与实践"地场产业"的"聚落永续发展"宗旨。展望未来，基金会企盼在自有财源更具稳定后，更积极地在"园区经营管理"、"创造在地就业"、"产业串连效益"、"桃米社区在地经济扩散"、"跨区域公共行动"五个面向进行资源投入（图8）。毕竟，对"新故乡"来说，营利不是我们最终的目的，社会与社区的良质化发展，才是我们的使命（廖嘉展，2012：194）。

总之，藉由"传统非营利组织"转型为"第三部门社会企业"来推动区域性地场产业的模式，对于未来社区产业以及在地传统文化工艺的振兴，具备着实践的可能性。至于这样的经验未来如何有效转化为政府政策加以推广落实，

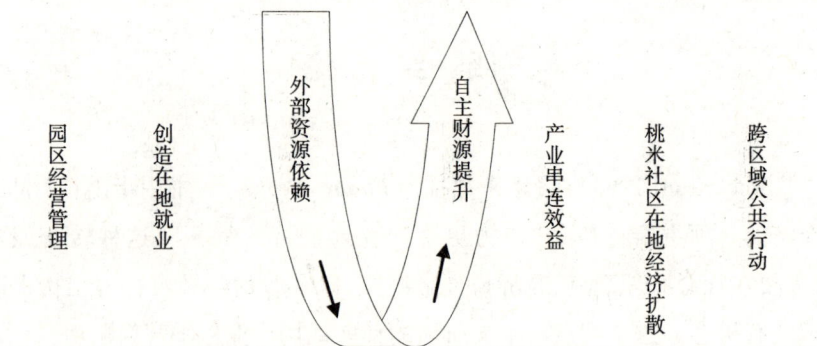

图8 见学园区自主财源运用图示

数据来源：修改自廖嘉展，2012：168。

仍有待进一步慎思和规划。

参考文献：

王清华：《九二一震灾重建区以社区总体营造方式重建社区产业之探讨》，逢甲大学建筑与都市计划所硕士论文，2005年，未出版。

伍立人：《从传统中寻找新生命的文化创意产业——以白米木屐为例》，国立台湾大学新闻研究所硕士论文，2003年，未出版。

李松根：《社区营造与社会发展》，问津堂2003年版。

李莹莹：《地场产业发展创新治理模式之研究——以新故乡见学园区为例》，国立暨南国际大学公共行政与政策学系硕士论文，2010年，未出版。

李莹莹、张力亚：《"以社造、互助为核心的社区产业聚集行动初探：新故乡Paper Dome见学园区之个案研究"》，中华电信基金会专题研究计划结案报告，2010年。

Bill McKibben：《在地的幸福经济》，杜丽冠译，木马文化2008年版。

Molly S、Cate：《绿色经济学：理论、政策与实务》，周宾凰、徐耀南、王绢淑译，智胜2011年版。

林荣一、许瑞君：《地场经营的奥义》，《社区营造学会电子报》2005年第39期，http：//www.cesroc.org.tw/e_paper_detail.php？sn=165#5（检阅日期：2009/6/24）。

洪德仁：《公益团体启动社区产业的永续发展》，收录于社区营造学会主编《2005—2006台湾优良社区产业论述专辑》，社区营造学会2005年版，第3—6页。

孙华翔：《社区产业发展与经营模式探讨》，2007年，http://www.ptcf.org.tw/ptcf2/healthcity/epaper/hce8/801.pdf（检阅日期：2009/5/8）。

徐志山:《元气三岛町!》,《社区营造学会电子报》2005年第39期,http://www.cesroc.org.tw/e_paper_detail.php? sn=165#5(检阅日期:2009/6/24)。

翁注重:《试论地场性产业——文化产业的地方特性与时空意义》,《工业设计》2001年第29期。

财团法人新故乡文教基金会:《南投县(市)大埔里地区"再现埔里蝴蝶王国"——生态城镇见学网络的建构与推展计划》,1999年度行政院文化建设委员会"社区营造亮点计划"提案申请书,新故乡文教基金会2010年版。

许世雨:《第三部门推动社区展业之研究:五个案例之初步观察》,收录在东海大学行政管理暨政策学系主办"2008TASPAA伙伴关系与永续发展国际学术研讨会",(台中市)2008年。

陈佳霙:《社区产业——一种美好生活方式的找寻运动》,收录于社区营造学会主编《2005—2006台湾优良社区产业论述专辑》,社区营造学会2005年版,第162—166页。

陈其南:《文化与产业逻辑的反思》,收录于云林科技大学文化资产维护系主办《第三届地方资源活用与地域振兴亚洲国际研讨会论文集》,云林科技大学文化资产维护系2007年版,第116—126页(2007年11月24—25日)。

黄世辉:《日本地方产业振兴设施之案例研究——地场产业振兴中心与道之驿之探讨》,《民俗曲艺》2005年第148期。

黄世辉、赖孟玲、张怡棻:《重建区第三区社造中心及社造点的回顾与追踪》,收录于颜新珠总编辑《走过10年,前瞻未来:921社区重建国际研讨会论文集》,"行政院"文化建设委员会2009年版,第76—95页。

铃木直人:《効果的な地域開発のパターンと評価手法(1)》,收录于云林科技大学文化资产维护系主办《第三届地方资源活用与地域振兴亚洲国际研讨会论文集》,云林科技大学文化资产维护系2007年版,第93—100页(2007年11月24—25日)。

廖嘉展:《揉转效应:新故乡文教基金会迈向社会企业的经验研究》,国立暨南国际大学公共行政与政策学系硕士论文,2012年,未出版。

廖嘉展、张力亚:《台湾非营利组织在震后社区重建的角色与运作:以新故乡文教基金会陪力桃米生态村为例》,收录于颜新珠总编辑《走过10年,前瞻未来:921社区重建国际研讨会论文集》,行政院文化建设委员会2009年版,第118—141页。

郑文良:《台湾社群经济何以可能——鹿谷清水沟的故事》,台湾大学建筑与城乡研究所博士论文,2007年,未出版。

郑胜分:《欧美社会企业发展及其在台湾应用之研究》,国立政治大学公共行政研究所博士论文,2004年,未出版。

颜新珠：《从纸教堂到新故乡见学中心》，收录于颜新珠总编辑《走过 10 年，前瞻未来：921 社区重建国际研讨会论文集》，"行政院"文化建设委员会 2009 年版，第 262—271 页。

颜新珠、何贞青：《纸教堂 Paper Dome 新故乡》，新故乡文教基金会 2008 年版。

Borzaga, Carol & Jacques Defourny. (2001). *The Emergence of Social Enterprise*. London & New York：Routledge.

Bridge Simon, Brendan. Murtagh, and Ken O' Neill. (2009). *Understanding the Social Economic and The Third Sector*. UK：Palgrave Macmillan.

Henderson, Hazel. (1988). *The Politics of the Solar Age：Alternatives to Economics*. New York：Anchor Press

Kerlin, A. Janelle. (2010). "A comparative analysis of the global emergence of social enterprise," *Voluntas*, 21, pp. 162-179.

Robertson, J. (1990). *Future Wealth*. London：Cassell.

Triantafyllopoulou, Athanasi. (2012). "Social entrepreneurship—social enterprises：European experience and the Greek case," *Review of European Studies*, 4 Issue 1, pp. 115-124.

第三篇

公共服务供给与

服务购买

全球化背景下中国农村问题与
农村社会工作

张和清①

　　社会工作的根本宗旨是维护边缘弱势人群的权利,践行社会公平正义。社会工作者(以下简称社工)要实现专业价值观必须发挥社会学想象力,对个人困扰的社会历史根源作出深入的分析,②在此基础上运用整合社会工作策略实现助人自助。因此,农村社会工作者要维护底层农民的合法权益必须深入分析中国"三农"问题的历史脉络和现实处境,在此基础上评估农民的需求,并与村民一起探寻出路。

　　本文选择广东绿耕社会工作发展中心(以下简称绿耕)③云南师宗项目(2001 年至今)、四川映秀项目(2008 年至今)和广东从化项目(2009 年至今)作为经验材料,阐述中国农村发展中的问题并反思农村社会工作。

---

　　① 张和清,中山大学社会学与社会工作系,教授,系副主任。
　　② 米尔斯(Mills,C.Wright):《社会学的想象力》,陈强等译,生活·读书·新知三联书店 2001 年版。
　　③ 村庄名均为化名。2011 年 8 月 23 日,经广东省民政厅批准,广东绿耕社会工作发展中心(以下简称绿耕)正式注册成立,成为全省第一家省级社会工作专业服务机构。绿耕的前身是中山大学—香港理工大学绿耕城乡互助社。早在 2001 年,云南大学社会工作专业师生与香港理工大学应用社会科学系督导作为绿耕的开拓者,就深入云南少数民族行政村绿寨发展中国农村社会工作,至今已经深耕乡村十一年,成为中国开展城乡社区工作和农村社会工作时间最长的社工院校及社工机构。

一、全球化背景下的中国"三农"问题

(一)"三农"问题的历史演变

1949年初,中国共产党借鉴解放区的土改经验,迅速在全国范围内实现土地变革(耕者有其田),将全国43%的耕地重新分配给约60%的农村人口。[①] 通过"划分阶级成分",没收了传统乡绅的土地和财产。"地霸"被彻底消灭,广大贫雇农翻身做主人。[②] 在土地革命中,农民获得物质利益的同时,其思想意识和行为规范也被塑造成符合社会主义新人的要求。

土改结束不久,社会主义国家很快在农村推动经济变革,举全国乡村之人财物力为国家工业化和城市现代化建设服务。农民还没来得及享受土改的成果,国家就大张旗鼓地发动农村建社(集体化)运动,以确保工业化和现代化(经济发展的第一个五年计划)目标的实现。凭借农民对党和伟大领袖的"崇拜",国家在短暂的两三年内以惊人的速度完成了农业集体化(初级社—高级社—人民公社),实现了农村社会主义改造。[③] 国家强制性推动农业集体化,为城市工业化累积了巨额资源,与此同时,集体化中的盲目冒进(大跃进)使部分持不同意见的社队干部及中富农遭受磨难,导致阶级斗争扩大化。大跃进狂潮的结果是中国农村出现大面积饥荒。面对社队干部和社员的"倒退",[④]国家继续运用阶级斗争的武器防止"资本主义"复辟,以确保集体化的革命果实。[⑤] 1964—1965年党在农村发动了声势浩大的社会主义思想教育运动——"四清运动",这场旨在提高农村干部思想意识的运动,使更多农村

---

① 泰韦斯、弗雷德里克·C:《新政权的建立和巩固》,载R.麦克法夸尔、费正清编,谢亮生等译:《剑桥中华人民共和国史:革命的中国的兴起(1949—1965)》,中国社会科学出版社1990年版,第55—127页。

② 张鸣:《华北地区土地改革运动的运作》,《二十一世纪》2003年4月。

③ 迈斯纳(Meisner, Maurice):《毛泽东的中国及其后中华人民共和国史》,杜蒲译,香港中文大学出版社2005年版。

④ 张乐天:《告别理想:人民公社制度研究》,东方出版社1998年版。

⑤ 拉迪、尼古拉斯·R:《重压下的中国经济:1958—1965年》,载R.麦克法夸尔:《剑桥中华人民共和国史:革命的中国的兴起(1949—1965)》,费正清编,谢亮生等译,中国社会科学出版社1990年版。

干部蒙受冤屈被打倒,党的干部队伍遭受损害。① 此后,农村始终以阶级斗争为纲,理想的"村队模式"②一直延续到公社制度解体。

1978年底邓小平复出,共产主义学说及阶级斗争论述变换成发展主义意识形态(以经济建设为中心)。③ 改革开放,特别是国家大包干政策(土地包产到户、"林业三定"、财政包干等)促使农村社会面貌发生巨变。随着人民公社解体,农民从集体经济的束缚中解放出来,他们在自己承包的土地上耕种粮食并从事多种经营,或者将余粮和经济作物拿到市场上自由买卖;许多农村乡镇企业异军突起,农民收入明显增加;重获自由的农村剩余劳动力进城"打工"。④ 国家与农民的关系出现了第二次"蜜月期"。⑤

然而,从20世纪80年代中后期开始,逐步解决温饱问题的农民承担的国家税费越来越沉重;90年代中期起,随着现代化、城市化和市场化的跨越式的发展,市场的持续波动使农副产品价格不断下跌,农民增产不增收;农民工在城镇遭受排斥,打工收入减少,农民生计日益困难,出现了"农民真苦,农村真穷,农业真危险"的"三农"问题;进入21世纪,随着加入WTO,中国与国际资本市场(跨国公司等)联系日益紧密,全球化对中国农村、农业和农民的影响日益深入。

(二)中国"新三农"问题

近年来,全球资本主义对中国"三农"影响极大,出现了"新三农"问题。相比10年前的"三农"问题,"新三农"问题的背景和成因更加复杂,问题更为

---

① 马德森:《共产主义统治下的农村》,载 R.麦克法夸尔:《剑桥中华人民共和国史:中国革命内部的革命(1966—1982年)》,费正清编,俞金尧等译,中国社会社会科学出版社1992年版。

② 张乐天:《浙江省人民公社制度的变迁》,《二十一世纪》1998年8月。

③ 尽管集体化时期和改革开放以来,党和国家都高举起现代化(发展)和民族主义的旗帜进行社会动员,但从意识形态文化领导权而言,集体化时期强调共同发展(富裕)的共产主义理想,以阶级斗争为纲。而改革开放以来,随着阶级斗争话语被熄灭,国家变换了社会动员的策略,明确树立起发展主义的旗帜("发展才是硬道理"、"以经济建设为中心"、"市场化"等)。所以,集体化时期和改革开放时期一样都持守"现代化"、"发展"的战略,只不过集体化时期发展主义的表现形式是共产主义愿景和阶级斗争。参见费正清:《中国:传统与变迁》,张沛译,世界知识出版社2001年版。

④ 迈斯纳:《毛泽东的中国及其后中华人民共和国史》,杜蒲译,香港中文大学出版社2005年版。

⑤ 曹树基:《国家与农民的两次蜜月》,《读书》2002年第7期。

深刻。"仅仅用'苦'与'不苦'、'穷'与'富'和'危险'与'安全'这样的字眼看待当前的农民、农村和农业问题，已经是远远不够的，而是急需突破只关注'农民增收'的思维定式。"①

武汉大学刘伟在分析农民生存的状况时说："种子、化肥和农业机械的费用不断攀升，种粮的收益依然非常有限。农民虽然在经济上不向国家承担太多，但随着市场化和城市化的推进，外部世界的刺激和示范效应日益显著，消费主义不断席卷乡村地区，农民日常经济压力并没有减少。""而除了经济负担之苦，农民精神之苦在这十余年更是加剧。随着乡村的凋敝和乡村社会的解体，传统伦理道德和信仰在乡村日益淡化，村民之间的关系也日趋理性化，农民的生活及其意义感遭受着前所未有的冲击。而伴随'打工经济'出现的留守人群的精神之苦更是让人揪心。5300万留守儿童缺乏家庭关爱，4700万留守妇女和5500万留守老人的精神世界缺乏应有关照，他们当中的自杀事件频频出现就是证明"。②

对于农村的发展状况，刘伟分析："乡村两级热衷于'计生罚款'，'拆迁卖地'，'招商引资'，'发展本地经济'，除了政绩的压力，显然也有财政压力的推动。就此而言，乡村两级的'集体'之穷并未得到根本改善。特别是那些无地可卖，无商可招，无经济可发展的地区，乡村之穷甚至比以前有过之而无不及，它们只能寄希望于国家的投入。"③农村基层政府的贫穷与破产，无力推动农村各项事业的发展。

至于农业问题，刘伟引用了农业部部长韩长赋的话："目前粮食生产的资源要素已绷得很紧，继续扩大种植面积的空间有限，继续提高单产的难度很大。"而且，"由于农业生产资料特别是柴油供应和价格可能面临新的问题，劳动力价格居高不下，农业生产正在进入高成本阶段。"同时，他进一步分析："如果再考虑到这些年来我国农业所处的国内外新环境，如部分农村地区的环境污染不断加剧，城镇化致使耕地面积减少，部分种子的价格越来越受制于国际市场，等等，我国粮食生产和农业可持续发展的潜在威胁并不亚于世纪之

---

① 刘伟：《"三农"问题的旧与新》，《南风窗》2012年第2期。
② 刘伟：《"三农"问题的旧与新》，《南风窗》2012年第2期。
③ 刘伟：《"三农"问题的旧与新》，《南风窗》2012年第2期。

初。"①除此之外,教育和医疗导致中国农村困局的因素,刘伟未有谈及。限于篇幅,本文在此不赘述。

就中国少数民族贫困地区而言,"新三农"问题与其他地区相比,既有共性也有特殊性。随着改革深入,农村集体制度的"同质化"状况被打破,全国农村地区间发展差距不断扩大,边远少数民族地区的经济社会发展速度较发达地区明显滞后。大包干及市场化的扶贫开发浪潮不仅激发了许多少数民族地区潜藏的民族矛盾,而且在致富与扶贫开发的浪潮中,大多数少数民族在尚未脱贫的情况下,又在扶贫发展中付出了沉重的生计和生态的代价。在开发式扶贫的实践中,许多少数民族逐渐被建构成为"贫穷落后"的边缘群体。②

二、中国农村贫困问题与不可持续发展

从"三农"问题的历史脉络和现实困扰不难看出,中国"三农"问题,尤其是"新三农"问题的出现和蔓延与全球化背景下中国现代化发展模式息息相关,其中的核心议题是农民的贫困问题。如何正视当前中国农村面临的贫困问题,探寻贫困的社会政治根源,推动农村可持续发展是农村社会工作不可回避的责任。下面以广东绿耕近 10 年来在云南绿寨、四川龙坡和广东溪流等乡村的行动研究案例对这些问题进行回应。

(一)中国农村的贫困问题

关于中国农村的贫困问题,《中国农村扶贫开发纲要(2011—2020 年)》有一个基本判断:"我国仍处于并将长期处于社会主义初级阶段。经济社会发展总体水平不高,区域发展不平衡问题突出,制约贫困地区发展的深层次矛盾依然存在。扶贫对象规模大,相对贫困问题凸显,返贫现象时有发生,贫困

---

① 刘伟:《"三农"问题的旧与新》,《南风窗》2012 年第 2 期。
② 张和清:《国家、民族与中国农村基层政治:蚌岚河槽六十年》,社会科学文献出版社2010 年版。

地区特别是集中连片特殊困难地区发展相对滞后，扶贫开发任务仍十分艰巨"。①

按国际惯例，人均日生活费在1.25美元以下的为贫困线标准。2011年12月，中国政府决定将农村扶贫的国家标准由人均年纯收入1196元提高到2300元，也就是说2300元是中国的贫困线，将这个标准换算后约等于每天1美元。童剑在《新贫困标准高低之辩》一文中讨论了一系列国家扶贫数据及其背后的意涵。他认为最近国家"扶贫线"大幅上调至2300元后，中国新的国家扶贫标准大致相当于每日一美元。先不说执行状况如何，单看2300元的"扶贫线"，就有如下结果：第一，"贫困线提高使全国贫困人口数量从2688万人扩大到1.28亿人，但仍然存在起码21%（0.99美元到1.25美元之间）的'被脱贫'人群。"第二，"1985年，中国将人均年纯收入200元确定为贫困线，到最新标准的2300元，26年来提高了约11.5倍，但同期的GDP26年间则增长了近56倍。"第三，"每天1.25美元的生活只能是不挨饿，这条线实际上是赤贫线、活命线。"第四，"自2001年以来，中国食品价格指数大部分月份都高于CPI，1978年至2008年三种粮食（稻谷、小麦、玉米）收购价上涨7.49倍，穷人的实际购买力其实大不如前。"第五，"据2000年的审计报告称，1997年至1999年上半年，中央和地方各级政府向全国592个国定贫困县投入的总共488亿元扶贫资金中，竟有43.43亿元被挤占挪用、虚列支出、转移资金和私设'小金库'，在被审计的扶贫资金总额中占20.43%。"②

广东绿耕在云南绿寨、四川龙坡和广东溪流三个村委会对村干部的访谈中了解到，2010年绿寨人均年纯收入不到800元，溪流村人均年毛收入3500元左右，龙坡村地震后农地尽失，村民生计归零，以打零工为生。很明显，对于这些村寨的村民而言，距离人均每日一美元还有很大的差距。

由此可见，按照中央最新确定的2300元"扶贫线"计算，我国目前农村的贫困不仅表现在有超过1.28亿人口仍处于"赤贫线"和"活命线"上，而且还表现为扶贫工作面临巨额扶贫资金无法到位和开发式扶贫的困局。

---

① 新华社：《中国农村扶贫开发纲要（2011—2020年）》，2011年12月1日，http://www.gov.cn/jrzg/2011-12/01/content_2008462.htm。

② 童剑：《新贫困标准高低之辩》，2011年12月2日，光明网—光明观察，http://guancha.gmw.cn/2011-12/02/content_3092052.htm。

(二)不可持续的生产、消费与生态致贫

是什么原因造成中国农村日益贫困？贫困背后的社会政治根源是什么？2007 年至今，我们一直在追寻答案，初步的结论是：不可持续的发展模式是中国农村贫困的社会政治根源，这一发展模式既包括不可持续的生产方式和生活方式，也包括不可持续的资源开发模式。改革开放以来，中国一直是通过投资和出口拉动经济增长，中共十七大以后提出消费、投资、出口协同拉动经济的策略，这与全球化的发展趋势恰好吻合，正是全球资本主义与国家权力的合力使中国城乡社区出现过度生产、消费和资源开发的发展模式，在推动地方经济总量（GDP）跨越式增长的同时，也产生当地民众生计危机、文化丧落、社会关系疏离、干群关系对立、生态环境恶化等一系列问题。①

第一，农业市场化导致农户"生产致贫"。

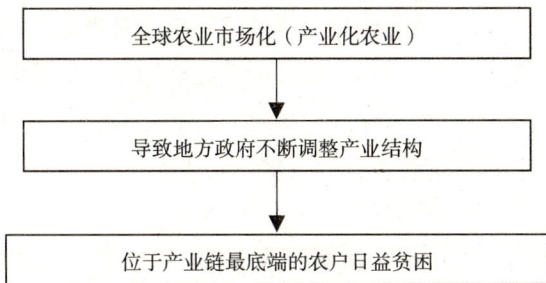

```
┌─────────────────────────────────┐
│      全球农业市场化（产业化农业）      │
└─────────────────────────────────┘
                 │
                 ▼
┌─────────────────────────────────┐
│      导致地方政府不断调整产业结构       │
└─────────────────────────────────┘
                 │
                 ▼
┌─────────────────────────────────┐
│     位于产业链最底端的农户日益贫困      │
└─────────────────────────────────┘
```

图 1　农业产业化致贫（不可持续生产）

据笔者的研究，20 世纪 90 年代初期，地处西南边陲的云南绿寨人绝大多数过着"温饱、和谐而闲暇的生活"。但之后，为了适应农业市场化的全球发展趋势，为了迅速摆脱贫困，实现经济的跨越式发展，地方政府的扶贫策略从救济式扶贫转变为市场化的开发式扶贫，政策实施的结果是：

20 世纪 90 年代以来，地方政府为了摆脱财政危机，积极执行市场化扶贫开发新政策，基层干部将经济发展的思路从企业经营转向扶贫经营。地区首长某一次偶然造访"下三乡"（包括绿寨），他的长官意志推动了全县少数民族地区规模化种甘蔗、建糖厂的扶贫开发热潮。从那时至今，政府与公

---

① 张和清：《国家、民族与中国农村基层政治：蚌岚河槽六十年》，社会科学文献出版社 2010 年版。

司合谋动员农民种了两年甘蔗、三年洋芋（马铃薯），结果政府给农民打了甘蔗白条，又与村民互欠洋芋债。村干部费尽心机的青刀豆还没来得及下种便"泡汤了"。在地方国家农业商业化的权力运作中，乡村干部陷入频繁调整产业结构的旋涡里不能自拔，干群关系紧张，文化丧落，生态危机，村民生计严重困难。[①]

而地处东部沿海的广东流溪村，其日益贫困的历程与云南绿寨"生产致贫"的情况大致相同，即与20世纪90年代初地方政府实施的市场化开发式扶贫政策紧密相关：

20世纪80年代末90年代初地方政府实施的一系列扶贫开发项目没有改善当地的生计状况，反而给村民扣上了"贫困落后"的帽子，村民对金钱的依赖越来越重，也急切地需要"脱贫致富"。后来"一村一品"沙糖桔种植不仅没有改善村民的生计，反而使村民生计陷入到"贫困""无奈"的怪圈中，对生活前景几乎失去了信心，而与此同时沙糖桔种植也对当地传统生产模式、生态环境等多方面造成了难以估量的影响，严重影响到了当地长久可持续生计。[②]

可见，像绿寨和溪流村这样因为推动农业市场化或产业化而致贫的案例在中国农村绝非个案。笔者将这种因推动农业产业化而导致的贫困称为不可持续的生产致贫。

第二，消费主义导致农户"消费致贫"。

中山大学王宁认为："社会变迁包括人们欲望形态的转型……支撑消费主义欲望形态的意义供给机制主要是市场话语（包括广告等），它教人们追求现世的享受和快乐，追求物质财富的占有，并把这种享乐和物欲看成是人生的终极意义所在。"[③]在中国的现实语境下，王宁将消费主义与国家关联起来思考，指出："由于消费主义与国家经济主义在目标上是一致的，因此国家便以扩大内需为由从政策上鼓励消费主义。如果说，国家昔日鼓励市民成为'劳

---

① 张和清：《国家、民族与中国农村基层政治：蚌岚河槽六十年》，社会科学文献出版社2010年版，第325—326页。
② 张文浩：《国家市场与社会关系视域下的农村贫困问题思考：一个华南山村"一村一品"发展的个案分析》，本科毕业论文，中山大学社会工作专业，2009年。
③ 王宁：《从节俭主义到消费主义转型的文化逻辑》，《兰州大学学报》（社会科学版）2010年第3期。

```
        ┌─────────────────────┐
        │     全球消费主义      │
        └──────────┬──────────┘
                   │
                   ▼
  ┌───────────────────────────────────┐
  │   导致地方政府以消费拉动经济增长      │
  └──────────────────┬────────────────┘
                     │
                     ▼
  ┌───────────────────────────────────┐
  │   位于消费链最底端的农户日益贫困      │
  └───────────────────────────────────┘
```

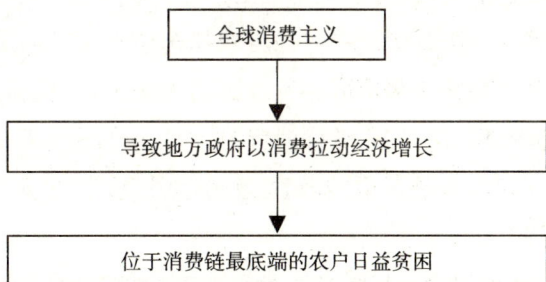

图 2　消费致贫（不可持续生活）

动积极分子'，那么，今天，国家则鼓励市民成为'消费积极分子'。"①香港理工大学和北京大学学者潘毅、卢晖临等在其最近的研究中也指出：

在消费社会里，人们的欲望得到空前的激发……在"发展就是硬道理"的改革年代，消费因其与经济增长的内在关系，已经不再仅仅是个人的事情，鼓励消费上升为国家的战略……大众传媒将消费社会的海市蜃楼景观覆盖到每一个偏远的角落，建构着人们美好生活的想象。借助电视、电影等强大媒体，城市中产阶级的生活图景迅速突破地域、城乡乃至阶层界限，成为广大农民美好生活的典范。消费主义已经不再单单是城市人的事情，农民也被吸纳到这场消费革命大潮之中。②

正如学者们所言，在消费主义意识形态与国家扩大内需拉动经济增长的政策相互配合下，透过广播电视对"现代化"的展示和从外打工返乡青年的示范，广东绿耕三个项目点所在村庄的绝大多数村民都成为"消费积极分子"。以绿寨为例，2000 年前后，村里基本保持自给自足的小农经济，但近十年来，绿寨人的生活方式发生了变化：首先，随着"村村通"广播电视和手机信号的全面覆盖，许多村民仿效城市生活，购买了摩托车、电视机、手机等用品。对人均年纯收入不到 800 元的绿寨人来说，加油、充值话费等花费成为许多家庭的沉重负担，甚至有人不惜赊账（借高利贷）买摩托车，用卖猪的钱买手机，卖鸡的钱充话费。2011 年 7 月 20 日，笔者访问该村一户中等收入的家庭，了解到

---

① 王宁：《从节俭主义到消费主义转型的文化逻辑》，《兰州大学学报》（社会科学版）2010年第 3 期。

② 潘毅、卢晖临、张慧鹏：《大工地上——中国农民工之歌》，商务印书馆 2011 年版。

其家庭每月最大的消费支出竟然是为外出打工失败而返乡的儿子支付摩托车汽油费、手机话费(月均 300 元左右)、为摩托车还本付息以及为手机升级等费用。其次,近几年绿寨许多家庭相互攀比盖大房子,一些村民为了争面子,不顾自身的实际经济状况,加入炫耀消费的行列,他们为此背上了沉重的债务负担。此外,为支付越来越昂贵的教育、医疗费用等,许多家庭入不敷出(篇幅所限,此不赘述)。

上述消费主义意识形态与国家消费政策相配套,导致消费链最底端农户日益贫困的案例在中国城乡社区比比皆是。笔者将消费致贫的社会现象归纳为不可持续生活致贫。

第三,灾难的恶性循环。

2010 年 9 月 20 日,超强台风"凡亚比"使广东省茂名市出现特大暴雨,导致许多乡镇遭受家园尽失的命运。灾后第九天笔者曾赴两个重灾村庄进行灾情调研,进入第一个行政村时(后简称为 S 村),眼前是一片"灭顶之灾"的情景:河谷两岸的许多房屋几乎被冲刷干净,大片农田和许多残存的房基被黑色的泥沙和石块覆盖,废墟上除了零星散落着摩托车、冰箱、电视机的碎片,还残存着被褥、衣服和拖鞋等生活用品和几根扭曲断裂的发电机铁管。当我们走到河流上游的临时棚屋时,围过来许多人,一位情绪激动的中年男子说:"台风雨到我们这里只有几百毫升,你看看山上都是绿绿的(指着远处群山),我们这里是人祸啊,是上面的水坝垮了,把我们村给冲了。""怎样冲刷下来的泥沙是黑色的呢?"我询问众人。"水是从几十公里的上游紫金矿业冲下来的,那个尾矿溃坝把我们的水坝冲毁了,害得我们家破人亡。"村民答道。

我们到第二个行政村(事发点,简称 D 村),只见多处废墟悬挂着"紫金矿业,还我家园","坚决揪出事故背后的腐败"等标语条幅,一名老人悲愤地说:"这次溃坝既是天灾,更是人祸啊!"村民们指着远处的坝址激愤地说:"紫金矿业尾矿坝是豆腐渣工程,修坝就是用大石块和矿沙一层一层堆起来,水泥都没有。每天上千方尾矿沙堆在那里,一场暴雨把我们淹没了。"原来真正造成灭顶之灾的祸根是紫金矿业的尾矿溃坝。9 月 20 日的暴雨使紫金银岩锡矿尾库水量暴涨,汹涌的洪水裹挟着泥石流,冲垮了尾库坝,导致尾库坝下端的 D 村、S 村遭遇没顶之灾——D 村死亡 5 人、S 村死亡 17 人。灾后核定,两村

全倒户达 523 户、受损户 815 户。① 一瞬间,往年的小康村变成生态难民村
(见图 3)。

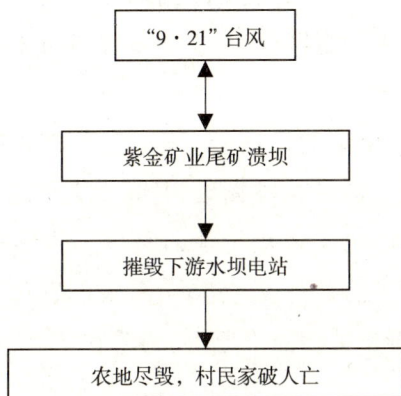

```
            ┌─────────────┐
            │ "9·21" 台风 │
            └─────────────┘
                  ↕
          ┌─────────────────┐
          │ 紫金矿业尾矿溃坝 │
          └─────────────────┘
                  ↓
          ┌─────────────────┐
          │ 摧毁下游水坝电站 │
          └─────────────────┘
                  ↓
        ┌─────────────────────┐
        │ 农地尽毁,村民家破人亡 │
        └─────────────────────┘
```

图 3　资源过度开发导致生态难民

2008 年汶川大地震中的汶川 H 村也是灾难恶性循环的典型案例。位于
岷江边的 H 村曾经是土地肥沃、山场宽广的丰饶山村。但 2000 年以来,"天
灾"和"人祸"不断困扰这个山村,村民生计日益困难。2006 年随着岷江紫平
铺大坝蓄水,H 村大量优质农田被淹没,丧失土地的村民只能上山依靠零星的
山地种植经济作物为生。同样因为水坝蓄水,造成地质结构受损,H 村成为
2008 年汶川地震全镇泥石流滑坡最严重的地方,民房和山地几乎损失殆尽。
2010 年"5·12"两周年时,凭借自力更生,生产自救的精神 H 村成为全镇恢
复家园和生产最快的村庄。但笔者最近重访 H 村时,村民们正遭受新的困
扰。一位村干部指着紫平铺水库边一座巨大的矿厂对笔者说:"地震时矿厂
刚建好没生产就垮了,首长一句话(一定要恢复生产)军队马上恢复生产。原
来一万吨(产量),现在是五万吨。每天工厂粉子(粉尘)飘过来,家里到处一
层灰。去年我们村猕猴桃、苞谷长得好啊,但今年树只开花不结果,庄稼也没
有收成,老人娃儿病多。但不住这住哪儿吆!"

最近的东日本大地震也是人类史上最严重的生态灾难,由地震海啸引发
的一系列灾难恶性循环,导致全球性恐慌:地震海啸引发核爆、核污染,人们因

---

① 赵杨:《这是天灾,更是违纪违规导致的人祸》,《南方日报》2011 年 2 月 24 日。

此流离失所、惊恐万状。

早在 20 世纪 60 年代美国海洋生物学家,现代环境保护运动的先驱卡森在其名著《寂静的春天》中,运用大量丰富而鲜活的案例展示了人类的发展计划是如何将生命之网撕裂,从而危及自身生存,形成灾难恶性循环的:

这个计划(消灭鼠尾草的计划)只顾达到眼前的目的,其结果显然是使整个密切联系着的生命结构被撕裂,羚羊和松鸡将随同鼠尾草一起绝迹,鹿儿也将受到迫害;由于依赖土地的野生生物的毁灭,土地将变得更加贫瘠。甚至人工饲养的牲畜也将遭难;夏天的青草不够多,在缺少鼠尾草、耐寒灌木和其他野生植物的平原上,绵羊在冬季风雪中只好挨饿……(2008:67)①

卡森在该书的扉页写道:“谨以本书呈现给声明‘人类已经失去预见和自制能力,人类自身将摧毁地球并随之而灭亡’之论的艾伯特·施韦策。”

时至今日,卡森的警世慎言并没有引起世人的反思和警觉。相反,半个世纪以来,以资本为主导的城镇化发展模式②已经成为主流的全球化发展方向。凭借都市化、工业化、消费主导的发展模式,中国已经成为全球第二大经济体。根据我们的个案研究③,这种单方面追求经济增长的发展模式不仅造成许多地区经济、社会文化、生态环境不可持续发展的恶性循环,更造成灾难的恶性循环,导致脆弱的现代生活④。

在卡森看来,人与自然的生命之网原本是“唇齿相依”的关系:一方面人类道法自然(或顺其自然),另一方面大自然滋养人类,人与自然和谐相处。但当人类发展计划将生命之网撕裂时,就会造成“唇亡齿寒”的结果——“人祸”加剧了自然灾害的危害性,更加剧了现代生活的脆弱性和贫困化。在“天灾”、“人祸”面前,人的无力感和易受伤害性尤其突出,这就是灾难的恶性循环。

---

① 蕾切尔·卡森:《寂静的春天》,吕瑞兰等译,译文出版社 2008 年版。
② 潘毅:《走向以社会经济为目标的城镇化》,《南方都市报(南方评论)》2011 年 4 月 3 日。
③ 张和清、杨锡聪、古学斌:《优势视角下的农村社会工作:以能力建设与资产建立为核心的中国农村社会工作实践模式》,《社会学研究》2008 年第 6 期。
④ 陈映芳:《面对灾难,日本国民不会隐忍》,《南方都市报(南方评论)》2011 年 3 月 20 日。

（三）农村不可持续发展的恶性循环

毫无疑问，无论是生产、消费致贫，还是生态致贫，贫困的社会政治根源是不可持续的生产和生活模式。2008年笔者曾经在《优势视角下的农村社会工作：以能力建设与资产建立为核心的中国农村社会工作实践模式》一文反思贫困与不可持续发展模式的关系，期望能够探寻可持续发展的另类出路。在这篇文章中，笔者通过云南绿寨的贫穷与经济发展状况反思了中国农村不可持续发展的恶性循环。从经济收入而言，绿寨是全县有名的"贫困村"，但地方政府市场化、产业化的"冬季农业开发"、"调整产业结构"、"推广高科技品种"等扶贫模式，不仅没有达到扶贫的目的，反而造成村民更加贫困。与此同时，伴随农业市场化和扩大"内需"的过程，村民的医疗、教育、生产资料（种子、化肥、农药等）、消费品（摩托车、手机等）等现金需求不断攀升，许多村民债务负担沉重，被迫外出打工。除了造成生计危机外，还对农村的社会文化和生态环境造成严重的危害。例如，在绿寨传统的凝聚社会互助关系的"换工"习俗变成为买卖关系的"卖工"；村民在高科技农业推广过程中被建构成为"文盲农民"。又如，地方政府强力推广的新品种农作物不仅没有增加村民的收入，反而因为过度使用化肥、农药、除草剂等，污染了水源和土壤；许多村民迫于生计开荒毁林种植经济作物，违反国家退耕还林政策，等等。这种不可持续的生产模式和生活方式不仅深刻影响着底层农民生计的发展，还造成农村社会文化与生态环境的严重破坏，形成不可持续发展的恶性循环（见图4）。

三、反思农村社会工作

正是在反思农村贫困的社会政治根源之后，笔者开始思考社会工作如何推动农村可持续发展。由此，广东绿耕以生计作为农村社会工作的突破口，通过社区经济的实验，尝试走出一条经济发展—社会互助—文化传承—生态良好的农村可持续发展的道路。

事实上，绿耕在云南绿寨、四川龙坡和广东溪流等地推动的中国农村社会工作实践，有许多经验教训，对农村社会工作的内涵及其策略的认识是不断深化的。笔者曾经以绿耕最初几年经验撰写了《中国农村社会工作的主题与介贫穷与经济发展：
· 市场竞争激烈、价格波动及中间剥削等原因，使商品种植风险巨大，农民收入没有保证。
· 规模化种植必定要依赖化肥、农药、除草剂等配合，但这些农用物资涨价快，生产成本高涨。
· 为了应付高成本及不稳定的农产品价格，高利贷成为农村的普遍现象，农民生活的持续性受到巨大冲击。
· 农耕劳动价值受制于市场价格，劳动价值不断贬抑。

不可持续生计

环境保护：
· 为了赚取更多的现金以应付日益增多的医疗、教育、生产等开支，农民不惜破坏自然环境（放任开矿开荒砍树等）。
· 为了大规模种植外表吸引消费者的高科技农产品，农民不惜大量使用农药、化肥及除草剂等，水土污染，严重威胁着食品安全。
· 大部分的科学研究倾向于为企业服务，牺牲物种的多样性，为了增产，改变物种基因等。

社会文化：
· 城市与农村二元分割，农村问题只被理解为贫穷落后，是受助者。城市居民是施予者，农民自卑心态被强化。
· 农民传统文化不受重视，仰慕城市的物质进步，除了孩童及老人之外，大部分年轻人到城市打工造成农村更多的社会问题，少数民族文化式微。
· 农民生产及生活的传统被现代科学技术排挤，他们在改善生活上变得被动及依赖。

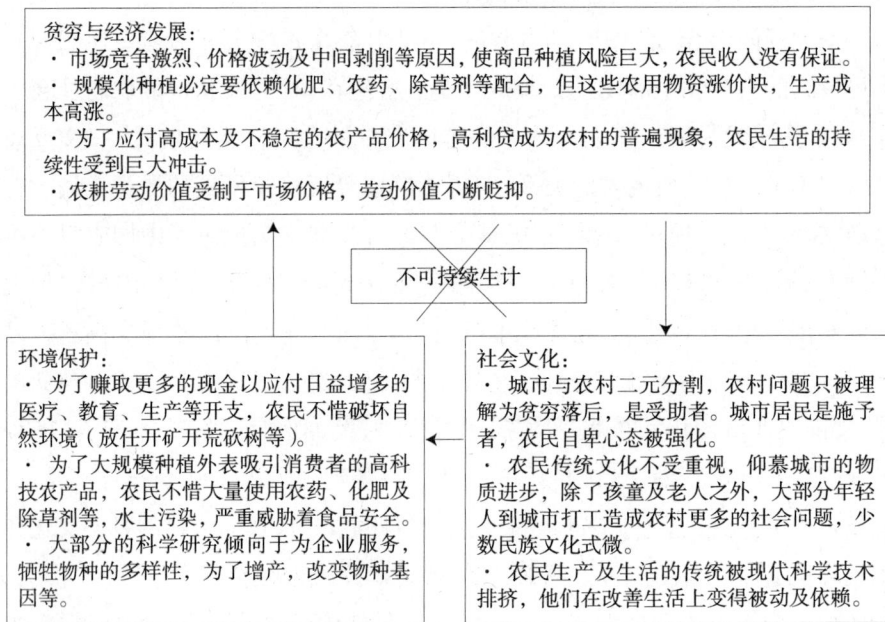

图4　不可持续生计①

入策略反思》一文，通过国家与农民关系的视角，分析了地方政府强力介入农业发展（调整产业结构）而造成的农村贫困、干群关系紧张、农民自信心低落等问题，由此提出"以社区为基础的综合农村社会工作介入"和"以妇女为中心的社会工作介入"策略；并总结了两方面的具体介入点：一是重建干部群众的信任关系；二是通过能力建设（capacity building）摆脱农村贫困，重建农民自信心。为此，将农村社会工作定义为：

农村社会工作就是"专业社会工作者"和"现实社会工作者"（政府或准政府农村工作者）的合作，以村庄为基础，持守社会公正、社会关怀和真诚信任的伦理情怀，以重建政府与农民间的信任关系和农民的自信、自尊和权利意识为根本宗旨，通过与村民的同行、广泛参与和增能，倡导政府的社会政策改进或使政策更符合农民的真实需求，减少社会冲突，维护农村社会稳定；通过村民合作组织的发育，达到村民团结互助，以便共同应对市场压力；通过非正规

① 张和清、杨锡聪、古学斌：《优势视角下的农村社会工作：以能力建设与资产建立为核心的中国农村社会工作实践模式》，《社会学研究》2008年第6期。

教育和医疗保健等项目的推行,使村民获得与其生活相关的知识,提高他们应对社会变迁的能力;通过对村民提供个人、家庭、小组等直接支持和服务,改善他们的人际关系和沟通能力,以适应社区重建的需要,最终通过个人及社区能力的增强而实现可持续发展的目标。[1]

起初,我们运用国家—社会关系理论,分析地方政府强力介入农业生产(调整产业结构等)造成干群关系紧张,村民生计困难等问题,从而提出改变不合理的国家政策,减少社会冲突,维护农村社会的稳定的目标,强调农村社会工作介入从重建干部群众的信任关系入手的观点。现在看来,虽然对农村基层政治状况的分析是正确的,但将农村社会工作定位于改善干群关系,维护社会稳定,是过于理想化。绿耕 11 年的经验表明,面对中国乡村治理危机和干群关系紧张的现实,社会工作是无能为力的。[2]

2004 年起,随着绿耕农村社会工作实验范围扩大(从云南绿寨扩大到四川和广东乡村)和项目周期增长,我们对中国农村和农村社会工作有了更多新的认识,在策略上逐步走向以社区经济为突破口的乡村再造的道路。

绿耕在云南绿寨扎根期间,更多是运用社会工作专业方法(个案、小组、社区工作等)来践行社会公平正义的社工理念。比如,运用口述史方法评估村民的需求,发育出包括老年人、妇女和青少年在内的七个兴趣小组,与村民一起建立绿寨文化活动中心大楼并成立管理委员会。依托"中心点",工作员与部分村民编写出版村史,开办妇女夜校,资助小学教育,举办大型社区文化活动,等等。当时的总目标是:通过社区组织和社区活动,在丰富村落文化娱乐生活的同时,弘扬少数民族文化,重拾民族自信心。[3] 但这种基于文化与发展的实践,遭遇了农村社会工作者面对村民现实最迫切的生计困难无能为力

① 张和清、杨锡聪、古学斌:《中国农村社会工作的主题与介入策略反思——以西南贫困地区综合社会工作介入项目为例》,见王思斌:《中国社会工作研究》第二辑,社会科学文献出版社 2004 年版。

② 笔者正在撰写的文章《政府让渡空间专业自主发展》中提出:"无论在云南、四川还是广东的乡村,绿耕作为一支独立性的社工专业力量或社会组织,在与地方国家和社区民众权力互动的过程中,走上了一条政府让渡空间,专业自主发展的道路。"在这篇文章中笔者倡导专业社工与基层政府之间建立合作伙伴关系。

③ 更加具体的文化与发展行动及社工介入方法,参见张和清、张扬、古学斌、杨锡聪:《文化与发展践行——平寨故事》,民族出版社 2007 年版。

的难题。村民不断向我们述说："没钱买化肥"、"没钱看病"、"没钱交学费"、"没钱盖房子"……尽管碍于情面,村民会来参加我们召集的一些活动,但很被动,面对社工不厌其烦的询问,他们不是说:"我们不会(懂)说",就是请求我们帮助销售农副产品。这种情况使农村社会工作者感到非常无奈和挫败。

从 2008 年起,我们团队参与了一系列灾害救助和恢复工作。先是扎根四川汶川龙坡村推动灾害社会工作,经历了三年从紧急救助到社区重建的历程,其间绿寨遭遇了百年一遇的西南大旱,后来,笔者还到青海玉树和广东茂名就社工介入灾后重建问题开展深度调研。2011 年又发生日本突遭强震和海啸袭击后引发核爆,导致全球核危机。经历了接二连三的巨灾,我们逐渐地意识到"灾难既是天灾,也是人祸",人类进入了灾难社会①。当我们亲眼目睹面对突如其来的强震,豆腐渣工程里的普通百姓何其脆弱;面对水利设施年久失修,久旱的村民"近水解不了近渴",只能望水兴叹;面对"紫金矿业"尾矿溃坝,河流下游的民众突遭灭顶之灾;日本核泄漏远比地震和海啸使人类更加恐慌……不禁感叹:"人祸猛于虎!"

在反思绿寨文化行动的局限性和灾难恶性循环的同时,我们开始思考贫困与灾难的政治、经济及社会文化根源,深刻反思农村社会工作中遭遇的"生产致贫"、"消费致贫"、"生态致贫"等社会现象,并逐步将生计作为农村社会工作的突破口。我们坚信是市场化或工业化农业(过度生产)、都市化生活(过度消费)和环境破坏(过度开发)导致了当前"三农"危机,为此,要真正化解农村贫困问题,必须超越市场神话、消费主义和对资源的依赖,因而城乡合作、公平贸易实践是摆脱生计危机,实现可持续发展的可能路径。② 在这种理念下,绿耕选择通过生计的突破口,推动社区民众公共参与、文化传承、社会互助、性别平等、生态保护,迈向可持续发展的道路。绿耕采取了"社区支持'三农',村民惠及居民"的城乡互惠模式,从 2007 年开始,陆续在云南绿寨—昆明、四川龙坡—成都、广东溪流—广州城乡社区间持续推动城乡合作和公平贸易。下面笔者以广东溪流—广州的城乡合作行动之乡村生态体验游为例,阐述我们农村社会工作新策略以及对农村社会工作内涵的理解。

---

① 李丁讚:《重回土地:灾难社会的重建》,《台湾社会研究季刊》2010 年第 78 期。
② 陈强:《你可以参与公平贸易为你想要的世界投票》,《羊城晚报》2011 年 6 月 11 日。

在推动城乡合作乡村生态体验游的行动上,重点有三个环节:

第一,在乡村组织建设(组织起来)方面,绿耕的行动策略是从村庄的低收入人群和弱势人群家访或访贫问难(个案家庭社会工作)切入,逐步将弱势人群组织起来(小组工作),推动他们建立生计互助组或合作社,并利用社工搭建的城乡合作、公平贸易平台自主创业,实现经济自助与互助。2009 年底至今,在广州从化市各级政府资助下(政府购买农村社会工作项目),绿耕社工扎根从化最偏僻的溪流村,运用优势视角,推动以能力建设和资产建立为核心的农村社会工作①。

社工社区组织的方法包括社区行(几乎遍访村庄每一户人家),与村民建立信任关系,拣选社区积极分子,推动他们组成生计小组,大家一起盘点社区优势资源,确定并实施乡村体验游计划。在社区组织的过程中,社工首先扮演资源链接者、平台搭建者和能力促进者的角色,利用政府资金将村庄一片废弃的"围屋"修旧如旧,改造成为乡村旅社;其次,社工扮演同行者和陪伴者的角色,将社区最弱势(贫困)的七位中年妇女组织起来,将修整完好的乡村旅社交由妇女们经营管理,并承诺一定从广州带领游客进村吃住和体验。

第二,城市社区支持网络建设(动员起来)方面,具体做法采取深入广州居民小区举办社区活动,参与合作伙伴的社区沙龙,同时,利用绿耕博客、网站、邮件群发、短信(飞信)、QQ 群、电子简报等网络媒介,全方位宣传绿耕理念和乡村体验游项目,以此凝聚人气,推动社区居民支持"三农"。此外,绿耕联合广州关注小农、健康、环保的公益慈善组织成立了非正式社区支持网络——"城乡汇",该组织不定期在社区举办"小农墟"活动,直接向城市居民推广健康生活和乡村体验游……②当城乡社区组织到位时,绿耕社工及时将城乡联动起来。

第三,城乡合作、公平贸易(互动起来)。借助乡村生活体验游的契机,推动村民与居民携手合作,互惠互利,既突破"施与受"的助人模式,也有利于增进理解,减低城乡社会之间的排斥。

绿耕农村社会工作 11 年的经验表明,无论是早期的文化与发展行动,还

---

① 张和清、杨锡聪、古学斌:《优势视角下的农村社会工作:以能力建设与资产建立为核心的中国农村社会工作实践模式》,《社会学研究》2008 年第 6 期。

② 对"城乡汇"感兴趣的读者可以直接登录:http://blog.sina.com.cn/u/1919528321。

是近几年来的社区经济实验，社会工作专业在中国农村大有作为。笔者将2007年以来绿耕农村社会工作的经验总结为：秉持以人为本、公平正义、助人自助的社工精神，以"城乡合作、公平贸易、共创生态文明与可持续生计"为奋斗目标，采取社区为本的整合社会工作策略，立足社区，以社区经济作为切入点，通过构建社区支持网络，综合运用个案、小组、社区、行动研究等专业的方法和技术，整合地推动微观的个人、家庭、社区能力的提升和宏观的社会政策乃至全球生态政治的改变。在具体操作层面，社工借助城乡合作、公平贸易的平台，在与社区民众同行的过程中发育农民互助组和专业合作社，通过乡村旅舍食宿、乡村生活体验游、农副产品公平贸易、公平贸易店销售等城乡合作项目，协助农民改善生计，从而实现生计、社会互助、文化传承、性别平等、生态保育等可持续发展的目标。图5可以进一步说明绿耕对可持续生计的构想：

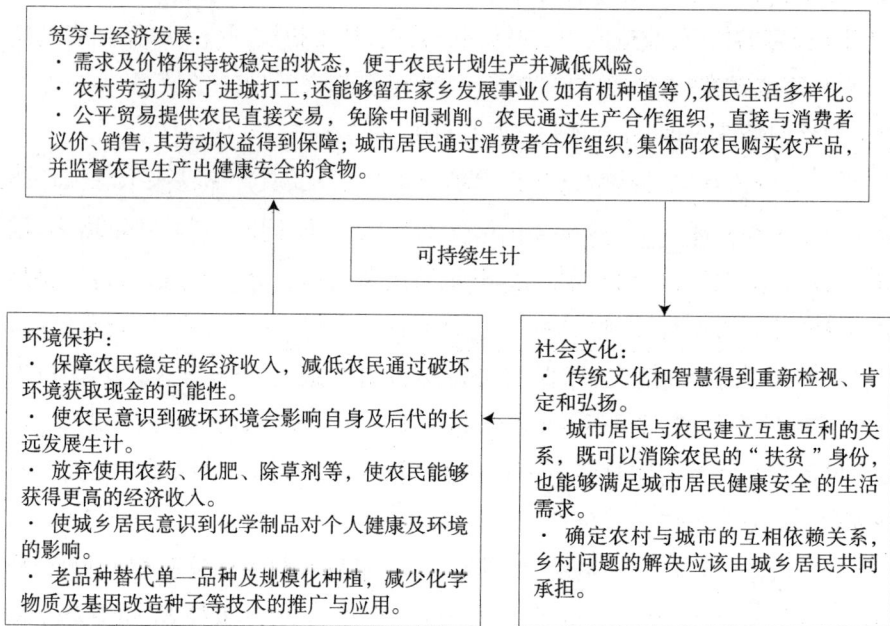

贫穷与经济发展：
· 需求及价格保持较稳定的状态，便于农民计划生产并减低风险。
· 农村劳动力除了进城打工，还能够留在家乡发展事业（如有机种植等），农民生活多样化。
· 公平贸易提供农民直接交易，免除中间剥削。农民通过生产合作组织，直接与消费者议价、销售，其劳动权益得到保障；城市居民通过消费者合作组织，集体向农民购买农产品，并监督农民生产出健康安全的食物。

可持续生计

环境保护：
· 保障农民稳定的经济收入，减低农民通过破坏环境获取现金的可能性。
· 使农民意识到破坏环境会影响自身及后代的长远发展生计。
· 放弃使用农药、化肥、除草剂等，使农民能够获得更高的经济收入。
· 使城乡居民意识到化学制品对个人健康及环境的影响。
· 老品种替代单一品种及规模化种植，减少化学物质及基因改造种子等技术的推广与应用。

社会文化：
· 传统文化和智慧得到重新检视、肯定和弘扬。
· 城市居民与农民建立互惠互利的关系，既可以消除农民的"扶贫"身份，也能够满足城市居民健康安全的生活需求。
· 确定农村与城市的互相依赖关系，乡村问题的解决应该由城乡居民共同承担。

图5　可持续生计①

特别强调的是，鉴于中国农村的复杂性和社会工作理论范式的差异性，农

---

① 张和清、杨锡聪、古学斌：《优势视角下的农村社会工作：以能力建设与资产建立为核心的中国农村社会工作实践模式》，《社会学研究》2008年第6期。

村社会工作的价值理念、策略方法和角色定位等是很不相同的。学习和践行农村社会工作没有现成的理论模式可以遵循,绿耕的实践经验也只是提供一种尝试的可能性,不能完全照搬复制。农村社会工作者必须扎根乡村,在深刻理解当地的"三农"处境基础上,深入评估村民的需求,在与村民同行过程中致力于提升村民的自助与互助能力,共同推动农村的变革。此外,农村社会工作者还必须在理论与实践循环往复的过程中创新农村社会工作理论体系和方法技术,使专业知识本土化,造福社区民众。

参考文献:

曹树基:《国家与农民的两次蜜月》,《读书》2002 年第 7 期。

陈强:《你可以参与公平贸易为你想要的世界投票》,《羊城晚报》2011 年 6 月 11 日。

陈映芳:《面对灾难,日本国民不会隐忍》,《南方都市报》(南方评论)2011 年 3 月 20 日。

费正清:《中国:传统与变迁》,张沛译,世界知识出版社 2001 年版。

蕾切尔·卡森:《寂静的春天》,吕瑞兰等译,译文出版社 2008 年版。

拉迪、尼古拉斯·R:《重压下的中国经济:1958—1965 年》,载 R.麦克法夸尔:《剑桥中华人民共和国史:革命的中国的兴起(1949—1965)》,费正清编,谢亮生等译,中国社会科学出版社 1990 年版。

李丁讚:《重回土地:灾难社会的重建》,《台湾社会研究季刊》2010 年第 78 期。

刘伟:《"三农"问题的旧与新》,《南风窗》2012 年第 2 期。

马德森:《共产主义统治下的农村》,载 R.麦克法夸尔、费正清编:《剑桥中华人民共和国史:中国革命内部的革命 1966—1982 年》,俞金尧等译,中国社会科学出版社 1992 年版。

迈斯纳(Meisner, Maurice):《毛泽东的中国及其后中华人民共和国史》,杜蒲译,香港中文大学出版社 2005 年版。

米尔斯(Mills, C.Wright):《社会学的想象力》,陈强等译,生活·读书·新知三联书店 2001 年版。

潘毅、卢晖临、张慧鹏:《大工地上——中国农民工之歌》,商务印书馆 2011 年版。

潘毅:《走向以社会经济为目标的城镇化》,《南方都市报》(南方评论)2011 年 4 月 3 日。

泰韦斯、弗雷德里克·C:《新政权的建立和巩固》,载 R.麦克法夸尔:《剑桥中华人民共和国史:革命的中国的兴起(1949—1965)》,费正清编,谢亮生等译,中国社会科学出版社 1990 年版。

王宁：《从节俭主义到消费主义转型的文化逻辑》，《兰州大学学报》（社会科学版）2010 年第 3 期。

张和清、杨锡聪、古学斌：《优势视角下的农村社会工作：以能力建设与资产建立为核心的中国农村社会工作实践模式》，《社会学研究》2008 年第 6 期。

张和清、杨锡聪、古学斌：《中国农村社会工作的主题与介入策略反思——以西南贫困地区综合社会工作介入项目为例》，见王思斌：《中国社会工作研究》第二辑，社会科学文献出版社 2004 年版。

张和清、张扬、古学斌、杨锡聪：《文化与发展践行——平寨故事》，民族出版社 2007 年版。

张和清：《国家、民族与中国农村基层政治：蚌岚河槽六十年》，社会科学文献出版社 2010 年版。

张乐天：《告别理想：人民公社制度研究》，东方出版社 1998 年版。

张乐天：《浙江省人民公社制度的变迁》，《二十一世纪》1998 年 8 月。

张鸣：《华北地区土地改革运动的运作》，《二十一世纪》2003 年 4 月。

张文浩：《国家市场与社会关系视域下的农村贫困问题思考：一个华南山村"一村一品"发展的个案分析》，本科毕业论文，中山大学社会工作专业，2009 年。

赵杨：《这是天灾，更是违纪违规导致的人祸》，《南方日报》2011 年 2 月 24 日。

统筹城乡中基本公共服务均等化研究

——以四川成都市为案例

姜晓萍[①]

目前我国城乡基本公共服务的二元结构,导致农村基本公共服务供给严重短缺,公平产品质量不高,基本公共服务体系不完善等现实问题,使农民既缺失参与现代化进程的起点公平,同时也缺失了共享改革发展成果的机会公平。这不仅加大了城乡差距与贫富差距,也是加剧城乡社会矛盾,诱发群体性冲突的重要原因。2012 年 7 月颁布的《国家基本公共服务体系"十二五"规划》,明确提出"十二五"时期我国基本公共服务的发展目标是:"覆盖城乡居民的基本公共服务体系逐步完善,推进基本公共服务均等化取得明显进展;到2020 年实现全面建设小康社会奋斗目标时,基本公共服务体系比较健全,城乡区域间基本公共服务差距明显缩小,争取基本实现基本公共服务均等化。"[②]这表明城乡基本公共服务均等化已经由统筹城乡中的现实难题上升为国家层面的制度目标。

---

① 姜晓萍,四川大学公共管理学院,院长,教授。

② 《国家基本公共服务体系"十二五"规划》,http://www.sina.com.cn。

一、和谐发展促公平：基本公共服务
均等化与统筹城乡的内在逻辑

在统筹城乡中，基本公共服务的均等化主要指城乡基本公共服务在资源配置、供给机制等方面的一体化，通过构建农民享有起点公平与机会公平的基本公共服务体制和机制，保障农民享受与城市居民平等的社会福利权利和同质化的基本公共服务质量。由此可以看出，城乡基本公共服务均等化既是破解城乡二元难题的出发点，也是推进统筹城乡中加快新型工业化和新型城市化的着力点，更是统筹兼顾经济发展与社会建设，以改善"民生"促进社会公平的归着点。

（一）基本公共服务均等化是破解城乡二元难题的出发点

长期以来，人们习惯于把我国城乡二元分离结构过多归因于城乡经济发展水平导致的收入分配差距，忽视了农村基本公共服务严重短缺对城乡贫富差距的推波助澜作用。比如：农村基础设施脆弱，不仅严重制约了农业产业化的发展空间与市场环境，也导致了农村抵御自然灾害风险的能力弱和农民经营性收入过低。农村基础教育的薄弱，直接影响农村人力资源结构与质量，导致农民公平受教育权的短缺和工资性收入偏低。据国家统计局公布的数据，2011年，我国农村居民人均纯收入6977元，比上年增长17.9%，扣除价格因素，实际增长11.4%；城镇居民人均可支配收入21810元，比上年增长14.1%，扣除价格因素，实际增长8.4%。城乡人均纯收入之比为3.13：1①。有学者认为，目前的城乡人均收入比并未把实际上存在的城乡居民在基本公共服务方面的差距考虑在内，若把义务教育、基本医疗等因素考虑在内，据初步估算，城乡基本公共服务差距对城乡实际收入差距的影响度在30%—40%②。实际上，农村地区的新增贫困人口中，50%以上都与疾病、失业、失学有关。这表明城乡基本公共服务在资源配置、供给能力及服务水平等方面存在的较大差距

---

① 中华人民共和国2011年国民经济和社会发展统计公报，http://www.stats.gov.cn。
② 迟福林：《我国统筹城乡发展的基本公共服务均等化因素》，《理论参考》2011年第1期。

是加剧城乡分化的重要因素。因此要破解统筹城乡发展中经济与社会发展的失衡和城市与农村收入分配的失衡，都应该以促进城乡基本公共服务均等化为出发点，通过提升农村基本公共服务水平加强社会建设，通过保障农民的基本公共服务权利缩小城乡收入差距。

（二）基本公共服务均等化是推进"两化互动"的着力点

基本公共服务均等化是新型工业化、城镇化的重要内容，也是衡量工业化、城镇化发展质量的重要标志。中国三十多年改革开放的经验证明，新型工业化与城镇化是经济发展的基本动力，也是实现统筹城乡发展的重要路径依赖。然而，值得关注的是，一些地区在推进工业化、城镇化的进程中片面强调增长导向，通过加速工业化带动商业繁荣和城市升值，进而通过商品房和征地制度获得税费收入之外的土地收入，再投入工业或基础设施建设。这种做法虽然推动了生产要素在城镇的快速集聚，但也导致了工业化、城镇化、农业现代化长期不同步、严重不协调，尤其是城乡脱节、农村发展滞后、农民的基本公共服务和社会保障权长期被忽略。越来越多的农村剩余劳动力进入城市，成为产业工人的主体，但由于我国的社会保障制度是以户籍为基础的，致使进城农民工不能享受城市居民同等的社会保障，从而衍生出农民工融入城市的诸多问题。由于农民工缺乏社会保障，生活质量低，长期被边缘化，经济属性与社会属性分离，人口空间流动和社会流动受阻等，引发了农民工的弱势群体认同与社会抗争意识，导致城市社会承载力不足，社会风险增强。

同时，推动新型工业化和城镇化的前提是土地的规模化经营，这就需要加快农村产权制度改革，推进农村土地的流转。然而，农村土地不仅是农民最基本的生产要素，同时还承载着农民的就业、养老、住房、教育、医疗等多种社会保障功能。农民失去土地，不仅意味着失去了一个稳定又可靠的谋生渠道，同时也失去了负载在土地中的一系列社会保障权利。一些地方政府进行的"土地换社保"的尝试，加重了农民对土地流转后社会保障权流失的担心和忧虑，从而不敢或不愿意流转土地。据中国（海南）改革发展研究院对 29 个省 700 多个农户调查表明，有 62.2%的农户不支持"土地换社保"[①]。这就要求在农

---

① 迟福林：《我国统筹城乡发展的基本公共服务均等化因素》，《理论参考》2011 年第 1 期。

村土地流转的制度设计中，不仅要考虑如何使农民通过土地流转实现增收，保障农民的土地物权和收益权；也要充分考虑将目前农村土地承载的社会保障功能转移为农民的社会保障权利，健全农村基本公共服务与社会保障制度，逐步实现农村社会保障由依赖土地为重心转向以基本公共服务为重心，构筑保障农民基本生存权与发展权的基础。

（三）基本公共服务均等化是促进社会公平的归着点

社会福利权利与财产权利、民主权利一起构成了现代公民的权利体系。目前我国城乡基本公共服务规模和水平的巨大差距，使农民不能享受与城市市民同质化的基本公共服务。农村的社会福利权利缺失，严重制约了广大农民的发展能力与发展机会，成为影响社会公正与和谐稳定的突出问题。

一是进城农民工被排斥在城镇基本公共服务与社会保障体系之外，在就业、住房、医疗、子女受教育等方面享受不到与城市居民同等的待遇，其生存和发展权受到损害。二是农村基础教育水平低，农村义务教育经费不足，办学条件差，师资水平低等现象仍然突出，教育的非均衡发展导致农民子女不能享受公平的教育权，影响了农村人力资本的起点公平与机会公平；三是农村卫生服务资源短缺，农村卫生服务的供给、筹资和农民健康都与城市存在较大距离，城乡居民健康权的不公平问题凸显；四是农村社保体系脆弱，现有最低生活保障和养老保险制度、合作医疗保险制度等存在覆盖面窄、标准低、资金筹措渠道单一、农民个体负担重、基金管理效率不高等现实问题，不能有效发挥减少农民市场风险、生活风险的作用；五是农民失业救济与就业援助力度不够。失地农民多数文化程度低、职业技能欠缺，加之征地后可供转移就业的岗位不足，以及政府的就业援助与失业救济体系不完善，使土地流转后失地农民的就业意愿与就业机会严重脱节，面临就业歧视和失业的双重风险。

因此，统筹城乡发展，不仅要重视发展的规模与效率，更要高度关注发展的公平与质量问题。这就需要我们把建立城乡统一的基本公共服务制度，加快推进城乡基本公共服务均等化作为基本的"民生"问题，构建统筹城乡发展的利益分享机制，让农民共享统筹城乡发展的成果，以发展保民生，以民生促公平。

二、开拓实践求创新:成都市推进城乡基本公共服务均等化的主要举措

四川省成都市是国务院确定的西南地区科技、商贸、金融中心和交通、通信枢纽,辖 9 区 4 市 6 县,1.24 万平方公里,总人口 1407.08 万人,其中农村人口占 63%,是典型的大城市带大农村的城乡格局。2003 年,成都市正式决定全面启动统筹城乡改革实践,2006 年 1 月正式确立"城乡统筹、'四位一体'科学发展总体战略",2007 年 6 月,成都市正式获批全国统筹城乡综合配套改革试验区,2009 年底,在多年统筹城乡改革发展基础上,成都市借鉴埃比尼泽·霍华德①田园城市"自然之美、社会公正、城乡一体"的理念(霍华德,2010),确立了"建设世界现代田园城市"的统筹城乡发展目标。

成都市统筹城乡发展的总体战略主要体现为:以还权赋能为核心,以经济市场化、管理民主化、社会公平化为取向,以健全现代产权制度、完善基层治理机制和促进城乡基本公共服务均等化为主要内容。其中城乡基本公共服务均等化,既是成都市统筹城乡的四大基础工程之一,也落实在六个一体化之中,贯穿于成都市统筹城乡的全过程。具体措施如下:

(一)推进城乡基本公共服务制度的有机衔接

统筹推进城乡基本公共服务制度的有机衔接,促进基本公共服务均衡配置,实质是促使社会财富得到合理分配和实现全体国民共享发展成果,这不仅是市场经济的内在要求和社会公平的基本标志,而且日益成为经济可持续发展和整个社会走向和谐的必要条件。成都市围绕基础教育、公共卫生、就业、社会保障等基本"民生"问题,大力推进城乡基本公共服务制度的有机衔接,逐步走向一体化。

---

① 埃比尼泽·霍华德(Ebenezer Howard,1850—1928),是 20 世纪英国著名社会活动家和城市规划专家。针对当时大批农民流入城市,造成城市膨胀和生活条件恶化,于 1898 年出版《明日:一条通往真正改革的和平道路》一书,提出建设新型城市的方案。1902 年修订再版,更名为《明日的田园城市》。他认为应该建设一种兼有城市和乡村优点的理想城市,即"田园城市"。

建立城乡并轨的基础教育均等化制度。教育为民生之基,公民能否享受平等的受教育权,不仅影响起点公平,也会影响其发展的机会公平。从 2003 年开始,成都市将推进城乡义务教育均衡化发展作为突破点,开启了城乡教育一体化的探索。2007 年,成都被确定为国家统筹城乡综合配套改革试验区后,提出要用"全域成都"的理念推进城乡教育均衡化,并且针对基础教育发展的核心环节,具体提出了城乡基本教育均衡发展的"六个一体化"目标,即城乡教育规划一体化、办学条件一体化、教师配置一体化、教学质量一体化、评估标准一体化、教育经费一体化。

一是建立市域统筹的教育公共政策体系[①]。成都市政府科学制定了城乡中小学布局规划,统筹改善城乡学校办学条件和技术装备;通过开展名校下乡、城乡帮扶、百校结对、师徒牵手、网络全域覆盖等活动建立"以城带乡,城乡互动"的机制,引导城区优质教育资源向农村流动,提升农村教育的质量和水平;针对农村中小学优质师资短缺的现实,加大政策激励推动城市教师向农村流动,实施中小学校长定期交流轮换制度,选派 100 名城区学校校长到农村学校任职,市级财政设立专项目标奖励经费;实施中小学教师定期支教制度:从城区学校选派 1% 的教师到农村学校定期服务,并把支教一年以上作为晋升高级职称的必要条件;实施名校集团定期交流制度:名校集团龙头学校与成员学校之间、城乡结对学校之间按一定比例,统筹干部教师相互交流。

二是建立市域统筹的教育公共财政体制。通过完善"四级"政府对义务教育保障机制,依法提高农村义务教育投入的保障程度,实现财政教育拨款的"三个增长"。同时合理调整教育财政拨款结构,加大对义务教育尤其是农村义务教育倾斜,2009 年,全市基础教育经费总投入约 129.3 亿元,其中,农村教育投入 74.4 亿元,占全市基础教育总投入的 57.5%;同时也加大了市级财

---

① 中共成都市委办公厅、成都市人民政府办公厅转发《市教育局关于扩大优质教育资源覆盖面提升城乡教育服务水平的若干意见》的通知(成委办〔2009〕12 号);成都市人民政府办公厅转发市教育局关于做好 2010 年外来务工就业农村劳动者子女接受义务教育具体工作意见的通知(成办发〔2010〕34 号);中共成都市委、成都市人民政府关于印发《成都市中长期教育改革和发展规划纲要(2010—2020 年)》的通知(成委发〔2011〕10 号)《成都市教育事业发展第十二个五年规划》(成府发〔2011〕45 号);进一步深化区(市)县域内公共教育资源均衡配置的意见(成办发〔2012〕35 号)。

政对农村教育转移支付的力度,2009年,用于农村教育转移支付资金18.7亿元,占同年市本级教育投入的59.52%。

三是建立市域统筹的教育公共服务体系。构建了政府为主体,社会广泛参与的教育资助体系,2009年,市级筹资资助困难学生共9.3万人次,资助总额4645万元。构建"农村中小学远程教育"公共服务体系、"进城务工就业农民子女接受义务教育"公共服务体系和"农村留守儿童教育与管理"公共服务体系,2009年,全市接受义务教育的进城务工就业农村劳动者子女18.6万人,其中在中心城区就读的12.9万人,占中心城区义务教育段在校生总数的34.96%,全市"留守学生"约8.7万人,其中在校寄宿的约2.2万人。

上述改革措施,保障了成都市城乡义务教育在经费投入、师资配置、教育装备、教育质量等方面都走向均衡发展的态势。2009年4月,成都成为国家统筹城乡教育综合改革试验区,2009年11月,成都成为全国教育均衡发展先进城市。

建立城乡并轨的卫生服务均等化制度。促进城乡公共卫生服务均等化,难点在农村卫生资源的短缺,重点在提升农村公共卫生水平。成都市连续出台了一系列改善农村公共卫生服务的政策①,把健全农村公共卫生服务体系作为提升农村公共卫生水平的关键环节。

一是进一步加强农村三级医疗卫生服务体系建设。2009年,进一步深化乡镇公立卫生院规范化建设,238个公立卫生院和2396个村卫生站基本实现了房屋、设备、人员、技术、管理五配套,并将城市社区卫生"六位一体"服务职能和服务模式延伸到农村,达到医疗与预防结合的目的,形成具有成都特色的农村社区卫生服务。截至2009年底,建立全市农村居民健康档案167万份、慢性病管理15.79万人次、乡镇公立卫生院总服务量909万人次。

二是完善农村医疗人员队伍建设。针对农村专业医疗人员缺乏,业务水平不够的现实,采取定向培养、强化培训、医师招聘等多种方式完善农村医疗人员的队伍。并且进一步加强对边远困难地方乡镇卫生院、村卫生站的技术支持与援助,促进城乡基本公共卫生服务均等化、基本医疗服务同质化。继续

---

① 《中共成都市委、成都市人民政府关于进一步加强农村卫生工作的意见》(成委发〔2007〕23号);《关于乡镇公立卫生院规范化建设的实施意见》(成府发〔2007〕80号)。

实施"万名医师支援农村"工程，全市共派出医疗队 703 支、开展义诊 22 万余人次、接受咨询 5 万余人次。

三是促进城乡公共卫生资源的共享。2007 年，成都市卫生局制定了《关于进一步加强社区卫生服务工作的实施方案》，将城市社区卫生"六位一体"服务职能和服务模式延伸到农村，将五城区的二级以下医院逐步整体转型为社区卫生服务机构，打造城镇社区 15 分钟健康服务圈。2009 年实现了社区卫生服务各街办全覆盖，基本完成全市疾病预防控制体系建设，达到了医疗与预防结合的目的。同时，在全省率先建立基层卫生执法监督协管员制度，建成了市、县、乡（街办）卫生执法监督体系。

建立城乡并轨的社会保障制度。当前社会保障制度问题产生的根源在于相关制度的城乡分割与群体分割，并由此带来公共资源配置失衡。成都市采取了积极的措施加以解决，在全国率先实现了社会保障制度城乡并轨，基本消除了"碎片化"现象。

一是建立城乡一体的社会救助体系。成都市于 2004 年以来多次出台政策①，按照城乡一体、统筹协调、科学分类、一口上下、不重不漏、高效快捷的社会救助体系建设目标，确定了 11 项救助内容，形成了以最低生活保障为核心、以社会救助信息平台为依托的立体式综合型社会救助体系，实现了救助目标城乡全覆盖、救助标准城乡统一，在全国率先实现了经办机构整合和城乡、群体平等。

二是建立城乡一体的居民基本医疗保险制度。从 2003 年起，成都市开始探索解决工业化、城镇化中本市失地农民和外来农民工的医疗保险制度覆盖问题，2004 年，实行城镇职工基本医疗保险与失地农民医疗保险的整合；2007 年，实行城镇居民基本医疗保险制度体系的合并和优化；2008 年 11 月，成都市出台《成都市城乡居民基本医疗保险暂行办法》，从 2009 年 1 月 1 日起在全国率先将新型农村合作医疗、城镇居民基本医疗保险、市属高校大学生基本医疗保险统一整合为城乡居民基本医疗保险，明确转移和接续办法，提高城乡医

---

① 《成都市农村居民最低生活保障实施意见》（成府发〔2004〕86 号）、《成都市委、市政府关于构建城乡一体化社会救助体系的意见》（成委发〔2005〕34 号）、成都市民政局等四部门《关于进一步完善农村医疗救助工作的实施意见》（成民发〔2007〕68 号）、《成都市人民政府关于发展公共租赁住房的实施意见》（成府发〔2010〕35 号）。

疗保险筹资标准和医疗保险待遇①,全市城乡基本医疗保险实现了市级统筹、城乡统筹、全域结算;2010年起,又进一步统一了城乡居民医疗保障标准,实现了城乡居民医疗保险制度一体化,做到筹资标准城乡一致、参保补助城乡统一、待遇水平城乡均等。在此基础上,健全新型城乡医疗保障制度,制定出台了《成都市城乡医疗保险门诊统筹暂行办法》、《成都市大病医疗互助补充保险办法》,将城乡基本医疗保险参保人员整体纳入覆盖范围,这标志着全市医疗保险普惠制度基本形成。

三是建立城乡一体的居民基本养老保险制度。成都市先后出台《成都市农民养老保险试行办法》、《成都市城镇个体劳动者基本养老保险和基本医疗保险补充规定》、《成都市农民养老保险办法》,建立了覆盖城乡居民的养老保险制度。在完善耕地保护基金补贴农民参保机制、全域实施新型农村社会养老保险的基础上,2010年又将新型农村社会养老保险和城镇老年居民养老保障制度有机整合,2010年4月1日实现了城乡居民养老保险制度并轨,在全国率先实现了基本养老保险制度对全域城乡居民的制度全覆盖。城乡社会保障制度的建立和完善,不仅大大促进了社会公平,也为剥离附着在农村土地上的社会保障功能、实施农村产权制度改革创造了条件,还为深化户籍制度改革奠定了基础。

建立城乡并轨的就业服务制度。成都市按照“政策制度城乡统一,公共服务城乡一体,就业机会城乡均等”的工作思路,高度重视把农民就业纳入整个社会的就业体系,实施积极的就业政策,从建立城乡一体的就业政策体系、就业失业登记管理制度、就业技能培训工作体系、就业援助服务体系四个方面,初步形成了资源配置市场化、服务管理规范化、保障机制制度化的城乡就业促进系统。2007年成都被国家列为统筹城乡就业试点城市。2009年成都市整合就业服务资源,大力探索就业服务的流程再造,建立了市、区(市)县、街道(乡镇)、社区(村)四级公共就业服务综合平台,实现就业供需信息共享,为城乡居民寻求就业机会提供便捷的服务。

---

① 《关于成都市2010年城乡居民基本医疗保险筹资工作和报销待遇有关问题的意见》(成办函〔2009〕273号)、《成都市城乡基本医疗保险门诊统筹暂行办法》(成府发〔2009〕51号)。

（二）创新城乡基本公共服务供给机制

针对传统的基本公共服务供给机制仅靠政府部门包办,排斥市场机制与社会机制,无法全面满足农村基本公共服务需求,更易造成资源浪费的现实障碍,2008 年,成都市启动村级公共服务与社会管理改革①,探索城乡基本公共服务供给机制的创新。

分类供给机制:针对农村基本公共服务供给内容和范围模糊,供给主体匮乏,职权不清等现象,成都市将农村基本公共服务分为文体、教育、医疗卫生、就业和社会保障、农村基础设施和环境建设、农业生产服务、社会管理 7 个大类 59 个具体项目,并对其供给内容、供给主体、供给方式等都做了明确规定。按照"公益性服务政府承担、福利性服务社会承担适度补贴、经营性服务探索市场化供给"的思路,合理区隔政府、市场、社会在农村基本公共服务供给中的责任,明确了县乡政府、村自治组织和市场主体在农村基本公共服务中的供给责任,基本形成了"政府主导、市场参与、社会协同"的农村基本公共服务多元供给机制。通过分类供给机制,不仅明确了农村基本公共服务的范围与标准,也促使政府由基本公共服务的直接生产者转变为间接保障者,以便政府集中人财物增强农村基本公共服务供给能力,提高农村基本公共服务的水平。

统筹建设机制。为了避免农村基础公共服务设施重复建设,有效发挥资源整合的效力,促进基本公共服务设施有序向农村延伸覆盖,成都市探索了村级公共设施的统筹建设机制。要求针对农村基本公共服务受益的地域性和特殊性,结合不同类别村(社区)人口和经济条件,以节约资源、信息共享为重点,整合农村基本公共服务的场所、设施等,做到以规划为龙头,"按需编制"村(社区)规划;与统筹城乡发展项目和灾后重建结合,实现基础设施和基本公共服务设施的统筹建设,做到功能配套、共建共享。

民主管理机制。为了确保农村基本公共服务供给中农民利益表达与农民权利实现,成都市在总结基层民主政治建设经验的基础上,以完善农村基本公共服务的民主管理机制为"抓手",让村民在农村基本公共服务供给的过程中自主决策、民主管理、民主监督。

---

① 《成都市委、市政府关于深化城乡统筹进一步提高村级公共服务和社会管理水平的意见(试行)》(成委发〔2008〕37 号)。

成都市以建立村民议事会、监事会等制度为突破，积极推行村级自治事务决策权与执行权分离、社会职能与经济职能分离、政府职能与村民自治职能分离，着力构建党组织领导下，以村民自治为核心、社会组织广泛参与的新型村级治理机制。如：大邑县的"村三委"模式（村党支部、村委会、村监委）；崇州市的"1+2"模式（党支部、村级基本公共服务组织和村级集体经济组织"）；同时，各区县也都建立了民主议定项目、民主监督项目和民主评议项目的制度，健全村（社区）民主议事规则。如邛崃市创造了"三步量分法"项目确定机制、"五人监督章"资金管理机制、"一户一表"群众满意度测评机制等。蒲江县创造了"民主路线图"和"四个三"工作机制。新都区创造了村级基本公共服务的"八步工作法"。调查显示，92.9%的村民认为基本公共服务和社会管理专项资金的使用要经过议事会决定，84.8%的村民认为监事会能够有效监督农村基本公共服务资金的使用，75.3%的村民参与了农村基本公共服务效果的评估。[1]

（三）制定城乡基本公共服务质量标准

实现城乡基本公共服务的均等化，不仅要解决供给什么（基本公共服务的内容），怎样供给（供给机制），更要重视供给的质量与绩效，即公共服务的可及性，以实现"人民群众得实惠"的宗旨。成都市围绕实现城乡基本公共服务均等化的战略目标，重点在城乡社区基础设施、农村中小学、中心幼儿园、基层医疗卫生服务等方面开展质量标准、质量运行、质量控制和质量评估，构建符合我国国情的城乡基本公共服务质量管理系统。

一是制定农村社区基础设施质量标准。2008年12月，成都市出台了《关于村（社区）及新居工程公共服务和社会管理配置标准的指导意见（试行）》，对村（社区）公共服务和社会管理事务开展所需要的硬件设施和软件条件进行了规范，2012年，又出台了《关于进一步提升重点镇、一般镇、涉农社区及村（农民集中居住区）公共服务和社会管理配置标准的指导意见》，分类划定各种农村社区的基础设施标准、责任主体等，逐步推进农村社区公共服务设施的

---

[1] 文中调查数据来源于作者负责的《成都市村级公共服务与社会管理改革调研报告》，《成都统筹城乡发展年度报告 2009 年》，四川大学出版社 2010 年版，第 106 页。

规范化和标准化。

二是制定农村基础教育的质量标准。成都市 2004 年出台了《成都市农村中小学标准化建设标准》和《成都市农村中心幼儿园标准化建设标准》，对农村中小学、幼儿园的规划设计、用房面积、建筑质量、教学装备等进行了标准规范。在教育质量管理方面，成都市制定了标准化的义务教育校际均衡发展监测和评估指标体系，通过教育经费投入、教育资源配置、教育质量三个方面共 14 项主要指标，对全市各区县区域内义务教育校际均衡的总体程度逐一测评，并发布监测报告，定期公布学校教育质量情况以及学生发展水平、课业负担状况等反映素质教育的基本指标。调查显示，目前村民对幼儿园、小学等基础教育服务的质量都很满意，其中对幼儿园的满意度达 94.5%，小学的满意度达 94.2%。

三是制定农村卫生服务质量标准。针对农村卫生服务资源短缺，医疗卫生质量不高的现实状况，成都市大力推进乡镇公立卫生院和村卫生站的标准建设，对人员配置、占地面积、设备配置、服务内容、资金保障等进行规范。2010 年，成都市出台《成都市城乡基层医疗卫生机构基本公共卫生服务 C 类服务包》，按 12 类 14 项 62 小项对基层医疗卫生机构的服务项目、数量、质量等进行了规范。调查显示，78.9%的村民对农村合作医疗满意，75.5%的村民对农村就医方便满意。

（四）构建农村公共服务的经费保障机制。

成都市 2004 年开始按照建立公共财政体制框架的要求和"多予少取"的方针，对县乡财政管理体制进行了全面改革完善了财政一般转移支付制度，确保对"三农"投入的稳定增长，大幅度提高乡镇（街道）公共服务供给水平。2003 年，公共财政对农民的投入为 3.96 亿元，2010 年增长至 72 亿元，七年增长 18 倍。同时，成都市也将基本公共服务的经费保障机制作为提高农村基层基本公共服务能力的关键举措，旨在解决"钱从哪里来"的现实困难，为提高农村基本公共服务水平提供财力保障。

一是建立经费投入的持续增长机制。要求各级政府将村级基本公共服务经费纳入本级财政预算，根据经济社会发展水平制定对村级基本公共服务投入的最低标准，并要求各级政府对村级基本公共服务投入的增长幅度必须高于同期财政经常性收入增长幅度。以 2008 年为基数,各级政府每年新增的公共事业和公共设施建设政府性投资主要用于农村公共事业和公共设施建设,同时市县两级财政每年对每个村基本公共服务和社会管理的专项资金安排不少于 20 万元。其中,中心城区由区财政全额安排,近郊区(县)财政按照市、县 5∶5 的比例安排,远郊县(市)财政按照市、县 7∶3 的比例分级负担。2009年全市 2751 个村(涉农社区),市县两级农村基本公共服务专项资金总额达到 71229 万元,其中五城区(不含高新区)4220 万元,近远郊区(市)县 67009万元。

二是健全专项资金管理机制。为了保障村级基本公共服务专项资金的规范管理、有效使用,成都市出台《成都市基本公共服务和社会管理村级专项资金管理暂行办法》,对该专项资金的安排、管理、部门责任等进行规范,确保项目资金不被挤占、挪用。各区(市)县也制定了相应的资金管理办法,探索出了一些有益的专项资金管理与使用办法。如:邛崃市油榨乡马岩村通过村民议事会公推直选产生 5 名民主理财监督员,并将民主理财监督章一分为五。每张发票必须盖上完整的印章后方可入账报销,报账情况由 5 人小组向村民议事会公布,并在村务公开栏公开。

三是尝试村级基本公共服务资金的社会融资机制。为了从根本上解决村级基本公共服务资金短缺问题,吸引社会资金参与农村基本公共服务,成都市制定了《成都市基本公共服务和社会管理村级融资建设项目管理办法》,确定以市小城投公司作为融资平台,各村(涉农社区)在民主决策的基础上,可以按专项资金标准最多放大 7 倍向小城投公司融资,用于村一级的基础设施和基本公共服务设施建设。截至 2010 年 3 月,全市已经核准村级融资建设项目77 个,总融资金额 10961 万元,已拨付 6586 万元,有效解决了村级基本公共服务资金严重不足的问题。调查显示,84.3%的村民对农村公共服务资金使用与管理比较满意,90.4%的村民认为农村公共服务资金的使用经过了民主决策程序。

三、还权赋能保民生：成都经验的启示

成都市作为全国统筹城乡综合配套改革试验区，承担着在统筹城乡发展方面先行先试，为中央决策和其他地区推进统筹城乡工作提供具有示范意义和推广价值实践样本的重要使命。其在城乡基本公共服务均等化方面的实践探索，体现了以民生需求导向、以城乡区为重点、以制度配套为关键、以民主参与为手段、以质量控制为保障的基本经验。

（一）以民生需求为导向

城乡基本公共服务的均等化，既关系到城乡居民的基本社会福利权能否落实，也关系到城乡居民的发展权能否得到保障。成都市坚持把了解民生需求、适应民生需求、满足民生需求作为政策制定和执行的基本导向，形成了群众诉求表达、群众利益保障、群众权利实现、群众需要满足的"民生需求导向型"的公共服务供给模式。这表明统筹城乡发展应该在充分了解民生需求的前提下，以民生改善为根本目的，不能单纯追求统筹城乡中的工业化与城市化的速度，更要高度关注城市化进程中城乡居民生活质量的提高和社会公平问题，注重协调统筹城乡过程中的各种利益关系，构建群众利益表达机制、利益维护机制和权利实现机制。努力实现工业化、城市化进程中全民共建共享，促进经济发展与社会进步的协调、城乡一体与社会公平的统一。

（二）以城乡社区为重点

社区是城乡最基层的社会单元，公众对公共服务质量的感知更多受基层公共服务供给能力的影响。然而，目前农村社区是公共服务最薄弱的地方，农民很难享受到与城市市民同质化的公共服务，这不仅影响了公共服务的可及性，更虚化了农民应该享有的社会福利权，加剧了农民的社会不公平感。

成都市在探索城乡基本公共服务均等化的实践中，坚持以提升城乡社区公共服务水平为重点,将基层公共服务供给平台搭建在城乡社区,尤其注重公共资源向农村倾斜力度,加大对农村公共服务项目的投入,鼓励和引导城市优质基本公共服务资源向农村延伸,形成了以改善农村社区公共服务带动城乡公共服务均等化的特色方式。这使我们深刻认识到:只有通过创新城乡社区公共服务供给机制,提高公共服务质量,才能实现基层社会治理由行政管理向社会工作的转变、才能凝聚群众对城乡社区的归属感与认同感,推动社区认同向社会认同转变。

(三)以制度配套为关键

"制度是为约束在谋求财富或本人效用最大化中个人行为而制定的一组规章、依循程序和伦理道德行为准则。"①制度带来的稳定性对于社会发展的影响至关重要,故亨廷顿认为"制度就是稳定的、受珍重的和周期性发挥的行为模式"②。

成都市以"全域成都,城乡统筹"的理念大胆尝试建立城乡并轨的公共服务均等化制度,不仅有效改善了农村基本公共服务短缺的现实困境,也促进了城乡基本公共服务的均等化程度大幅度提升。为了保障城乡公共服务均等化工作的可持续性,成都市大力推进相关制度的配套,首先是从建立城乡一体的行政管理体制入手推进公共服务体制改革,2005年,成都对规划、国土、住房、农业、交通、建设、财政、教育、卫生、社保、民政等30多个部门,逐一进行职能调整归并,改变行政管理"城乡分割、部门分割、机构重叠、职责交叉"等体制性问题,实现城乡同类事务由一个政府部门管理。2010年又开展了新一轮政府机构改革,市政府部门由51个减少到41个,完善了城乡一体的行政管理体制。

为了彻底消除城乡二元户籍制度导致的城乡居民身份权差异,为城乡居民自由迁徙,公平享受基本公共服务提供制度保障,2010年底,成都市在多次户籍改革的基础上,出台了《关于全域成都城乡统一户籍实现居民自由迁徙的意见》,该制度的突破在于彻底剥离了附着在户籍上不平等的公民权和社

---

① 道格拉斯·诺斯:《经济史上的结构与变革》,商务印书馆2005年版,第227—228页。
② 塞缪尔·亨廷顿:《变化社会中的政治秩序》,上海世纪出版社2008年版,第10页。

会福利权,实现城乡居民依法自主选择居住地,在实际居住地登记户口,享受基本公共服务和其他基本权利①。

成都市在公共服务制度配套方面的探索实践让我们看到:制度在社会发展中的作用是双向的,如果制度本身适应公共需求,具有合法性基础,则能够成为社会进步的保障;反之,则不可避免地成为社会进步的障碍。我国城乡公共服务的巨大落差,主要是受城乡二元制度的影响,故建立城乡一体的公共服务制度,必然是统筹城乡中消除制度障碍的关键环节。

(四)以民主参与为手段

公共服务供给的主体多元化、需求多样性和价值公平性,决定了推进城乡基本公共服务均等化过程中公民参与的必要性和迫切性。公民参与有利于提升公共服务供给过程的透明性、公正性与有效性,对于促进政民互动沟通,提高公共服务制度的合法性具有积极的作用。"没有公民的积极参与,政府单方面很难有效地协调复杂利益矛盾。让公民参与公共管理或自我管理,既是执政为民的必然要求,也是民主政治的最高表现。"②

成都市把公民参与城乡公共服务均等化过程作为深入基层民主政治建设,构建新型基层治理结构,促进管理民主化的重要内容,在有关公共服务决策方面推行、"三会开放"③,实施决策议题调查制度、决策内容听证制度、决策结果公示制度。尤其重视充分发挥基层议事会、村委会的作用,开创了基本公共服务的基层民主决策机制,尊重和发挥村居的主体性,让他们在村级公共服务和社会管理过程中民主决策、民主管理、民主监督,真正实现由"为民做主"向"由民自主"的转变。在公共服务供给主体方面,探索多元协同机制,充分释放市场活力、提升政府能力、开发社会潜力,尤其重视健全政府购买社会组织服务机制④,使社会组织在帮助政府提供公共服务的过程中

---

① 成都市统筹委、清华大学公共管理学院创新与社会责任研究中心:《城乡一体化工作典章》,清华大学出版社 2012 年版,第 96 页。

② 俞可平:《社会公平和善治是建设和谐社会的两大基石》,《中国特色社会主义研究》2005 年第 1 期。

③ 《中共成都市委关于加强基层民主政治建设的意见》(成委发〔2005〕45 号)。

④ 《成都市人民政府关于建立政府购买社会组织服务制度的意见》(成府发〔2009〕54 号)。

获得发展平台。

成都市把民主参与基本公共服务供给作为探索管理民主化与社会公平化的契合点,形成了"以民生促进民主,以民主保障民生"①的公共服务新模式,使我们深刻认识到:在推进城乡基本公共服务均等化的过程中,如何做到充分尊重农民的主体地位与主体权利至关重要,只有使农民能够通过制度途径表达和维护自己的合法权益,在农村基本公共服务决策中拥有了制度性的"话语权",才能防止出现公权力高压下的"被代表"现象,真正做到农村的事情由农民自己做主;也才能进一步密切干群、党群关系,有效化解社会矛盾,减少改革阻力。同时,在推进基层民主政治建设的进程中,不能单纯强调政治上的选举民主,也要通过公共政策过程中的公民参与,赋予群众利益表达权、行政法制监督权等,从而"为所有人提供平等的表达机会、消除参与公共协商的制度性障碍,形成所有公民能够自由参与协商过程的可获得性论坛,可以保证对所有公民需求和利益的系统考虑"②。

(五)以质量控制为保障

城乡基本公共服务均等化的质量控制,是目前我国公共服务供给中常常被忽略的薄弱环节,也是影响城乡基本公共服务均等化能否得到保障的关键环节。一些地方政府比较重视城乡公共服务供给中的规模与效率问题,却忽略了公共服务供给的质量与绩效,其结果是政府单方面强调对基本公共服务的投入增加、效率提高,但受益群体的感知度与满意度却并未上升,甚至出现抱怨更多、意见更大的矛盾。究其原因,一方面是公共服务的供给与需求没有对接;另一方面即是公共服务供给的质量没有保障。

成都市在实施城乡基本公共服务质量标准方面的探索,其实质就是围绕实现城乡基本公共服务均等化的战略目标,重点对农村基本公共服务内容、基本公共服务质量、基本公共服务可及性等方面明确标准,并以此为依据明确不同类型基本公共服务的责任主体,明确市、县、乡镇各级政府在不同类型基本公共服务项目中的责任,形成了成都市城乡基本公共服务的范围与职责标准。

---

① 孙立平:《村级公共服务与社会管理互相促进的成都模式》,《成都统筹城乡发展年度报告2010》,四川大学出版社 2011 年版,第 64 页。

② 瓦拉德兹:《协商民主》,《马克思主义与现实》2004 年第 3 期。

同时也根据各类基本公共服务的特性,分类制定农村社区基础设施、城乡基础教育、卫生与文化设施等服务质量标准。这种以农村基本公共服务的质量管理为切入点,促进城乡基本公共服务均等化的实践探索,有利于解决目前我们农村公共服务供给质量低、效益差、不公平等现实问题,构建农民公平享受基本公共服务的权益保障机制;同时也有利于促进农村基本公共服务供给的过程控制与绩效导向有机互动,建立农村基本公共服务供给的激励机制,促进整个农村公共服务供给体制与机制的持续改进。

统筹城乡战略既要积极谋划"怎样发展"的工具理性问题,同时也要深刻反思"为谁发展"的价值理性问题。成都市促进城乡基本公共服务均等化的实践探索,为我们提供了"还权赋能保民生"的典型样本。"还权",即通过基本公共服务的均等化实现城乡居民平等的社会福利权和发展权,落实城乡居民对基层公共事务的知情权、决策权和参与权;"赋能",即提升基层政府供给公共服务的能力,赋予基层社会组织参与公共服务的能力,赋予基层群众评价和监督公共服务的权利。其宗旨就是尊重民意、维护民权、借助民力、保障民利、改善民生、赢得民心。

参考文献:

蔡昉、程显煜:《城乡一体化:成都统筹城乡综合配套改革研究》,四川人民出版社 2008 年版。

迟福林:《我国统筹城乡发展的基本公共服务均等化因素》,《理论参考》2011 年第 1 期。

道格拉斯·诺斯:《经济史上的结构与变革》,商务印书馆 2005 年版。

塞缪尔·亨廷顿:《变化社会中的政治秩序》,上海世纪出版社 2008 年版。

四川大学成都科学发展研究院、中共成都市统筹城乡工作委员会:《成都统筹城乡发展年度报告 2007—2008》,四川大学出版社 2009 年版。

四川大学成都科学发展研究院、中共成都市统筹城乡工作委员会:《成都统筹城乡发展年度报告 2009》,四川大学出版社 2010 年版。

四川大学成都科学发展研究院、中共成都市统筹城乡工作委员会:《成都统筹城乡发展年度报告 2010》,四川大学出版社 2011 年版。

瓦拉德兹:《协商民主》,《马克思主义与现实》2004 年第 3 期。

叶裕民:《农民工迁移与统筹城乡发展》,《中国城市经济》2010 年第 3 期。

俞可平:《社会公平和善治是建设和谐社会的两大基石》,《中国特色社会主义研究》2005 年第 1 期。

中共成都市统筹城乡工作委员会、清华大学公共管理学院创新与社会责任研究中心:《城乡一体化工作典章》,清华大学出版社 2012 年版。

中国(海南)改革发展研究院:《基本公共服务与中国人类发展》,中国经济出版社 2008 年版。

政府购买公共服务与
社区管理的制度冲突[①]

黎熙元　　徐盈艳[②]

　　政府向非营利组织购买公共服务在西方国家以及港澳地区 20 世纪下半期得到迅速发展,如今已经成为成熟而且普遍使用的一种社会管理方法。作为社会管理体制机制创新的一个举措,广东省几个重要城市开始借鉴港澳、新加坡等地区的经验和方式试点推行政府购买公共服务。我们实地调查了广州市已经开展试点工作的社区家庭综合服务中心以及承办服务的社工机构,发现政府购买公共服务这个新制度在实施过程中是通过原有的社区管理体系运作的,这种方式使政府购买公共服务容易获得社区支持,但同时,跨地域的服务管理与属地管理存在制度上的矛盾,属地管理的资源圈存方式则在某种程度上抵消了非营利组织福利供给方式的专业化和灵活性优势。

一、广州市政府购买公共服务试点的运作方式

　　根据《推进我市社会管理服务改革开展街道社区综合服务中心建设试点工作方案》,广州市率先选取了 20 条街道进行试点,成立社区综合服务中心,

　　① 本研究受教育部人文社会科学重点研究基地项目基金资助(10JJDGJW014)和广州市属高校科研项目青年项目"政府购买服务背景下的广州社区工作模式研究"(10B059)资助。
　　② 黎熙元,中山大学港澳珠三角研究中心,教授;徐盈艳,中山大学社会学与人类学院,博士生。

要求按照社会工作的理念，为区域内个人和家庭提供全面、优质的社会服务，以满足个人及家庭多样化的需求，市区财政合计安排试点资金，由市与区两级财政共同负担。《方案》还规定，社区综合服务中心的场地由各试点街道整合辖内的场地资源，通过新建、扩建、改建或租赁等方式，提供一定面积的办公和开展服务的场地。同时广州市社会工作协会也对社工组织承办项目的场地面积，包括个案工作室、小组工作室的面积做了详细的规定。《广州市社会工作专业岗位设置及社会工作专业人员薪酬待遇实施办法（试行）》（穗民〔2010〕229号）要求，社区综合服务中心配备20名工作人员，其中要求2/3的工作人员为社会工作专业人员（社会工作专业毕业或者具有助理社会工作师及以上的职业资格证），其余的为行政工作人员及专业活动的辅助人员，称其为社工干事或者社区工作者。在人员的配备上，各街道基本满足政府对于每一个社区综合服务中心的人员要求，人员一般为18名，除了行政人员之外，大部分为具有社会工作教育背景或者社会工作经验的人员。

试点主要采取两种模式：模式一是政府购买服务方式，即由区政府或委托区民政局以项目管理和购买服务的方式向社会招投标，社会组织通过竞投标取得社区综合服务中心的经营权，原街道社区服务中心的事业编制、人员转入街道的其他事务管理类事业单位。模式二是由街道办事处作为主管部门，成立民办非企业（独立法人）单位管理社区综合服务中心，原街道社区服务中心的事业编制、人员可转入街道的其他政务管理类事业单位或送派到社区综合服务中心工作，对送派到社区综合服务中心工作的原社区服务中心编制人员，仍按事业单位工作人员的相关规定进行管理。在20条试点街道中，采取模式一的有9条街道，采取模式二的有11条街道。

我们在走访试点街道的过程中发现，由于在实际操作中各个部门对于政府购买服务模式及各部门利益、各社区的具体情况的不同，政府购买服务中的具体操作实际上可分为三种模式，三种模式还可以进一步细分为四种实施方式，模式一是政府购买独立社工机构服务，将200万元资金全部给社工组织，由社工机构完全负责综合服务中心的运转，独立对外承担责任与负责人员的招聘、服务的提供及资金的运作，具体又细化为两种，一种是由高校注册社工机构，依托高校背景，在中心开展服务；另一种是由企业注册社工机构，依托企业雄厚的资金来源；模式二是街道参与管理的政府购买独立社工机构服务，街道派一名工作人员作为综合服务中心的行政主任,负责提供场地、行政工作及负责具体的资源调配与链接,同时负责监督与协调综合服务中心的工作,但是具体的服务以扣除水电费与场地租金之后的金额全部打包由社工机构承担,由社工机构负责人员的招聘与服务的提供,街道基本不干涉社工的具体服务;第三种模式可称为政府购买街道社工组织服务,街道利用本身的资源注册民办非企业组织,由街道本身负责提供全部或部分管理与服务,社工人员的招聘与具体的服务都由街道本身承担。

我们对承办公共服务项目的社会组织负责人进行了访谈,基于访谈资料对现有的政府购买公共服务模式进行一个效果评价比较,列表如下。

	模式一:政府购买独立社工机构服务		模式二:街道参与管理的政府购买购买独立机构服务	模式三:政府购买街道社工机构服务
	高校背景的社工机构承办	企业背景的社工机构承办		
社会服务专业性	√	×	√	×
人力资源供给及稳定性	√	×	√	×
社工成长	√	×	√	×
运作资金支持	√	√	√	√
硬件状况	√	√	√	√
职员待遇	√	×	√	√
服务评价	√	?	√	×
承办机构与街道办协调	×	√	×	—
社区内资源整合	×	√	√	—

注:"√"代表好评,"×"代表劣评,"?"代表评价好坏不一。

从评价表来看,政府购买服务高校独立社工机构承办和政府购买、街道办参与管理独立机构承办两种方式的运作评价最高,九项评价当中七项状况良好,两项状况不佳。而且有趣的是两种方式优势相同而劣势相反。运作效果评价中由企业成立的社工机构状况中等,好评和差评相当,而街道社工机构的运作效果最差。

二、政府购买公共服务与社区管理的制度冲突

在西方国家,政府外包公共服务的动机有三:(1)增加公共福利供给,透过非营利组织的参与来巩固政府管治、加强地方自治。(2)提高公共资源使用效率;其依据是政府在提供公共福利供给时无须扩大政府部门规模以承担福利项目运作,这是一种资源节省;非营利组织是通过一定程度的竞争来获得政府服务合约的,这种竞争能够提高公共资源运用效率;非营利组织的服务向全社会开放,不受机构所在地域、种族和文化的限制,同时承办机构也可以根据服务需求的变化来调整服务范围和服务投入,实现资源流动或共享。(3)增加服务专业性。公共福利服务往往需要运用专业知识和技能例如健康维持、特殊护理、社会工作方法等,需要专业人士有组织的参与。

广州市实施政府购买公共服务的动机是进行社会管理体制机制创新、增加政府的公共服务、提高公共财政资源的运用效率。和几乎所有境外国家、地区不同的是,在实施政府购买公共服务之前,各个行政区已经设立了完整的基层政权体制——以区政府派出机构街道办为权力中心的街道—社区管理体制,这个基层结构不但具有政治、行政功能,也具有基层公共福利供给、动员社会力量的功能。这个管理结构的体制要求是公共资源流动与管理、公共服务供给与效率、政治效果与责任都是以属地为界的。当前政府购买公共服务试行方案所签订合同为三方合同,甲方为出资方,即市、区两级政府,乙方为购买服务的监督方,即试点街道,而丙方为服务提供方,即社工机构。于是,政府购买公共服务的过程就涉及三个政府层面和一个非营利组织层面;三个政府层面即上层的市政府和基层的区政府及其派出机构街道办。市政府与区、街政府机构的关系属于条条管理,而区、街之间则属于块块管理。正如其他自上而下的政府政策指令一样,政府购买服务的总体目标也会陷入条块、属地管理的制度冲突之中。

(一)各级政府的自主性与不同意图的冲突

广州市民政局期望加强家庭综合服务中心的建设,在全市范围内推广家

庭综合服务，成为广州市社会管理创新的一大特色，以每个试点服务中心年度拨款 200 万元的投入，期望通过各大社工机构参与，加强社区家庭综合服务的专业性；并为此委托市社工协会加强对各大家庭综合服务中心的监管，制定严格的评估标准。而在区民政局方面，基于部门自身利益需求，追求政府的政绩，比较侧重于自己的特色，如有的区侧重于企业办社工机构，期图打造出一条不同的社区综合服务中心创办模式，各街道的家庭综合服务中心几乎全部由恒福社会工作服务机构来承办，以突出其不同于其他各区的特色。但是，由企业注册成立的社工机构却无可避免地受到企业总体营利目标的影响，例如通过对区内非营利项目的支持换取其他经济利益，而仅仅作为鱼饵的公共服务项目供给的专业性则受到忽视。市、区两级政府的不同要求也导致了两级评估要求的不同。

对于街道办来说，当前试行的政府购买公共服务是一项额外的财政拨款，怎样运用这项拨款在一定程度上是可以由街道办的工作策略来决定的。各个街道对于社工理念、社工方法的认知、认同程度不一，再加上对于自身利益的考虑，采取的态度同样各自不同，有的街道不想失去既得利益，如原先就有老年机构、青少年机构，可以为街道获得一定的收入，认为自身有足够的能力承办社工机构，故更倾向于自己办社工机构，机构的人员由原先在社区工作或者是原先在居委会成员中获得社工师资格证的人员担当，轻视社会工作的专业性。部分街道认为他们自身频繁地应对评估，对于社工的评估同样不存在问题，材料的整理是非常容易的事情。有的街道则认为自身对社工服务机构有监管的责任，事无巨细都予以干涉，严重影响社工机构的正常运行。基于多方政府的不同要求，导致家庭综合服务中心在发展的过程中经常出现矛盾和冲突，不知道该如何处理各方的关系。

（二）机构专业性与部门协调性之间的冲突

政府向社工组织而不是其他类型的组织购买公共服务，目的是加强社区家庭综合服务的专业性。但是，社工是一个新事物，对于社区居民来说是非常陌生的，而刚刚开始做地区工作的社工对他们所服务的社区也是缺乏了解的，在进入社区、评估需求及后续开展工作的过程中都需要街道、居委会的协助。在前期开展社区探访的时候，街道、居委会都非常配合，积极调派社区工作人员协助社工上门探访及开展社区服务,加强对于社工机构的宣传。如北京街的人员配置中有专门三个社区工作者为原先居委会人员,其主要工作是协助社工进行社区探访;桥创所承办的社区中心在成立初期,前来中心参加活动的人员都是通过居委会的宣传而过来的。各个机构负责人坦言,居委会、街道的配合对推动社区综合服务中心服务的开展起到了非常重要的作用。除此之外,街道、居委会在资源的链接上也起到了非常重要的作用,各中心纷纷表示,街道、居委会对于政府资源的熟悉程度远远高过社区综合服务中心,在很多资源的申请及使用上,中心都较高程度地依赖街道。换句话说,即使专业性很强的社工机构也需要与社区管理架构合作,合作的好坏直接影响服务的效果。

而在实际运作当中,政府购买服务的不同模式呈现出与社区管理架构合作的不同状态。模式一当中高校背景的社工机构机构总干事或者理事会成员的绝大多数包括理事长为高校教师,由高校教师牵头注册成立社工机构,如北京街(中大社会工作服务中心)、建设街(阳光社会工作服务中心),这类机构专业知识丰富人力资源比较充沛(包括社工及督导),社工成长较快。但是,由于这种模式中社区管理架构几乎不参与运作过程,机构与街道、社区的关系比较难处理,两者的工作理念存在冲突,街道若比较认同社工机构,服务效果会较好;街道若不太认同社工机构,管理干涉过多,则冲突较大。如果与社区管理架构合作不好,地区资源整合就会出现困难。模式二是街道社区管理者提供场地,负责具体的行政及资源的联系、链接、协调,引入专业社工机构提供专业的服务,如金花街(启创社会工作服务中心)、逢源街(逢源人家社会工作服务中心)等。这样有社区管理者参与的社区服务中心的资源整合能力较强,好社工待遇稳定,经费来源比较充足,除了政府购买服务的200万元之外,通常还有其他的资源与经费的来源;但社区的行政干预却往往妨碍机构开展专业服务,由于一直以来的"行政为本"的观念的影响,很多街道都认为自身对于社区家庭综合服务中心负有管理的责任与权力,或者是对于社工这个新生事物的不信任,或者基于自身利益的考虑,对中心的运作过程中的具体事务进行干涉,影响社工机构的运行。

(三)资源圈存与资源流动和使用效率的冲突

试行时期政府购买公共服务是由市区两级财政分担年度费用 4000 万元，市级财政与越秀、海珠、荔湾、白云四区按 5：5 比例负担，与天河、黄埔、番禺、花都四区按照 4：6 比例负担，与从化市按照 8：2 比例负担，与增城市按照 6：4 比例负担，南沙、萝岗由区全额负担，按照上述比例市级财政负担 1700 万元，各区财政负担 2300 万元。每个试点的社区综合服务中心年度基本拨款为 200 万元。对于街道社区来说，这是一笔额外的公共服务投入，不但可以增加辖区内资源，也有可能用于增加工作岗位和机构膨胀所需的费用，有的街道领导甚至萌生依靠社工机构的资源获利的想法。政府购买服务的有些规定以及某些没有仔细规定的方面会给这种属地资源圈存的策略提供方便。例如试行《方案》要求社区综合服务中心配备 20 名工作人员，其中要求 2/3 的工作人员为社会工作专业人员(社会工作专业毕业或者具有助理社会工作师及以上的职业资格证)，其余的为行政工作人员及专业活动的辅助人员。而按照《广州市社会工作专业岗位设置及社会工作专业人员薪酬待遇实施办法(试行)》(穗民〔2010〕229 号)文件规定社会工作员工资分三级标准为 3000—4200 元，助理社会工作师分两级工资标准为 3500—4000 元，中级社工师分两级 5000—5700 元，高级社工师其中一级未定，社会工作师一级工资标准为 6500 元，上述薪酬指导价包括个人缴纳的社会保险费用、个人缴纳的住房公积金费用和个人所得税。根据机构负责人的访谈，一个社区综合服务中心的一年的工资支出就要达到 100 万元以上。也就是说，中心 200 万元年度配套经费一半以上用于"人头费"，同时还有行政经费、水电费、租金等其他的支出；余下用于服务的资金实际上并不充裕。

本来，非营利组织承办公共服务项目的方式其中一个优点就是不会因人设事而是因事设人，一个中心需要多少工作人员应随项目的不同要求而变化，而行政人员的数量是最有可能节省的，理论上如果一个社工组织同时承办两个中心，可能一套行政人员也已经能够应付相关工作而未必需要两套人员。但在当前的规定下，社工机构没有节省人手、腾出更多资金用于服务的动机，而社区管理架构也有机会可以安排人员到中心工作。政府购买服务的资金很容易成为基层能够圈存的新资源。《方案》中对服务中心的硬件有清晰的规定，但对于机构素质和服务素质则缺乏清晰规定，这样就诱导了两种现象的产生,其一是承办机构良莠不齐。由于现有的社会工作类民办非企业单位的注册登记要求并不严格,只要具有社会服务相关工作背景的人都可以申请注册成立社会工作机构,广州市的社会工作机构如同雨后春笋一样蓬勃发展,截至2011年6月,登记注册成立的社会工作机构已经有57家,其中部分机构缺乏专业背景,部分机构想通过承办综合服务中心赚取利润。其二是承办机构之间恶性竞争。目前家庭综合服务中心虽然采取招投标的形式,但很多街道仅仅只是把招投标作为一种形式,很多社区综合服务中心承担的社工机构都由政府部门指定或者推荐。为了争夺更多的资源,机构与机构之间存在着恶性竞争的情况。为了获得家庭综合服务中心的承办权,部分机构不断地加大所提供的服务项目的种类以及个案、小组、社区活动等服务的数量,部分机构甚至在合同书中承诺要在社区内开展一百多类社区服务,机构负担过重,难以保证服务质量。

三、结论与对策

政府购买公共服务与社区管理体制之间的矛盾类似条块矛盾,这种矛盾越深,对身处其中而且不得不首当其冲的项目承办者非营利组织的运作及其提供的服务素质会产生越严重的影响。但从当前政治体制来看,条块矛盾却不是短时间能够解决的。可能的对策是指定一些措施限制这种矛盾的影响。为此可以考虑以下几个方面:

(一)发挥政府职能,建立良好的政府与社区综合服务中心的关系

无论是采取何种模式,现在广州市家庭综合服务中心都需要与政府共建,依赖政府的政策、资金等各方面的支持,而只有政府认同社会工作的理念,正确认识社会工作专业本身,才能更好地促进社区层面资源的整合,促进社会工作机构的发展。

(二)建立三方协调机制

根据调查,家庭综合服务中心的发展状况和服务的提供状况与是否存在

机构、市民政局、区民政局三方协调机制密切相关。实施三方协调机制的机构通常在对于服务的开展及机构的运行上有较好的沟通，三方对于彼此的运作及所能提供的资源都比较熟悉，摩擦、矛盾与冲突较少，而缺乏三方协调机制的机构往往存在的冲突较大。因此，建立家庭综合服务中心、市民政局、区民政局三方协调机制，能够促使家庭综合服务中心更好地发展。

（三）稳定政府财政支持

目前政府的经费是家庭综合服务中心唯一的资金来源，家庭综合服务中心不能像西方、中国香港那样自筹资金，因此，将资金的统筹安排纳入政府的财政预算，成为常规的开支，对于稳定社会工作人才队伍，发展家庭综合服务中心有至关重要的作用。

（四）加强服务监督，完善评估机制

政府作为购买服务的监督者，应该将监督机制落到实处，从项目的招投标到服务的开展，真实地反映政府购买服务的开展状况，做好监督者的角色。从目前的评估机制来看，评估不应该仅仅局限在服务的数量方面，而更应该侧重于服务的质量；从评估专家组成来看，更加应该侧重于本土专家的培育与社会工作专业专家的培育，同时对于专家的要求要侧重于其实务经验、了解社会工作的价值理念与家庭综合服务中心的运作模式。

（五）放缓建立家庭综合服务中心的速度，加快社会工作人才的培养

家庭综合服务中心的飞速发展吸引了大量的对社区工作有兴趣的有志之士加入该队伍，但同时也出现了社会工作人员缺口过大，社会工作人员专业技能与专业知识储备不足，社会工作专业人才的培育跟不上家庭综合服务中心的发展等问题。在目前的情况下，加强社会工作人才的培养，放缓家庭综合服务中心的发展速度是必要的。

（六）提高社工机构的成立门槛，加强对家庭综合服务中心的招投标管理

现行社会工作专业机构设置门槛过低，虽然在机构注册成立中有规定专业人员必须超过 1/3，但是在实际操作中作假行为依然存在，有部分机构的专

业人员并非受过专业教育的社会工作人员、而是有较多社区工作经验的社区工作者或者居委专干，正如前所述，社会工作专业人员的工作方法与工作模式与传统的社区工作都有较大的差别，因此提高社工机构的成立门槛对于长期发展政府购买社区工作有非常重要的意义。

农村社区政府购买公共服务研究

——以上海松江区为中心①

郑卫东②

一、问题提出

学界关于农村公共产品或公共服务的讨论都是在萨缪尔森的公共产品概念基础上展开的。萨缪尔森认为公共产品具有两个基本特征,即消费的非排他性和非竞争性。在本文中,农村公共产品或农村公共服务取广义的范畴,几乎是对等的概念,是指农村区域范围内具有消费的非竞争性、非排他性的产品,包括实物与服务两种形态。农村社区基本公共服务大致包括如下内容:劳动就业、社会保险、社会救助、社会福利、医疗卫生、生态环境、科技教育、文化体育、公共安全等。

农村税费改革在减轻农民负担、增加农民收入、缓解农村社会矛盾的同时,也给不少地区的农村公共产品的供给带来了很大的冲击,一些乡村基层组织无(财)力施政。对于税费改革后农村出现的公共产品供给危机,学界已有广泛讨论,并且基本达成如下共识:在传统的"城乡二元体制"下,农民负担了

① 本文得到中央财政专项"大都市社区治理与公共安全专业能力实践基地"、教育部人文社会科学基金项目"政府购买服务与乡村治理模式嬗变"(09YZC840014)、上海市教委创新课题项目"政府购买服务与大都市郊区乡村治理研究"(10YS153)资助。作者感谢王思斌教授、林尚立教授、戴利朝博士以及论文匿名评审员对本文提出的修改意见。文责自负。

② 郑卫东,华东政法大学社会发展学院副教授,主要从事社会变迁与城乡社区治理研究。

农村公共产品供给的大部分资金,农村公共产品存在着供给不足、供给结构失衡、公共产品供给效率低下等问题;税费改革特别是免除农业税费使县乡政府与村级财政严重短缺,农村面临无钱办事的局面,从而使原本不足的农村公共产品供给更加陷入困境;而化解农村公共产品供给危机的根本途径在于统筹城乡发展,改变城乡二元结构,使包括农村人口在内的全体国民享受到平等的国民待遇,其关键点是建立能够覆盖城乡、惠及全民的公共财政及由公共财政所支撑的公共物品供给体系;在定位中央、地方、社区的角色与功能的前提下,按照市场化、社会化、契约化等原则建立乡村公共产品的多元供给模式。

具体到税费改革后的农村公共产品供给途经,学界大概形成如下几种观点:一是市场化供给说,如林万龙、党国英、刘银喜等认为市场化途径是解决乡村公共产品供给困境的有效办法,但他们讨论的主要是农资、农机、农业科技等农业生产环节公共管理与服务的市场化改革,而对农村社区基本公共服务的市场化供给讨论不多;二是民间组织供给说,如温铁军、于建嵘、李昌平等人主张通过发育农民合作组织改善农村公共物品的供给状况,其所讨论的同样主要是农业生产销售领域的合作组织建设,而对于农村社会组织体系架构,以及政府与农村社会组织的关系等尚缺少深入系统的讨论;三是政府供给说,如贺雪峰、罗兴佐强调农村公共物品供给成本最低的办法是借助于以强制力为依托的政府性权力,笔者同意政府在农村社区基本公共服务供给中发挥主导作用的观点,但认为新形势下政府主导作用的发挥方式同样值得深入思考;四是自愿供给说,如徐勇、张鸣、陈宇峰等、常敏等发现通过农民的自组织和农村新乡绅的志愿奉献,也可以解决部分地区的农村公共产品供给困境问题,笔者承认农村居民在任何时候都是农村基本公共服务的供给主体之一,但认为在倡导基本公共服务均等化的时代背景下依然突出强调农民的责任,于理于情于农村改革都有思虑欠妥之处;五是多元供给说,如程又中等,詹成付等,胡豹等,项继权等认为中央政府、地方政府、社区组织、村民等都是农村公共产品供给的主体,这是多数人都接受的看法,但对于农村社区公共服务的多元供给主体结构,以及多元主体的有效组织模式讨论不足;六是社会资本说,受帕特南等的社会资本理论影响,Tsai、刘建平等、张青、吴淼等分析了社会资本在农村公共产品供给中的意义。

有些学者对农村社区公共服务的供给主体责任分工做了初步探索。程又中、陈伟东根据农村公共产品的技术属性将其分为三类：资本密集型产品、技术密集型产品、劳动密集型产品，在此基础上提出中央政府应该是资本密集型产品的供给主体，地方政府特别是县乡两级应该是技术密集型产品供给主体，社区组织和村民应该是劳动密集型产品的供给主体。项继权等根据公益性和经营性程度的不同，把社会公共服务分为基本社会公共服务和非基本社会公共服务两大类。后者又分为准基本社会公共服务和经营性社会公共服务。认为政府是基本社会公共服务的提供者，是非基本社会公共服务的倡导者，同时是整个社会公共服务的规划者和管理者。于水结合对江苏农村的实证调查，概括出适合经济发达地区的"乡村主导+政府辅助+村民参与"及适用于经济欠发达地区"政府主导+乡村辅助+村民筹资筹劳"等公共产品供给模式。

总体而言，学界对税费改革后的农村公共产品供给问题已经进行了较为广泛的讨论，为后续研究奠定了基础。但是，既有研究对农村公共产品供给机制的转型尚缺少深入细致的前瞻性研究，对农村社区基本公共服务的市场化解决方案缺乏系统讨论。在统筹城乡发展，基本公共服务均等化，建设社会主义新农村等宏观政策背景下，笔者提出如下研究假设：随着财政支农力度加大，覆盖农村的公共财政体系将逐步建立健全，农村社区基本公共服务供给成本将逐步由公共财政承担，而政府购买公共服务也将成为农村社区基本公共服务供给的主要模式。若此假设成立，在农村社区推行政府购买公共服务的必要性、可行性、组织基础、制度保障、发展路径等都是亟待研究的问题。

二、核心概念与方法论讨论

政府购买服务（Government Purchase of Services），在美国被称为购买服务合同或合同外包。至目前，"政府购买服务"在国内还没有一个统一的说法，概括李慷、虞维华、周正、罗观翠等人的定义，政府购买服务是指政府为履行政府服务社会公众的责任与职能，通过财政支付全部或部分费用，契约化"购买"营利、非营利组织或其他政府部门等各类社会服务机构的服务，满足公众公共服务需求的政务活动。"政府出资、定向购买、契约管理、评估兑现"是政府购买服务概念含义的集中概括。

20 世纪 80 年代以来,西方发达国家先后掀起了以公共服务购买取代传统的公共服务垄断供给的政府改革浪潮,其理论基础主要是新公共管理理论、新公共服务理论及治理与善治理论。经过几十年的摸索实践,西方国家的政府购买服务已经被运用到社区建设的方方面面,如垃圾收集、精神健康、救护服务、智障、养老、儿童福利、日托管理、毒品和酒精治疗、数据处理、娱乐服务、路灯维修、街道维护等。以美国为例,早在 1979 年,大约就有55%的服务是州政府和非赢利组织通过契约的形式购买其服务的。承包制实际上已经扩展进了美国政府的每一个角落。政府购买公共服务被视为既提高服务水平又缩小政府规模的重要途径,是政府降低成本、节约开支的有效手段,也是政府、企业与社会合作开展公共服务的有效形式,能够有效防止腐败、促进就业、满足社会多样化需求。

发达国家和地区政府购买公共服务的快速规模化发展,在一定程度上受惠于它们比较健全的法律制度,发达的公民社会,还有稳定的宪政体制。尽管政府购买公共服务已经成为发达国家和地区政府提供公共服务的主要形式,但政府购买公共服务在发达国家和地区也一直不乏批评之声。凯特尔指出,"委托—代理的基本问题以及不同的市场缺陷都告诫我们,在私有化问题上,我们表现出的热情有些过度"。Graeme A. Hodge 等学者认为,政府购买的真正功效很缺乏研究,而各国在政府购买公共服务的过程中没有减少政府膨胀和财政赤字的上涨。John R. Chamberlin 等指出,民营化只有在市场良好、信息充分、决策张弛有度和外部性有限的情况下才能发挥最佳效用。而在外部性和垄断性存在、竞争受到约束、效率不是主要公共目标的情况下效果最差。凯特尔把在合同外包方面存在的导致市场失灵的缺陷区分为"供给方缺陷"和"需求方缺陷"。"供给方缺陷"是指向政府提供物品和服务的市场所存在的各种缺陷,"需求方缺陷"指作为买方的政府自身的缺陷。库珀认为,政府购买公共服务绝对不是一项单纯的交易行为,竞争、效率并不是对其衡量的唯一标准,库珀强调,回应性、效率、经济性、有效性、责任、平等等都是管制政府购买公共合同的重要标准。西方学者对政府购买公共服务的批评提醒人们辩证认识其价值,及其功能发挥的制度基础。

在国内,政府购买服务的实践及理论研究起步较晚。近些年来,政府购买服务在上海、浙江、北京、广东、湖南、江西等省市的城市都有不同程度的发展,并呈日渐蓬勃之势。上海市在政府购买服务的很多方面走在全国前列。早在21世纪初，上海市就对养老服务方面的政府购买进行了探索。目前，上海市政府购买公共服务的实践领域已经涵括：（1）行业性服务与管理类。如行业调查、统计分析、资质认定、项目评估、业务咨询、技术服务等。（2）社区服务与管理类。如助老、助残、社会救助、职业介绍、技能培训、外来人口管理、矛盾调解、公益服务等。（3）行政事务与管理类。如民间组织成立咨询、现场勘察、年检预审、日常管理、再就业教育培训、婚介机构的监管、家庭收养的评估、民办学校的委托管理、退伍军人就业安置等。尽管上海城市社区建设中的政府购买公共服务实践活动还非常不规范，存在各种各样的问题，但上海市民确实从中享受到了实惠，提高了社区品质与市民生活质量；在一定程度上丰富了政府的施政理念，促进了政府职能转变，提高了公共服务水平，促进了民间社团的发展，有利于政社良性互动关系的建立与完善。

近年来各地政府购买公共服务实践主要集中在发达地区的大中城市，农村则很少被惠及，这成为城乡居民生活质量差距扩大的又一重要影响因素。有些专家甚至认为，农村社区具有与城市社区完全不同的自然、经济、社会、人文生态，农村地区不可能像城市社区建设那样推行政府购买公共服务活动。笔者坚持所有农村地区都应该推行政府购买公共服务，这将是农村社区公共服务供给的主要形式之一，同时承认经济社会发展水平的差异性决定了不同农村社区政府购买公共服务的发展具有非均衡性特点，东部经济发达地区可能更有条件在全国率先系统推行政府购买公共服务活动。为验证此研究假设，笔者选择地处上海市西郊的松江区农村作为调查对象，并于2009年多次到区、镇、村进行实地调查。

曹锦清教授在《黄河边的中国》一书中评论，中国"三农"研究中存在着"自上而下"与"自下而上"两种视角。所谓"上"，是指中央，指传递、贯彻中央各项现代化政策的整个行政系统。"从上往下看"，就是通过"官语"来考察中国社会的现代化过程。所谓"下"，意指与公共领域相对应的社会领域，尤其是指广大的农民、农业与农村社会。"从下往上看"，就是站在社会生活本身看在"官语"指导下的中国社会，尤其是中国农村社会的实际变化过程。徐勇认为"三农"研究领域不仅存在此两种视角之争，而且每种研究视角都有意识形态化的倾向，由此导致当下农村研究者迅速分化，难以形成共同的学术平台。其实,中国农村社会至今仍然处在体制转型过程当中,政府对农村的发展依然发挥着主导作用,同时在市场化改革中成长起来的力量以及绵延千年的传统也是当下中国乡村社会的客观实在。因此,"三农"研究中"自上而下"与"自下而上"的视角都不可偏废。如果偏重"自上而下",就会只见"国家"不见"社会",把"官语"当"现实",用有限的政策逻辑遮盖丰富的社会逻辑。如果偏重"自下而上",就有可能发生"只见'社会',不见'国家';只见'树叶',不见'树林';只见'描述',不见'解释';只见'传统',不见'走向'"等错误。

时至今日,各地的新农村建设基本上是在政府的主导推动下进行的,新农村建设研究大都采用"自上而下"的视角,农村居民的主体意愿及作用发挥在很大程度上是缺席的。在本研究中,我们采用"自上而下"与"自下而上"相结合的视角,既调查区、镇政府对农村社区公共服务供给机制的创新实践及制度安排,同时从农村居民的角度,了解他们对社区公共服务的满意度、建议及主体参与情况等。作为一项探索性研究,采用的调查方法主要有:(1)文献研究法,分析市、区、镇、村相关政策文件、档案文书、统计资料等;(2)访谈法,访谈松江区、镇、村三级的负责干部及部分村民,了解农村社区公共服务供给的政策变动、政策落实、官民态度、发展走向等;(3)问卷调查法,在叶榭镇团结村开展问卷调查,了解村民对农村社区公共服务的满意度、要求建议以及对新农村建设的参与情况等。

三、农村社区公共服务发展与供给机制创新

在 20 世纪 80 年代之前,松江还是上海西南远郊的一个农业大县。自 90年代初以来,以松江工业区开发建设为标志,松江区经济实现了从农业为主体的产粮大县到以先进制造业为主体的工业大区的跨越式变化。据统计,2008年松江全区工业总产值达到 3671 亿元,工业总产值和出口创汇分别占到全市的七分之一和五分之一。① 2008 年一、二、三产业的产值比例为 1∶69.6∶

---

① 松江区发展和改革委员会:《松江经济结构调整和加大投资力度的若干思考》(内部资料),(2009 年 5 月)。

29.4,松江区已发展成为上海市的工业强区,基本实现工业化,一产进入发展都市农业阶段。松江的经济发展为农民非农就业提供了较为充足的空间。随着松江区城市化步伐加快及上海市"三个集中"(农业向规模经营集中,工业向园区集中,农民居住向城镇集中)战略的实施,松江区户籍人口中农业户籍人员比例急剧减少,其比重已经从2001年的62.8%下降为2008年的20.2%,目前全区真正从事农业生产的劳动力仅6000余人(见表1)。大量农村劳动力就业转岗,增加了农村居民的收入水平,2010年农村居民人均可支配收入达到14125.6元,其中工资性收入占74.0%。松江区的经济社会发展为统筹城乡发展、基本公共服务均等化创造了良好的条件。

表1 松江户籍人口中农业人口情况

年份	2001年	2002年	2003年	2004年	2005年	2006年	2007年	2008年	2009年
户籍人口(人)	497920	503237	506795	514429	522138	532144	542711	550440	559442
农业人口(人)	312870	295765	272434	158566	152350	145093	120334	111391	104081
农业人口比重(%)	62.8	58.8	53.8	30.8	29.2	27.3	22.2	20.2	18.6

资料来源:根据相关年份《松江区统计年鉴》中人口数据整理。

(一)松江区的新农村建设

为推进松江区的新农村建设,松江区政府围绕"生产发展、生活宽裕、乡风文明、村容整洁、管理民主"20字方针,细化设计由42个指标组成的新农村建设评估指标体系。到2010年底,42项指标中已经有35项圆满完成了"十一五"期间的目标值,全区总体目标值完成率达到97.9%。松江区新农村建设取得的巨大成果得益于各级财政对"三农"持续高投入。2009年松江区各级财政投入"三农"资金237403万元,农村户籍人口人均受益2.28万元。其中,投入农业方面的资金38786万元,投入农村基础设施建设121851元,投入农民增收、就业、保障等方面的资金76766万元。投入农村基础建设的资金,在桥梁建设、危桥改造、村村通道路、自来水改造、公共交通等方面的投入为14382万元,镇域公交实现全覆盖,村级公交覆盖率达到93%;在河道整治、农村垃圾处理、农村污水处理、创建国家卫生镇和市容达标方面投入为 31471 万元,完成农村生活污水治理 2015 户;在农村科、教、文、卫方面的投入为 45085 万元,实现村级文体设施全覆盖;在社区为农服务站建设、村级标准卫生室建设、新农村专项补贴等方面投入为 5644 万元,全区建成 69 个村级社区事务代理室;在郊区自然村落改造、扶持经济薄弱村、扶持村级经济发展、对行政村运作转移支付等方面的投入为 8281 万元。投入农民增收、就业、保障等方面的资金,在"千百人"、"万百人"就业项目、安置"4050"人员、就业安置、就业培训方面的投入为 12978 万元,农村居民非农就业率达 96.6%;在农民养老金、农村低保、困难补助、农村民政优抚补贴等方面的投入为 35621 万元,共新增 5248 名失地农民落实镇保,实现 3549 名务工农民农保转镇保,新增农民社会养老 1888 人,农保养老金水平由人均每月 303 元提高到 383 元,征地养老由每月 530 元提高到 600 元;全区在农村合作医疗、对乡村医生补助等医疗卫生方面的投入为 5972 万元,农村医疗保障水平不断提高。大量的财政资金投入,保证松江区新农村建设取得骄人成绩。目前,在松江区各行政村,商场、超市、卫生院、图书馆、活动室等公共设施一应俱全,农村居民的生活已初具城市社区生活的雏形。

(二)松江农村社区公共服务创新:"六小工程"

随着生活水平的提高,松江区农村居民对公共服务提出了更高的要求。为改善农村社区基本公共服务供给状况,让村民们像城里人一样享受到方便、快捷、优质、廉价的公共服务,松江区在新农村建设中全面推行"六小工程",把公共服务"配送"到村头。所谓"六小工程"是指:"小超市"、"小戏台"、"小药箱"、"小学校"、"小窗口"、"小交通",等。

"小超市":为杜绝农村市场假冒伪劣产品泛滥、坑害农村居民的现象发生,松江区在每个行政村建设 1—2 家"小超市",政府负责超市场地建设,对社会优惠招租经营,做到统一配送、统一形象、统一售价、统一营销、统一管理。在具体经营方面,实施能进能出的个人承包竞争淘汰机制,政府在办证、场所、税费等方面加大扶持力度。

"小学校":松江区政府以镇社区学校为龙头,充分利用各村村民活动室的空间,加强村民学校建设。由政府出资延聘专家教授来村民学校重点传授专业技术，提高农民从事现代农业的能力、在非农产业的经营能力和就业竞争能力，使"小学校"成为保障政策上情下达的宣传基地，方便农民不出村就可接受各种教育、培训。同时，区、镇政府还重视整合郊区农村教育培训资源，形成多层次的正规教育、职业教育、社区教育、专业教育并存的教育培训系统，通过政府购买培训机构服务的形式，有计划、有步骤、有针对性地开展实用性人才培养，着力提高农民的市场就业竞争能力。

"小窗口"：把镇社区事务受理服务中心的前台受理咨询功能延伸到村，依托各村（居）现有条件，建立村（居）社区工作站，开设基层事务受理窗口。通过统一窗口样式、统一工作运行、统一受理程序、统一服务内容、统一考核评估，规范运行，形成"一口受理，资源整合，上下联动，效应拓展"的工作模式，承接村（居）委为社区群众提供公共服务。做到农民不出村，就能到村里设置的服务窗口办理社会救助、劳动就业、计划生育、医疗卫生等各项事务。

"小交通"：全区统一规划，设置公交线路，采取财政补贴的方式使公共交通到农村居民家门口，方便村民出行，缩短农村居民的物理、心理双重距离。

"小戏台"：统一要求各村建设小戏台，作为群众日常文艺表演和观看文艺演出的舞台。在鼓励支持群众性文艺活动的同时，区、镇积极向小戏台输送文艺节目，丰富"小戏台"的内容资源，确保村村建有"小戏台"，月月都有"小节目"。"小戏台"工程不仅促进了群众文娱团队的发展，而且使原来濒临倒闭的区、镇专业文艺团队起死回生，共同促进农村文化生活的繁荣。

"小药箱"：所谓的"小药箱"工程，就是加快村中心卫生室建设，加强乡村医生队伍建设。要求做到只要病人有需要，乡村医生随叫随到，保证村民"小毛小病"不出村。同时做到"三个有"，即队伍上后继有人，管理上规范有序，资源上支撑有力。

经过多年实践，"六小工程"中除"小交通"因为乘客数量不足而使公交线路与班车车次间隔时间相比预定计划有所压缩外，其他诸项发展顺利。目前，"六小工程"已经在松江全区农村推开，正在向更高的水平迈进。

（三）以"小窗口"建设透视"六小工程"的制度保障

围绕"六小"工程，松江区及各镇制定出台了系列制度予以保障落实。下文以叶榭镇的"小窗口"建设为例，透视区、镇政府为落实"六小"工程所采取的制度保障措施。2007年4月叶榭镇出台了《关于完善村(居)委社区事务受理"小窗口"建设的实施意见》(下文简称《意见》),对"小窗口"政策的落实作出了制度规定。

1.统一名称和硬件安排:(1)统一名称。村(居)委都应建立社区工作站,统一名称×××村社区工作服务站,下设社区事务受理"窗口"和社区服务队。承接村(居)委为社区群众提供公共服务。站长由村(居)委会主任兼,"窗口"负责人和服务队队长由副主任兼。(2)硬件安排。社区事务受理"窗口"的面积不少于40平方米,一般设置在村(居)委会底楼中间大厅,配有柜台、电话受理、"窗口"值班人员席卡等便利措施。

2.窗口值班和受理事项:(1)窗口值班。社区事务受理"窗口"分固定值班和轮流值班,各村(居)委须配备1人,作为固定值班人员,专职从事"窗口"事务受理;轮流值班以村(居)委班子成员为主,确保"窗口"每天有2人值班。同时,"窗口"建立基础台账,一是"窗口"事务受理手册,天天有记录,二是村(居)民户基本情况信息库,便于与群众联系。(2)受理事项。按照村(居)委公共服务要求和群众的实际需要,确定"窗口"受理事项。目前设置为平安建设(人民调解、社会治安、安全生产),社会保障(合作医疗、就业安置、助残、帮困、居家养老),事业服务(计划生育、环境卫生、水电维修),农业服务(土地承包和流转、生产服务),党员服务等事务。

3.服务队伍和队员来源:(1)服务队伍。社区工作站下设社区服务队伍,服务队伍的门类及数量根据"窗口"受理事项实际服务需要配备。各村(居)委应配备的社区服务队伍有:①人民调解服务队伍;②治安协管队伍;③计划生育队伍;④环境卫生队伍;⑤水电维修队伍;⑥农业生产服务队伍;⑦为老服务队伍;⑧助残帮困服务队伍;⑨就业援助服务队伍;⑩医疗服务队伍;⑪文化体育志愿队伍;⑫社会资源信息队伍;等等。(2)队员来源。社区服务队员主要从村(居)事业、条线干部以及村(居)事业组长中选聘,由社区工作站签订聘用合同,实行签约化管理,以购买服务方式按岗位专业确定报酬。同时,服务队员工作进行年度考核、评估,合格者续签新一年合同,不合格者予以辞退。

4.运作模式和监督制度:(1)运作模式。"窗口"一口受理后,实行当场办结、综合办理运作模式。当场办结是对手续简便、材料齐全、当场能办理的事项即收即办;综合办理是对涉及多环节、跨部门,需要通过上下、左右协调才能

办理的事项综合限时办理。社区服务队根据"窗口"受理事项的需要安排，全天候为本辖区社区群众提供服务，并按规定要求去完成服务任务。（2）监督制度。"窗口"要在醒目处公开服务范围、办理制度、工作权限和办理时限等内容，建立"首问责任制"、"受件回执制"等服务管理措施，并设立投诉电话和信箱，自觉接受群众监督。

5.组织领导与责任主体：（1）加强组织领导。各村（居）委加强"窗口"建设组织领导，指定专人负责"窗口"建设具体事务，落实建设经费。（2）明确责任主体。各村（居）委是"窗口"建设的责任主体，要按照《意见》要求，结合各自实际，组织实施。①

（四）"六小工程"的财政保障

"六小工程"建设需要大量的资金投入。自 2006 年至 2010 年，各级财政投入松江"三农"资金总额达 966926 万元（见表 2）。其中，镇、区级财政投入占到财政投入的绝大多数。从 2010 年度财政投入"三农"的资金来源看，142240 万元来自镇级财政，占 52.2%；93436 万元来自区级财政，占 34.3%；34533 万元来自市级财政，占 12.7%；2302 万元来自国家财政，占 0.8%。与此同时，松江区还采取一些针对性的财政倾斜政策重点扶持"三农"发展。松江浦南地区属于浦江上游水源保护地、上海市基本农田保护区，是松江区农业发展的重点区域，相对于浦北等地区，经济相对落后。为确保松江区区域经济社会的经济协调发展，松江区通过制度设计，加大对浦南地区财政的扶持力度。从 2008 年区级以上的财政投入情况来看，投入方向主要在浦南地区。叶榭、新浜、泖港、石湖荡四镇的区及区级以上财政投入达到 32372 万元，占区及区级以上财政总投入的 53.4%；其他浦北 7 镇为 28280 万元，占 46.6%。因为浦南地区工业发展受到限制，松江区还把浦北各镇每年的土地出让收入按一定比例对口分配给浦南各镇。为充实村级财政收入，松江区规定村域企业的上缴利税全部返还给村级财政。在我们进行问卷调查的叶榭镇团结村，户籍人口五千余人，2010 年村级财政可支配资金达 380 万元。各级财政投入及政府

---

① 叶榭镇平安建设办公室：《关于完善村（居）委社区事务受理"小窗口"建设的实施意见》（2007 年 4 月颁布）。

对"三农"的倾斜扶持为"六小工程"建设提供了比较充分的财政保障。

表 2　松江区 2006 —2010 年财政投入"三农"资金总量　　（单位:万元）

年份	财政投入"三农"资金总量	比上年增加额	增减(%)
2006	112921	—	—
2007	156944	44023	40.0
2008	187146	30202	19.2
2009	237403	50257	26.9
2010	272512	34109	14.8

从目前情况看,上海市与松江区政府不仅有统筹城乡发展、推进基本公共服务均等化的政策要求,而且有比较充分的财力去实现"统筹城乡发展"的目标,松江区政府甚至在"'十二五'规划纲要"中提出要"努力成为上海城乡统筹的先行区",这使得在农村社区推行政府购买公共服务具备了政策与财政基础。从松江农村社区公共服务供给的内容与机制来看,虽然政府购买公共服务还没有成为区镇干部的主要话语资源,也没有围绕规范政府购买公共服务行为正式发文,但合同出租、公私合作、使用者付费和补贴制度等已经成为政府经常使用的公共服务供给形式。

四、政府购买公共服务的村庄基础

接下来我们采取"自下而上"的视角,分析政府提供的公共服务对村民生活产生了怎么样的影响? 村民及村干部对政府购买公共服务的态度如何? 农村居民对社区公共服务有何需求与建议等等,进一步了解政府购买公共服务的村庄基础。为此,我们对浦南地区的叶榭镇团结村进行了实地调查。团结村地处叶榭镇政府驻地,2009 年全村共有 41 个村民小组,1586 户家庭,户籍人口 5211 人。[①] 2008 年年末有耕田 349 公顷,水产养殖面积 13 公顷。2009 年工农业总产值 8300 万元,其中工业产值 6000 万元,

---

① 团结村村委会:《团结村 2009 年人口计划生育工作总结》(内部文件),2010 年 1 月。

农副业 1790 万元,其他收入 300 万元,①村可支配收入为 380 万元。通过几年的努力,团结村建立了村级联防队、卫生保洁队、便民服务队等 11 支队伍,形成了一套具有可操作性、长效性的服务网络工作机制,曾获得市文明村、市整洁村、市调解先进集体、市农口级文明村等荣誉。

调查采用偶遇抽样问卷调查法与访谈法。共发放问卷 140 份,回收有效问卷 123 份。访谈了部分村民及村支书、村主任与村民组长等。调查内容除"六小工程"外,还包括农村居家养老、环境卫生、治安保卫、公共设施等公共服务内容。

调查发现,村民对社区基本公共服务的总体评价较高,特别是居家养老服务、治安、环境卫生、养老保险、医疗保障等满意度较高。在传统农村社会,养老、医疗等是农民自己负责的事情,现在由政府与村级组织给居民提供养老与医疗保障,村民自心底感激。比较而言,村民对教育培训、就业服务的满意度较低。这是因为村民对教育培训、就业服务的期望值较高,而目前这两项服务与其他各项公共服务类似,供给什么及如何供给都由政府决定,村民几乎没有决策权。因此,时常发生服务供给与服务需求相脱节的情况,影响到村民的参与热情,村级组织不得不靠发放"到场费"(一般活动每参加一次发放现金 10元)吸引村民参加活动。

目前,村级组织几乎是社区唯一的公共服务供给主体与管理主体,村级组织的管理水平、公共服务的供给质量等直接影响着村民对社区公共服务的态度。同时,村级组织作为社区行动主体之一,其本身对社区公共服务发展的感受、态度也是我们所关注的。调查发现,村民对"村干部为民办事公平公正"以及"村一事一议"满意度较高,而对"群众对村干部监督"及"村财务公开情况"满意度较低,说明村干部能够比较公正地履行职责,但村庄的民主治理尚不尽如人意。新农村建设是党和政府在新世纪推出的解决"三农"问题的重要战略决策。对于"新农村建设主要靠谁?"选题,"政府"的选率为 72.3%,"村两委"的选率为 16.0%,"农村居民"的选率为 7.6%,"企业"的选率为1.7%,"民间组织"的选率为 0.8%,"其他"的选率为 1.7%。这说明,尽管团结村集体组织每年有近 400 万元的可支配收入,但村民并不认为"村两委"是

---

① 团结村村委会:《团结村 2009 年度社会事业工作总结》(内部文件),2010 年 1 月。

改变村庄面貌的决定性力量,而是较为一致选择"政府"。这反映了上海基层政府组织在乡村治理中具有强势地位的现实。

松江区的乡村治理格局及村干部的行为特征与相关制度设计紧密联系。在松江农村调查可以发现,绝大多数村干部都能勤勉自律,努力做好本职工作。之所以如此,有两个主要的制度性原因:其一,村干部工作岗位的含金量较高。2010年松江全区村干部平均工资达到10万元,另有数目可观的年底分红,村集体每年可支配收入数额庞大。同时,松江区打通了村干部向公务员的流动渠道,成绩突出的村干部可以通过考核程序成为国家公务员。这些都提高了村干部工作岗位的吸引力,他们大都非常珍惜自己的工作机会。其二,上级党政组织对村干部的管控、监督能力比较强。这则归因于上海市"三级政府四级网络"的社区管理模式。可以说,以上级增加资源投入为特征的社区公共服务发展客观上强化了镇政府与村级组织的准行政隶属关系,村民自治未获实质性突破,村民对公共决策的参与水平较低。

谈及社区公共服务发展及对农村社区管理工作的感受,村干部感受最深的是"农村生活越来越好,农村工作越来越难做了"(村主任访谈)。问及原因,"农村工作的主要问题转型了,相应的矛盾对立也转型了。以前农村工作的主要问题是生产,现在是平衡利益;以前农村矛盾主要发生在村民与村民之间,现在集中发生在村集体与村民之间;以前解决纠纷主要靠人情面子讲道理,现在动辄要诉讼;村民为了自己的一点利益搞来搞去,矛盾集中到村集体,工作越来越难干。"(村主任访谈)团结村公共服务的新发展以及乡村矛盾的新变化凸显乡村社会管理体制变革的必要性和迫切性。

与村民和村干部谈及政府购买服务,他们对这个概念还相当陌生。在解释了政府购买公共服务的概念含义、购买形式及作用后,他们的兴趣被迅速调动起来并对社区公共服务的未来充满了期待。概括访谈内容,访谈对象认为如下领域可以成为当下农村社区政府购买服务的切入点:

(一)社区保洁。团结村的集中保洁制度大概自2002年开始,由村委会聘请一定数量的自谋职业能力较弱的本村村民做保洁员,实行垃圾不落地管理,所需费用实行财政补贴制度。目前存在的问题是:(1)保洁设施成本高,村级财政负担较重;(2)保洁员工资偏低(月工资600元),工作压力大;(3)因为有熟人关系,存在管理不方便的情况;(4)村民与村集体之间会因为垃圾桶、垃圾房的选址等问题发生争执。访谈对象认为，如果由保洁公司统一管理保洁设施，统一培训、考核、管理保洁人员，遇到纠纷由保洁公司处理，村委会可以从烦琐的保洁日常工作中摆脱出来，重点做好对保洁工作的监督、检查等。

（二）社区居家养老服务。松江区已经全面推行社区居家养老服务，由村委会安排工作人员对符合标准的居家老人上门提供做饭、洗衣、擦背、聊天等服务，市财政支出相关费用。目前存在的问题是：（1）村民对居家养老服务的需求量很大，按现行标准享受居家养老服务的名额供不应求；（2）确定享受居家养老服务对象的工作难度大，实际操作有困难。访谈对象认为，如果由政府购买专业机构提供居家养老服务，并负责居家养老服务对象的审核，村委会负责监督考核，不仅可以提高公共政策执行的透明度，还可以提高养老服务水平，改善干群关系。

（三）社区教育培训。建设社会主义新农村，一个很重要的任务就是要加强农民培训，提高农民素质，培养有文化、懂技术、会经营的新型农民。松江区已经开始探索以镇社区学校为龙头，基层村民学校为成员的集团化联合办校模式，由政府购买专业组织机构的教育服务培训农村社区居民。村民学校重点传授专业技术，提高农民从事现代农业的能力，提高农民在非农产业的经营能力和就业竞争能力，满足村民的学习需求。团结村被调查村民对教育培训、就业服务的满意度较低，说明村民对就业培训有更高的要求。政府及村级组织应该听取群众意见，购买更适当的教育服务，以提高教育培训的效果。

（四）外来人口管理与服务。目前，大量的外来人口工作、租住在松江农村，给当地的环境卫生、治安、计划生育等工作带来很大压力。对于数量庞大的外来人口，需要从根本上关注他们的生活需求，给予他们适当的工作技能培训，使之成为遵纪守法的公民和建设者。但仅由村干部负责外来人口的管理工作是不够的。访谈对象认为，如果政府购买专业社会工作机构的服务介入外来人口的管理与服务，对于促进社区和谐，促进地方经济社会发展意义重大。

（五）中介机构的评估鉴定服务。随着国家对农村居民的扶助、救助政策越来越多，越来越多的"利益"被投放到村庄社区，村集体承担确定"享受利益"对象的任务也越来越多，这把村干部放到与村民利益纷争的风口浪尖上，在一定程度上激化了干群关系,不利于和谐村庄建设。访谈对象认为,如果由政府购买专业评估咨询机构负责如特困户的评估、居家养老人员的选择、医保服务质量的鉴定等工作,不仅可以提高相关工作的专业水准,而且可以把村级组织从与村民的利益冲突中解脱出来。

团结村的调查表明,农村社区公共服务的发展表现出一些新特点:第一,随着经济社会发展,农村居民对公共服务的内容与质量的要求日益提高,各级政府与村级组织也有改善农村社区公共服务的动力,在基本公共服务均等化的政策背景下,农村社区公共服务近几年来获得长足发展;第二,农村社区公共服务发展得益于公共财政的扩大投入,尽管政府购买公共服务在农村已有初步发展,但农村基本上仍然延续上级政府定任务、拨款项,由村级组织具体负责落实的公共服务供给模式,村级组织在社区公共服务供给中发挥着不可替代的作用;第三,自上而下不断扩展的农村社区公共服务供给一方面充实并扩大了村级组织的权力;另一方面使得村级组织处在农村利益分配的风口浪尖,农村新型利益冲突激增,村级组织管理与服务的力不从心之感强烈。农村社区出现的新情况说明,农村社区公共服务供给机制已经发展到亟须转型的关键环节,政府购买公共服务显示出较强的综合功能和广阔发展空间。

五、政府购买公共服务与农村社会组织建设

国内外的实践表明,政府购买公共服务是运用市场机制,发挥社会组织的专业能力,以提高财政资金使用效率的政府施政手段,其有效运行有赖于市场机制的成熟度、社会发育状况、法制完备情况和政府的谈判能力等。在农村推行政府购买公共服务也须具备这样一些条件:地方政府是否有财力购买公共服务;地方政府是否有购买公共服务的主观意愿;地方是否具备相应的社会组织为政府提供其所要购买的服务,是否能形成竞争性市场;政府是否具备足够的谈判及合同管理能力,等等。

从松江区区、镇、村三级来看,农村社区有对政府购买公共服务的需求,各级政府也有在农村社区推行购买公共服务的意愿及财政能力。掣肘之处突出表现在两个方面:其一,各级政府及村级组织对政府购买公共服务的认识不

足,用于指导购买公共服务的政策法规还非常缺乏,政府的合同管理能力低下;其二,农村社会组织发育迟滞,在一定时期内根本不可能形成竞争性市场,村级组织不得不承担起社区公共服务供给主体与管理主体的主要责任。在购买服务中政府方面的不足及其改善途径本文暂且不论,我们重点讨论政府购买公共服务中农村社会组织建设的途径与办法。

上海市在城市社区建设中,通过设立街道驻社区工作站和民间组织服务中心等机构,逐步把原来由居委会承担的部分公共管理职能剥离出来,回归居委会的社区居民自我教育、自我管理、自我服务的自治组织性质。大规模的政府购买公共服务活动的开展并没有加重居委会的工作负担,相反城市已经初步形成居委会、社区工作站、民间组织服务中心等分工协作,共同参与的社区多元治理格局。在农村社区,村委会是法定的村民自治组织,实际上却成为镇政府在农村的准行政执行机构。随着农村土地承包经营权的长期稳定、村办企业民营化等发展,上海远郊农村社区的生产功能逐渐式微,村委会的公共服务功能日益强化。与上海城市社区建设中政府主要购买 NGO(或 NPO)组织的服务不同,松江区"六小工程"提供服务的载体主要是村委会、学校等组织机构。目前,松江区农民的自组织力量还非常薄弱,很多村庄的公益性民间组织几乎是空白。从调查情况看,政府现在主要关心农村专业性、综合性合作组织的培育,较少考虑农村社区公益性民间组织发育的问题。在目前情况下,农村社区还不具备可以替代村委履行公共服务职能的组织或单位,政府在农村推行的各项公共服务和提供农民社会福利的各项工作都压在村级组织肩上。在政府惠农措施密集出台的今天,村级组织不管是在精力还是专业技能方面都已经不堪重负。因此,在发挥村委会在农村社区治理中核心作用的同时,借鉴城市社区政府购买公共服务的经验,促进农村社区民间组织的发育,逐步把村委会承担的一些社会管理职能剥离给民间组织,把村委会的工作回归到村民自治以及对民间组织的指导监督,营造农村社区多元治理的格局,已显得非常迫切。概括地讲,农村社区公益性民间组织的发展主要有三条途径:

(一)挖掘农村社区既有组织资源,使传统组织资源在社区建设中焕发生机

农村社区建设需要大量的涉及方方面面的公益性民间组织,其中绝大多数应该是扎根乡土的民间组织。如果在较短时间内完全白手起家成立数量众多的民间组织,操作难度大,成本太高。所以,充分挖掘社区既有组织资源的潜力显得尤为必要。农村社区既有组织资源除了村党支部与村委会之外,还有村共青团、妇联、计生协会、民兵连、调解委员会、治保会等群团组织,有老年协会、残疾人协会、红白理事会、科普协会等社区性民间组织以及近年来新成立的各种专业经济技术组织。另外,在村公共事务受理中心下面还设有各种服务队伍,包括人民调解服务队伍,治安协管队伍,计划生育队伍,环境卫生队伍,水电维修队伍,农业生产服务队伍,为老服务队伍,助残帮困服务队伍,就业援助服务队伍,医疗服务队伍,文化体育志愿队伍,社会资源信息队伍等。经过适当改造,这些组织或队伍都有可能发展成为公益性民间组织体系的组成部分。

(二)各区、镇主导成立一些覆盖区域或镇域的公益性民间组织

在城市社区建设中,区、街政府基于对中国社会发展方向的认识,主动培育社会组织,为社会组织的成长提供多方面的支持,直至组建民间组织服务中心,促进了社会组织体系的发展壮大,取得了许多宝贵经验。在农村社区建设中,也需要业务范围覆盖区域或镇域的公益性社会组织。对于这样的社会组织,可以借鉴城市经验,由镇政府主导培育,对其成立、运行所需的资金、办公场所、员工报酬、业务等提供一定的支持,扶持这些组织成长。也可以在适当的时候成立"民间组织服务中心",使之成为沟通政府与民间组织的桥梁。

(三)城市公益性民间组织业务范围向农村地区扩散

从农村社区建设的角度看,农村社区公共服务的供给仅靠土生土长的地方民间组织是不够的。地方民间组织尽管具有熟悉地方社会的优势,但其不管是在人力资源还是在经营理念、服务技巧等方面,与中心城区的民间组织都有较大差距。特别是随着人们生活水平的提高,农村社区居民对于专业性较强的公共服务的需求会日益增多,更加需要专业性强的民间组织介入。从地方政府的角度看,引进中心城区发育成熟、经验丰富的民间组织,可以较快地营造政府购买公共服务的竞争环境,有效提高农村社区公共服务的供给质量,同时城区民间组织作为一个样板可供地方民间组织学习,促进农村社区民间

组织成长。所以，政府需要出台一系列的鼓励政策，引导那些发展成熟、经验丰富、诚实守信、乐于为农村社区建设出力的民间组织将其业务范围向农村扩展。地方政府要拿出招商引资的热情招纳城区公益性民间组织进农村社区，并为其开展业务提供支持。

农村社区建设需要大量的社会组织参与，如何处理镇政府、村级组织与农村社会组织的关系，形成合理有效的农村社会组织体系，是值得继续深入探讨的课题。

六、结　语

一段时间以来，政府购买公共服务主要在城市社区进行，很多人认为农村社区不具备实施政府购买公共服务的条件。本研究表明，在农村社区推行政府购买公共服务是统筹城乡发展，推进基本公共服务均等化，乃至乡村治理体制改革的客观要求。农村的环境卫生、社区治安、居家养老、民事调解、便民服务等领域都有实施政府购买公共服务的空间。但是，与城市社区主要是生活单位不同，农村社区还是生产单位，而且农村社区成员的构成结构与城市社区有显著不同，这决定了政府购买农村社区公共服务有自身特点。本研究得出如下启示：(1)随着经济社会发展，农村已经处在社区基本公共服务供给机制转型的关键时期，政府购买公共服务显示出较强的综合功能和广阔发展空间；(2)东部发达地区农村有条件率先推行政府购买公共服务活动；(3)在一段时期内，村政组织是政府购买农村社区公共服务活动的主要合作伙伴，发挥着不可替代的作用；(4)农村社区政府购买公共服务发展的短板在于政府购买公共服务的制度化水平低与农村社会组织发育迟滞；(5)农村社区发展政府购买公共服务需要充分发挥社区既有组织资源与城区民间组织的作用，地方政府有计划地扶持助力是促进农村社区公益性民间组织发展的关键。

参考文献：

Samuelson, P. A., The Pure Theory of Public Expenditure, *The Review of Economics and Statistics*, V.36, NO.4(1954):387-389.

Graeme A. Hodge., Privatization：An International Review of Performance. Oxford：Westview Press, 2000.

John R. Chamberlin and John E. Jackson, 1987, "Privatization as Institutional Choice", *Journal of Policy Analysis and Management*, vol.6(Summer)(1987)：586-611.

Tsai, Lee Lily. "Solidary Groups, Informal Accountability, and Local Public Goods Provision in Rural China", *American Political Science Review* Vol 101, No. 2(2007)：355-372.

曹锦清：《黄河边的中国》,上海文艺出版社 2000 年版。

曾永和：《城市政府购买服务与新型政社关系的构建——以上海政府购买民间组织服务的实践与探索为例》,《上海城市管理职业技术学院学报》2008 年第 1 期。

常敏：《农村公共产品集体自愿供给的特性和影响因素分析——基于浙江省农村调研数据的实证研究》,《国家行政学院学报》2010 年第 3 期。

陈池波、胡振虎、傅爱民：《新农村建设中的公共产品供给问题研究》,《中南财经政法大学学报》2006 年第 4 期。

陈宇峰、胡晓群：《国家、社群与转型期中国农村公共产品的供给——一个交易成本政治学的研究视角》,《财贸经济》2007 年第 1 期。

程又中、陈伟东：《国家与农民：公共产品供给角色与功能定位》,《华中师范大学学报(人文社会科学版)》2006 年第 2 期。

党国英：《农村发展的公正与效率可以兼得》,《南方都市报》2004 年 6 月 22 日。

菲利普·库珀：《合同制治理：公共管理者面临的挑战与机遇》,复旦大学出版社 2007 年版。

贺雪峰、罗兴佐：《论农村公共物品供给中的均衡》,《经济学家》2006 年第 1 期。

胡豹、张晓山：《城乡公共品供给制度的差异性及统筹改革思路》,《秩序与进步：中国社会变迁与浙江发展经验——浙江省社会学学会 2006 年年会暨理论研讨会论文集》, 2006 年。

李慷：《关于上海市探索政府购买服务的调查与思考》,《中国民政》2001 年第 6 期。

林万龙：《农村公共服务市场化供给中的效率与公平问题探讨》,《农业经济问题》2007 年第 8 期。

刘建平、刘文高：《农村公共产品的项目式供给：基于社会资本的视角》,《中国行政管理》2007 年第 1 期。

刘银喜：《农村公共产品供给的市场化研究》,《中国行政管理》2005 年第 3 期。

罗伯特·D.帕特南：《使民主运转起来》,江西人民出版社 2001 年版。

罗观翠、王军芳：《政府购买服务的香港经验和内地发展探讨》,《学习与实践》2008 年第 9 期。

上海市松江区统计局编：《松江区统计年鉴》，2001、2002、2003、2004、2005、2006、2007、2008、2009 年。

唐纳德·凯特尔：《权力共享：公共治理与私人市场》，北京大学出版社 2009 年版。

魏静：《中国地方政府购买服务——理论与实践研究》，上海交通大学硕士学位论文，2008 年。

吴淼：《基于社会资本的农村公共产品供给效率》，《中国行政管理》2007 年第 10 期。

项继权、罗峰、许远旺：《构建新型农村公共服务体系——湖北省乡镇事业单位改革调查与研究》，《华中师范大学学报（人文社会科学版）》2006 年第 5 期。

徐勇、项继权：《公民国家的建构与农村公共物品的供给》，《华中师范大学学报（人文社会科学版）》2006 年第 2 期。

徐勇：《当前中国农村研究方法论问题的反思》，《河北学刊》2006 年第 2 期。

徐勇：《农村微观组织再造与社区自我整合——湖北省杨林桥镇农村社区建设的经验与启示》，《河南社会科学》2006 年第 5 期。

于水：《乡村治理与农村公共产品供给：以江苏为例》，社会科学文献出版社 2008 年版。

虞维华：《政府购买公共服务对非营利组织的冲击分析》，《中共南京市委党校南京市行政学院学报》2006 年第 4 期。

詹成付、王景新编著：《中国农村社区服务体系建设研究》，中国社会科学出版社 2008 年版。

詹成付主编：《农村社区建设实验工作讲义》，中国社会出版社 2008 年版。

张鸣：《来自传统世界的资源》，《读书》2003 年第 1 期。

张青：《农村公共产品供给的国际经验借鉴——以韩国新村运动为例》，《社会主义研究》2005 年第 5 期。

郑卫东：《城市社区建设中的政府购买公共服务探讨》，《广东行政学院学报》2011 年第 1 期。

周正：《发达国家的政府购买公共服务及其借鉴与启示》，《西部财会》2008 年第 5 期。

朱眉华：《政府购买服务——一项社会福利制度的创新》，《社会工作》2004 年第 8 期。

第四篇

民间组织与社区发展

社会资本与社区生活质量关联性研究[①]

黄源协　　庄俐昕[②]

一、前　　言

　　社区为基础(community-based)的公共服务,已成为当前许多国家发展上的重要趋势,台湾的社区工作历经近半世纪的发展,基层社区已随着其所处之内、外环境的变化,而呈现出不同的样貌。特别是从早期仅是社政部门的工作项目之一,发展到文化、卫生、教育、农业等许多政府部门投入的重点工作,这种趋势或已彰显出"社区"是当代公共服务施政与投资的基地。尽管"社区"并没有一个明确的范畴,但"社区"确实是我们日常生活最为贴近的环境,如何促进与维系社区的成长与发展,对社区居民的生活质量有绝对的影响。

　　社区发展有其过程目标,也有其结果目标。就过程而言,社区发展欲藉由培力(Empowerment)来提升社区能力(Community Capacity),以为社区奠定稳固的发展基础;就结果而言,社区发展在于获致符合社会公平和正义的生活环境,进而能够提升社区生活质量,这也正是永续社区所追求的目标。永续社区需要以"社区能力"为基础,社区能力包括存在一个特定社区内的人力资本、

---

　　① 本文为台湾国科会补助专题研究计划《成长或发展? 小区能力与小区生活质量之研究》之部分研究成果(NSC 98-2412-H260-046-SS2)。

　　② 黄源协,台湾暨南国际大学社会政策与社会工作学系,教授;庄俐昕,台湾暨南国际大学社会政策与社会工作学系,博士生。

组织资源及社会资本之间的互动（Chaskin Brown, Venkatesh & Vidal, 2001：7）。有形的人力资本与组织资源固然是社区发展不可或缺的要素，但若缺乏无形的资产（社会资本）为后盾，将难以为社区的永续奠定稳固基石。

将社会资本运用于解决弱势社区所遭遇的困境或促进地方经济发展，已成为社会政策领域中的一项重要议题，其受到的关注正与日俱增（Gittell & Vidal, 1998；Johnston & Percy-Smith, 2003；Kay, 2006；Chaskin, et al., 2001；Pawar, 2006；Green & Haines, 2008）。例如，"社区"与"社会资本"在英国被视为是相关的概念，且政府欲藉由强化社会资本的途径，将遭遇社会排除（social exclusion）的社区推向社会融合（social inclusion）（Atkinson, 2003），社会资本亦被视为是社会稳定及建立社区自我能力的基础（Middleton, Murie & Groves, 2005）。台湾研究者也指出，对于一些已没落或没落中的社区，若欲藉由振兴地方产业（如观光或文化产业）以重建社区，它必须将地方复杂的社会资本纳入考虑（梁炳琨、张长义, 2005）。

社区的社会资本与社区生活质量之间是否存在着某种关联性？在台湾，目前尚未发现有针对此议题进行实证的调查研究。在强调欲以社区为推动诸多公共服务之基地的大旗帜下，实有必要对基础性的议题进行深度的探究，以作为政策规划及实务操作上的参考。为此，本研究主要目的欲以台湾的社区发展协会为范畴的"社区"为研究场域，探究社区社会资本与社区生活质量之间的关联性，并依据研究结果，提出有助于提升社区生活品质的相关建议，并进一步提供正积极投资于社区建设的中国大陆相关的建议。

二、文献探讨

（一）社区的涵意与范畴

社区（community）一词是社会科学常用的概念之一，但它却缺乏明确的定义。Green & Haines（2008：2）即认为，社区包括三项要素：（1）区域或地方；（2）提供居民之间规律性互动的社会组织或团体；以及（3）基于共同利益事件的社会互动。Mattessich & Monsey（1997：6）持类似的看法，他们指出社区是指"人们在一个在地理上被范定的区域内，且彼此及社区中的人具备社会面与心理面的联系"。台湾对于社区的定义也逐渐从"地理"(地缘)扩展至"议题"(事缘)或"伙伴"的涵意。

就地缘观点而言,因传统之一村里一社区的规范,使得社区地理范围往往与村里相仿,故在理念上较不受欢迎,或认为其定义过于狭隘。就事缘观点而言,它已超越传统社区或村里之狭隘的空间,并将关注的焦点转移至"特定公共议题",亦即,除了让社区的地域更富弹性外,也可依据其所关心的议题,例如,文化、生态、环境或教育之议题,数个社区共同采取跨社区的合作模式,或以伙伴关系共同推动其空间(物质)或文化(人文)方面的建设。就"伙伴"观点而言,除具备地缘与事缘的特性外,更加入与外部专业性团体的结合,让更多外部资源能投入社区的营造,一种社区治理(community governance)的观点,已初步融入社区的经营。

尽管社区的定义越来越有弹性,但许多采取个案式的研究还是以地理区域所范定的社区为主(如侯锦雄、宋念谦,1998;梁炳琨、张长义,2005;郭瑞坤、王春胜、陈香利,2006;江大树、张力亚,2008)。在实证研究上,如 Coulton(2005:75)所指,定义社区的界限是社区研究与社会工作实务所遭遇到的首要挑战,由于其模糊不清的特性,将影响研究的可靠度与统计考验力,亦降低了其在于社区效果的估计。然而,基于研究可行性的现实考虑,许多研究者还是必须回归到地理区域的划分基准,以作为研究抽样的依据(如 Prezza & Constantini,1998;Obst,Smith,Zinkiewicz,2002;Puddifoot,2003;黄源协、萧文高、刘素珍,2007)。尽管它可能因地理区的考虑而被质疑难以真正代表社区居民的集体意识,但这却是进行研究所必须面对的选择。本研究亦遭遇到同样的限制,为此,亦将社区范畴范定于"地缘"观念之"社区发展协会"之领导者所范定的社区。

(二)社会资本的涵意

社会资本(social capital)的概念虽早已为研究者所关注,却直到20世纪80年代中期以后始趋于热络,其中尤以 Pierre Bourdieu、James Coleman 及 Robert Putnam 的论述获得最多的关注。Bourdieu(1997:51)将社会资本定义为"彼此熟悉或认可的制度化关系之永久网络的实质或潜在资源的总和"。他进一步指出,产生社会资本之社会网络建立的最终目的在于提升经济资本;

且任何个人所拥有之社会资本的多寡，部分是由其他形式的资本所决定（经济、文化或符号）。Bourdieu 这种将社会、经济与文化资本视为并存的现象，若将它置于社区的脉络里，也即在强调社区内之各种资本相互依存的重要性，这种提醒对全面性社区发展的实务有其重要涵意。

Coleman(1990)将社会资本联结至社会网络，他认为传统的封闭网络易于让网络内的人彼此之间有较紧密的关系，进而产生对社区的义务和认同，这将有助于社区社会资本的累积；然而，随着社会变迁而衍生出传统家庭和社区结构的式微，封闭网络已渐为开放网络所取代，社区在缺乏义务与认同的强制机制下，有助于社会资本累积的社会信任也随之式微。Coleman(1988)呼吁要让这种奠基在家庭和社区的"原生"制度（"primordial" institution）复苏，以取代有目的的结构性组织。显然，Coleman 所谓的"原生"制度，也即是联结人与人之关系的社会资本，它不仅能启动社区人际之间的信任关系，也有助于促进其成员在追求共同的目标时，彼此会有更具合作的意愿。

Putnam(2000：19)认为社会资本是由"个人之间的联结—社会网络及其所衍生之相互的规范和信任"所组成，这或已意味着社会资本是一种结构的（网络）和态度的（规范）现象，它是一种社区而非个人的资产（Andrews，2011：2），这也难怪他将社会资本视为一种公共财产（社会和经济活动的副产品），其本质是为了大众的福祉（Putnam，1993；Putzel，1997；Johnston & Percy-Smith，2003）。

尽管学者们因观察的角度不同，而对社会资本的诠释并不全然一致，但他们之间仍存在着某种共识。亦即，社会资本是存在于个人和组织之间的某些事物(something)，"某些事物"是出自于实体之间的联结，并透过基于共同的规范和价值之信任、相互理解与互惠行动而进一步发展（Kay，2006：162）。若将社会资本置于社区的脉络里，无论其所强调的是如 Bourdieu 的互利性，Coleman 的原生联结，Putnam 的公共财和副产品，若能够拉回或塑造社区社会资本，将有助于进一步提升社区之经济和文化资本的累积。

（三）社区生活质量的涵意与衡量

1.生活质量的涵意

生活质量早已是许多领域的学者所关心及研究的议题（如心理学、医学、经济学、环境科学、社会学……），但对于如何界定与测量"生活质量"仍缺乏一致的共识。世界卫生组织（World Health Organization）将生活质量定义为"在文化与价值系统的社会脉络中，个人对其生活所在位阶之知觉；个人生活在这种文化与价值系统中，此系统与人们的目标、期望、标准及关怀有关"（WHO，1999）。Seik（2000）将生活质量界定为"个人对整体生活的满意度"；Bonaiuto et al.（2003）认为生活质量是"居住在某个特定地区所衍生的愉悦或满足的经验"；Costanza et al.（2007）指出，生活质量常被用于代表人们的需求如何被满足，以及个人或团体在生活各领域感受到满意或不满意的程度。Aki, et al.（2008）认为，生活质量一般被认为包括生活满意度、社会功能、日常生活活动以及身体的健康。李永展、吴孟芳（2005）认为，生活质量系指一国人民对其生活中不同范畴之满意程度，亦即人民对其所处生活环境的满意度。

显然，对于生活质量的界定普遍仍采取向概括性或主观性的说法，再加上生活质量常随着研究领域及时空环境脉络的不一，使得生活质量的相关研究迄今仍缺乏一套一致性的建构方法或标准。一般而言，研究者对生活质量的讨论往往难以跳脱出"客观"（Objective）与"主观"（Subjective）的范畴。"客观"生活质量往往是从量化的社会、经济和环境指标，来反映人们需求满足的程度；主观的生活质量则着重于个人主观的福祉，亦即，个人自觉对各领域的生活福祉或整体生活福祉的幸福感、愉悦感或满足感。然而，这并不是研究者对生活质量的探讨有"主观"或"客观"之争，事实上，已有相当多的研究者从许多不同的要素组合来探究生活质量的面貌，亦即，他们普遍认同生活质量是一种复合的观念，它是许多不同层面的组合体。

在社区的脉络里，Zautra et al.（1977：95）的研究指出，社区生活质量的概念架构包括三项因素：幸福感（Happiness）、社区参与形态（Community Participation Styles）及价值偏好（Value Preferences）。该研究认为尽管幸福感不能成为测量社区生活质量的唯一因素，但它却是最足以说明社区生活质量的信息，该研究指出，影响幸福感的主要成分包括：家庭生活型态、个人生活形态、经济福祉以及没有生命危机。社区参与形态是一种更深度了解人们参与社区所提供之活动的方式，研究显示四种主要的因素为：工作责任、家庭责任、宗教成员身份以及自我活化作用（Self-activation），这些要素可描述社区参与的优先次序。价值偏好在生活质量的衡量上是最为显著的——归责取向、资源偏好以及

自身责任，这些因素描述一个人自我妥协以及自己生活出现事情的某些方式，且能够更加了解一个社区的压力释放系统，以及了解一个社区带给其成员的特定困难。

Shafer et al.(2000)从人文生态学(Human Ecology)的观点认为，一个永续的社区要能为其所有居民提供并维系一种优质的生活，该模式认为社区生活质量是由社区(社会)、经济与(物理)环境等三领域的质量之持续性的互动所创造出。人们的社区(community of people)透过其成员的交往和参与社区生活呈现其社会支持网络；社区物理环境应该要能够以一种支持欢乐，以及提供一种健康可居住环境的方式存在；社区必须是要公平的，即其成员必须是要能获得公平正义的对待，其基本的需求必须要能获得满足，且要能有公平的经济机会。该模式进一步认为，可居住性、永续性、公平性及生活质量是社区、经济与环境三者之交互作用的结果；其中，可居住性是环境与社区领域之交互作用的结果，永续性是环境与经济领域交互作用的结果，公平性则是社区与经济交互作用的结果，而三项领域之间交互作用的结果即是生活质量(见图1)。

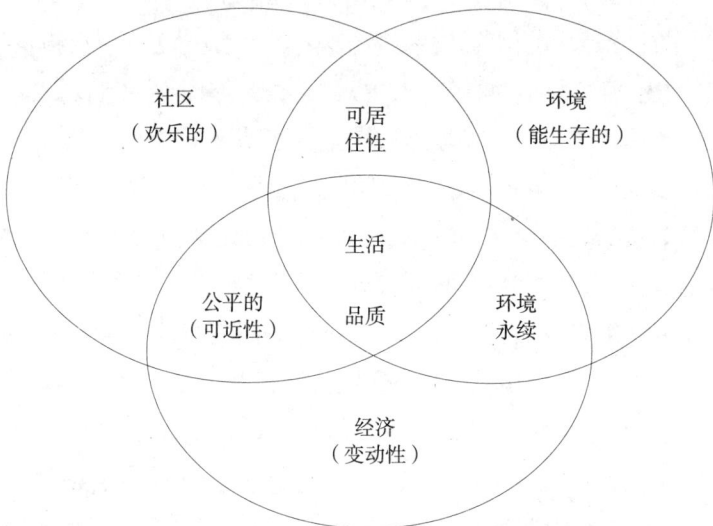

图1 生态观点之有益社区社会质量的要素之概念模式

资料来源：Shafer et al.，2000：166。

基于前述的分析，我们可将社区生活质量定义为：一个地方社区的居民，对于其所居住社区之经济、社会、环境、生态、文化、健康、安全及(甚至是)政治各层面的感受,其所形成的感受将影响到个人的满意度、幸福感与福祉。然而,各层面所呈现的状况,除可能有具体的数量,也有的是社区居民个人的心理感受。因而,某种程度上,社区生活质量除了有客观面外,它也具有相当的主观性,这就需要进一步讨论到生活质量的衡量。

2. 生活质量的衡量

一般而言,生活质量的衡量常被区分为两个面向:"客观"(Objective)与"主观"(subjective)两种测量方法。"客观"面向是一种运用量化的社会、经济和健康等指标,以反映人们需求满足的程度,其使用的指标如识字率、工作、住宅、所得、健康、医疗人事、绿地、犯罪率以及一些无须经由个人主观评量的指标(Schneider,1975;Ackerman & Paolucci,1983;Costanza,et al.,2007)。若由"客观"的指针衡量生活质量,其假设即是:如果客观条件变好,人们的心理感觉会因而转佳。依此,客观的生活条件将与主观的生活满意朝向同一方向变动,亦即两者之间存有某种程度的关联性。

尽管相关研究发现客观与主观测量是有关联性的(Wasserman & Chua,1980;Walter-Busch,1983;Marans,2003),但并非所有的研究皆全然支持这样的论述(Schneider,1975;Zhu,2001)。例如,Schneider(1975)的研究即发现,客观指标所测出之最富有的城市,并不必然是那些主观上对其生活情境最感满意的城市;反之,客观上最差的城市,也并不必然是那些主观生活满意度最差的城市。然而,Wasserman & Chua(1980)却对Schneider所提出的"没有一致的关联性"提出质疑,其研究发现,有些生活面向的客观与主观指标之间是有显著的相关,他们认为,Schneider的研究未能将城市规模做适当的考虑,该研究建议,因各地的客观条件并不一致,未来的研究宜以较小的地理区(社区)作为研究场域。这种批评多少提醒研究者在"客观"与"主观"的争辩上,必须要能考虑到地方特性的差异。

因"客观"指标被质疑为无法反映出人们生活的真正态度,故有学者认为质量必须是主观的,衡量"生活质量"最正确的做法,即是直接询问民众个人的生活主观感受(Schneider,1975;孙明为,1997)。因此,强调民众主观感受的生活质量之观点应运而生,也引发心理学家对生活质量相关议题的研究。此外,人们对于生活质量的观点,亦随着时间与外在环境而改变,因此对于生活质量的评估方式亦须随之调整,对于生活质量注重的层面,不能再仅局限于

客观的生活条件提供,尚须包括主观的心理感受等方面的评量(Schneider, 1975; Zhu,2001)。

"主观"面向的生活质量是指个人对于幸福、愉悦、成就及喜欢的自我评估,或者是对于满意度、福祉及心理健康的感觉,这种评估和感觉受到认知与情感要素的影响(支配),其测量工具着重于个人对社会、经济和健康指标之生活经验的报告,例如,自觉需求被满足的程度,以及对整体生活质量之感觉性需求的重要性(Walter-Busch,1983; Costanza, et al.,2007:268)。WHO 曾发展出一套"生活质量"的衡量工具——世界卫生组织生活质量问卷(World Health Organization Quality of Life,WHOQOL),该问卷以个人的主观知觉来衡量与卫生有关的生活质量,并容许不同地区反映自己的文化与价值系统,使不同地区的文化与价值的生活质量可相互比较(李永展、吴孟芳,2005),唯这套量表是偏重于与健康相关的内容,生活所占的比例偏低。

尽管主观面向的测量可导正客观面向的限制,但这种主观的评量方法本身也有其缺失,这主要是因为回应者所描述的是个人对偏好的适应性,且其满意度或福祉的判别往往是与同侪比较,而非绝对的用词(Costanza, et al., 2007)。因而,若绝对以"客观"或"主观"指针来诠释生活质量,其适用性即可能引发争议,Pacione(1982)即指出,客观生活质量指针在评估人类福祉时,通常被认为具有较高的衡量可信度,却只有较低的效度;而主观指标则通常是具有较低的衡量可信度,但有较高的信度(可信度)、效度(引自李永展、吴孟芳,2005:391)。Zautra et al.(1977)研究指出,尽管并不完整,社区居民的生活质量可以被有意义地评量,这种评量可用于做不同社区之间的比较,及有助于了解某一特定社区的缺失。因此,在客观与主观的测量方法皆有其限制的状况下,如何结合"客观"与"主观"的测量方法便成为另类的可能途径。

(四)社会资本与社区生活质量的联结

社区是一个居住与生活的环境,居民生活质量的良窳与否与其所居住的环境有密切的关系,Shafer et al.(2000)即认为,一个永续的社区必须要能为其所有居民提供并维系一种优质的生活。尽管客观环境本身并不代表真实质量,但质量是一个居住者对其所处之整体环境的主观反应,因此,当我们要分析影响社区生活质量的相关因素时,必须要能同时考虑到居住者与其所处之环境的交互作用。社区社会资本是社区能力中相对较为无形的一环,它对社区生活质量可能具有潜在的影响力,研究指出,社会资本不仅对贫困社区情境的改善有其重要性(Middleton et al.,2005:1715),也是强化社区生活质量及社区永续发展的必备要素(Putnam,1993:1;Newman & Dale,2005:484;Kay,2006:162)。实证研究发现,较高层次之社会资本的社区要比较低层次者有更佳的生活质量(Kavanaugh,Reese,Carroll & Rosson,2005:119)。相较于社会资本较弱的劣势社区,较多社会资本的地方(居民关系、信任、有组织的利他主义和慈善施舍),其学校的运作较佳、学童较少看电视、暴力犯罪较少、社会包容度较高与更公平、可促进经济发展以及让政府更加的有效能(Portes,1998;Putnam,2000;Kearns,2003;Piachaud,2002;Stolle,2003;Poortinga,2006;Mattessich,2009)。

反之,社会资本的缺乏可能是导致社区贫困的部分原因(Hastings,2003),甚至可能恶化社会排除的现象(Wallace,2007:10)。这是因为只要一个缺乏社会资本的地方,即可能出现仅有零星的社会网络、缺乏信任、很少有效的互动、没有共同的规范和对区域的承诺、社会凝聚力衰退以及社会低度开发;这将使得该地方出现治安恶化、想要搬离该区域、相互猜忌、缺乏讯息、很少社会设施、较低的健康标准、退化的物理环境,简言之,即是一个劣势社区的所有标记(Kay,2006:167)。

社会资本要如何能对社区带来正向的影响呢?结合型和桥接型社会资本可透过规范的分享,将一些正向的社会价值(如:信任、尊重等)内化于社区成员日常生活中,使其成为一项非正式的控制工具,藉以降低对社区成员采取诸如契约或法律之正式和明显的控制方式(Johnston & Percy-Smith,2003:327;Portes,1998:19)。联结型社会资本则是对社区培力和伙伴关系的运作是必要的,透过外部的联结,将可让社区居民跨越居住地和社会空间,以为社区居民开创就业的机会(Hastings,2003:88),或获得社区发展所需的外部资源、讯息、财务或新理念(Gilchrist,2009:15-16;Green & Haines,2008:117)。

三、研究设计与方法

（一）研究架构与工具

本文为研究者进行之"成长或发展？社区能力与社区生活质量之研究"的部分资料分析，主要目的在于探讨社区社会资本与社区生活质量之关联性，依据前述的文献检阅及研究目的，研究者提出之研究架构如图 2 所示。本研究之社会资本与社区生活质量量表系由研究者参考相关文献、访问社区领袖、专家学者德菲法以及专家学者座谈等，并历经四个阶段始完成量表之编制，包括：(1)量表题库之建立；(2)题项之筛选；(3)预试量表之信、效度考验；以及(4)正式量表之信、效度考验。

编制完成之"社会资本量表"包括信任（四题）、规范（五题）、网络（五题）、参与（七题）及凝聚（五题），共计 26 题；量表之信度 Cronbach's α 值为 .936，整体总解释变异量为 66.021%。编制完成之"社区生活质量量表"包括：客观生活质量（44 题）、主观生活质量（27 题）以及个人生活质量的 12 个题项，合计 83 个题项。客观生活质量包括四个分量表，其信度 Cronbach's α 值为 .917，总解释变异量为 63.190%；其中，公共参与量表 9 题（Cronbach's α 值为 .907，总解释变异量为 58.096%）；人文教育量表 7 题（Cronbach's α 值为 .773，总解释变异量为 65.987%）、经济发展量表 12 题（Cronbach's α 值为 .856，总解释变异量为 54.682%）以及居住环境量表 16 题（Cronbach's α 值为 .778，总解释变异量为 57.565%）。主观社区生活质量分为三个分量表，其信度 Cronbach's α 值为 .919，总解释变异量为 67.864%；其中，社区参与量表 8 题（Cronbach's α 值为 .919，总解释变异量为 65.168%）、社区关系量表 7 题（Cronbach's α 值为 .902，总解释变异量为 63.432%）以及社区环境量表 12 题（Cronbach's α 值为 .893，整体总解释变异量为 68.546%）。个人生活质量仅有个人生活单一面向 12 题（Cronbach's α 值为 .908，整体总解释变异量为 72.278%）。

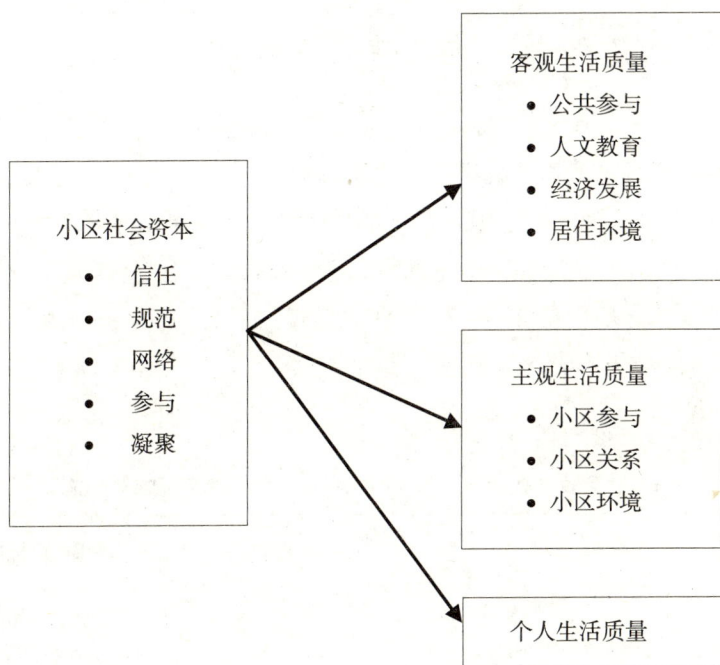

图 2　研究架构图

（二）资料搜集与分析方法

本研究以 2010 年 7 月底以前台湾本岛立案之 6220 个社区发展协会为研究母群体,抽样方法采用抽取率与单位大小成比例(PPS)的多阶段抽样,依各等级分别进行独立抽样,以乡镇区为第一抽出单位,社区为第二抽出单位,共计抽出 1200 个研究样本。本研究以社区发展协会之理事长或总干事为主要受访对象,访问系采取面对面访谈进行之,实际完成之有效问卷为 640 份。本研究采取的统计分析方法包括:描述性统计、积差相关分析以及多元回归分析等。

四、研究结果

（一）社区社会资本及社区生活质量的概况

就"社会资本"相关问项的同意程度观之,整体"社会资本"之平均数为3.86。五个面向中以"网络"之平均数3.91最高,其次分别为"规范"的3.89、"参与"的3.87以及"信任"的3.84,平均数最低者为"凝聚"的3.81。整体而言,社区的社会资本有一定程度的存量,且各个面向仅有微幅的差异(见表1)。

表1　社会资本各面向之问项同意程度之平均数与标准差一览表

平均数/标准差		面向	平均数/标准差
整体社区资本	Mean = 3.86 SD = 0.41	信任	Mean = 3.84 SD = 0.50
		规范	Mean = 3.89 SD = 0.49
		网络	Mean = 3.91 SD = 0.49
		参与	Mean = 3.87 SD = 0.47
		凝聚	Mean = 3.81 SD = 0.50

就"社区生活质量"相关问项的同意程度观之,整体"社区生活质量"的平均数为3.70;其中,以"个人生活质量"的平均数4.05为最高,其次为"主观社区生活质量"的3.84,"客观社区生活质量"的平均数3.52为最低。"客观社区生活质量"的四个面向中,以"公共参与"的平均数3.87最高,其次依序为"人文教育"的3.57、"生活环境"的3.50、"经济福祉"的3.23。"主观社区生活质量"的三个面向中,以"社区参与"的平均数4.07最高,其次依序为"社区

关系"的 3.96 以及"社区环境"的 3.62)(见表 2)。整体而言,以个人生活质量最佳,客观社区生活质量低于主观社区生活质量;值得关注的是客观社区生活质量的"经济福祉"表现相对较差,主观社区生活质量的"社区参与"表现相对较佳。

表 2 社区生活质量量表各面向之问项同意程度之平均数与标准差一览表

	平均数/标准差	面向	平均数/标准差	面向	平均数/标准差
社区生活质量	Mean=3.70 SD=0.41	客观社区生活质量	Mean=3.52 SD=0.42	公共参与	Mean=3.87 SD=0.51
				人文教育	Mean=3.57 SD=0.59
				经济福祉	Mean=3.23 SD=0.61
				生活环境	Mean=3.50 SD=0.47
		主观社区生活质量	Mean=3.84 SD=0.46	社区参与	Mean=4.07 SD=0.51
				社区关系	Mean=3.96 SD=0.53
				社区环境	Mean=3.62 SD=0.54
		个人生活质量	个人面向		Mean=4.05 SD=0.45

(二)社会资本与社区生活质量之相关分析

1.社会资本各面向之相关分析

就社会资本各面向的关联性而言,如表 3 所示,社会资本的各项因素彼此均达显著正相关($p<.001$),其中"规范"与"网络"($r=.725, p<.001$)、"规范"与"凝聚"($r=.702, p<.001$)有相当高度的关联性;其他面向的因素彼此之间的关联性介于中度($r=.505—.674$),相关程度皆达统计上的显著水平。

表3 社会资本各面向之相关分析表

变项	属性	社会资本				
		信任	规范	网络	参与	凝聚
社会资本	信任	1	.674***	.654***	.505***	.550***
	规范		1	.725***	.670***	.702***
	网络			1	.623***	.589***
	参与				1	.614***
	凝聚					1

注：* p<.05   ** p<.01   *** p<.001。
资料来源：本研究。

2.社区生活质量各面向之相关分析

就社区生活质量各面向的关联性而言，如表4所示，社区生活质量的各项因素彼此均达显著正相关（p<.001），其中客观社区生活质量的"居住环境"与主观社区生活质量的"社区环境"（r=.738,p<.001）、主观社区生活质量"社区参与"与"社区关系"（r=.748,p<.001）及主观社区生活质量的"社区关系"与"个人生活质量"（r=.745,p<.001），皆有相当高度的关联性；其他各类型社区生活质量的因素彼此之间的关联性介于中度（r=.381—.665），相关程度皆达统计上的显著水平。

表4 社区生活质量各面向之相关分析表

变项	属性	客观社区生活质量				主观社区生活质量			个人生活质量
		公共参与	人文教育	经济福祉	居住环境	社区参与	社区关系	社区环境	
客观社区生活质量	公共参与	1	.487***	.396***	.490***	.602***	.578***	.449***	.562***
	人文教育		1	.571***	.521***	.405***	.501***	.536***	.441***
	经济福祉			1	.477***	.338***	.412***	.516***	.381***
	居住环境				1	.486***	.552***	.738***	.529***
主观社区生活质量	社区参与					1	.748***	.523***	.665***
	社区关系						1	.656***	.745***
	社区环境							1	588***

注：* p<.05   ** p<.01   *** p<.001。
资料来源：本研究。

3.社会资本与社区生活质量之相关分析

就社会资本及社区生活质量的各面向之关联性而言,如表5所示,除社会资本的"信任"与客观社区生活质量的"经济福祉"未达显著相关外,社会资本及社区生活质量的各面向彼此均达显著正相关($p < .001$),其中社会资本之"整体总分"与主观社区生活质量之"主观总分"($r = .409, p < .001$)之关联性最高;其他社会资本与社区生活质量的因素彼此之间的关联性介于低、中度($r = .071—.402$),相关程度皆达统计上的显著水平。

表5　社会资本与社区生活质量之相关分析表

变项	属性	客观社区生活质量					主观社区生活质量				个人生活质量
		公共参与	人文教育	经济福祉	生活环境	客观总分	社区参与	社区关系	社区环境	主观总分	
社会资本	信任	.256 ***	.101 ***	.071	.251 ***	.221 ***	.217 ***	.238 ***	.233 ***	.259 ***	.227 ***
	规范	.311 ***	.199 ***	.144 ***	.272 ***	.294 ***	.292 ***	.325 ***	.297 ***	.342 ***	.285 ***
	网络	.260 ***	.178 ***	.112 **	.242 ***	.249 ***	.268 ***	.324 ***	.289 ***	.330 ***	.276 ***
	参与	.392 ***	.212 ***	.164 ***	.244 ***	.310 ***	.324 ***	.311 ***	.276 ***	.344 ***	.295 ***
	凝聚	.337 ***	.180 ***	.193 ***	.287 ***	.325 ***	.270 ***	.336 ***	.289 ***	.338 ***	.305 ***
	整体总分	.389 ***	.231 ***	.192 ***	.318 ***	.358 ***	.353 ***	.402 ***	.339 ***	.409 ***	.352 ***

注:* $p < .05$　** $p < .01$　*** $p < .001$。
资料来源:本研究。

(三)社会资本与整社区生活质量、个人生活质量之多元回归分析

1.社会资本与整体社区生活质量(含主、客观)之多元回归分析

如表6所示,以社会资本各面向与"整体社区生活质量"进行多元回归之统计检验发现,此模型的解释力达到显著水平($F = 21.962, p < .001$),表示社会资本各面向能够有效预测"整体社区生活质量"之变异,其 $R^2 = .173$,调整后的 R^2 为 .165,显示此模型可以有效地解释依变项16.5%的变异。进一步检视各变项之个别解释力显示,有两项因素具有显著的解释力,其重要性依序为"凝聚"($t = 3.035, p < .01$)及"参与"($t = 3.327, p < .01$);亦即,前述两项因素表现越佳者,其"整体社区生活质量"感受越佳。

表6　社会资本各面向与整体社区生活质量之多元回归分析表

整体社区生活质量	B	S_e	Beta	t	p
常数	146.757	11.193		13.111	.000
社会资本—信任	.103	.855	.007	.121	.904
社会资本—规范	.847	.867	.070	.977	.329
社会资本—网络	.400	.774	.033	.517	.605
社会资本—参与	1.689	.508	.191	3.327	.001
社会资本—凝聚	2.110	.695	.178	3.035	.003
整体模型	$R^2 = .173$　adj　$R^2 = .165$ $F = 21.962$　$p = .000$				
Y（社区生活质量）= 146.757 + 2.110X_1（凝聚）+ 1.689X_2（参与）					

注：* p<.05　** p<.01　*** p<.001。

资料来源：本研究。

2.社会资本与个人生活质量之多元回归分析

如表7所示，以社会资本各面向与"个人生活质量"进行多元回归之统计检验发现，此模型的解释力达到显著水平（$F = 17.262$，$p < .001$），表示社会资本各面向能够有效预测"个人生活质量"之变异，其 $R^2 = .128$，调整后的 R^2 为.121，显示此模型可以有效地解释依变项12.1%的变异。进一步检视各变项之个别解释力显示，有两项因素具有显著的解释力，其重要性依序为"凝聚"（$t = 2.508$，$p < .05$）及"参与"（$t = 2.576$，$p < .05$）；亦即，前述两项因素表现越佳者，其"个人生活质量"感受越佳。

表7　社会资本各面向与个人生活质量之多元回归分析表

个人生活质量	B	S_e	Beta	t	P
常数	30.633	1.985		15.434	.000
社会资本—信任	.034	.148	.013	.231	.817
社会资本—规范	.101	.153	.046	.665	.506
社会资本—网络	.169	.135	.076	1.254	.210
社会资本—参与	.235	.091	.143	2.576	.010
社会资本—凝聚	.305	.122	.142	2.508	.012
整体模型	$R^2 = .128$　adj　$R^2 = .121$ $F = 17.262$　$p = .000$				
Y（个人生活质量）= 30.633 + .305X_1（凝聚）+ .235X_2（参与）					

注：* p<.05　** p<.01　*** p<.001。

资料来源：本研究。

（四）社会资本与客观社区生活质量之多元回归分析

1.社会资本与"客观社区生活质量"之多元回归分析

如表8所示，以社会资本各面向与"客观社区生活质量"进行多元回归之统计检验发现，此模型的解释力达到显著水平（F=17.464，p<.001），表示社会资本各面向能够有效预测"客观社区生活质量"之变异，其 R^2=.141，调整后的 R^2 为.133，显示此模型可以有效地解释依变项13.3%的变异。进一步检视各变项之个别解释力显示，有两项因素具有显著的解释力，其重要性依序为"凝聚"（t=3.106，p<.01）及"参与"（t=3.039，p<.01）；亦即，前述两项因素表现越佳者，其"客观社区生活质量"感受越佳。

表8　社会资本各面向与客观社区生活质量之多元回归分析表

客观社区生活质量	B	S_e	Beta	t	p
常数	91.942	7.193		12.782	.000
社会资本—信任	.091	.541	.010	.167	.867
社会资本—规范	.578	.548	.075	1.054	.292
社会资本—网络	-.134	.496	-.017	-.271	.787
社会资本-参与	.983	.323	.175	3.039	.002
社会资本-凝聚	1.369	.441	.182	3.106	.002
整体模型	R^2=.141　adj　R^2=.133 F=17.464　p=.000				
Y（客观社区生活质量）=91.942+1.369X_1（凝聚）+.983X_2（参与）					

注：* p<.05　　** p<.01　　*** p<.001。

资料来源：本研究。

2.社会资本与"客观社区生活质量—公共参与"之多元回归分析

如表9所示，以社会资本各面向与"公共参与"进行多元回归之统计检验发现，此模型的解释力达到显著水平（F=26.115，p<.001），表示社会资本各面向能够有效预测"公共参与"之变异，其 R^2 为.183，调整后的 R^2 为.176，显示此模型可以有效地解释依变项17.6%的变异。进一步检视各变项之个别解释力显示，有两项因素具有显著的解释力，其重要性依序为"参与"（t=5.907，p<.001）及"凝聚"（t=2.821，p<.01）；亦即，前述两项因素表现越佳者，其"公共参与"感受越佳。

表9　社会资本各面向与客观社区生活质量"公共参与"之多元回归分析表

客观社区生活质量—公共参与	B	S_e	Beta	t	p
常数	17.574	1.661		10.579	.000
社会资本—信任	.142	.123	.061	1.156	.248
社会资本—规范	.045	.127	.024	.356	.722
社会资本—网络	-.169	.113	-.088	-1.505	.133
社会资本—参与	.445	.075	.319	5.907	.000
社会资本—凝聚	.285	.101	.153	2.821	.005
整体模型	$R^2 = .183$　adj　$R^2 = .176$ $F = 26.115$　$p = .000$				
Y(公共参与) = 17.574 + .445X_1(参与) + .285X_2(凝聚)					

注：* p<.05　　** p<.01　　*** p<.001。

资料来源：本研究。

3.社会资本与"客观社区生活质量—人文教育"之多元回归分析

如表10所示，以社会资本各面向与"人文教育"进行多元回归之统计检验发现，此模型的解释力达到显著水平（F=8.426，p<.001），表示社会资本各面向能够有效预测"人文教育"之变异，其 $R^2 = .067$，调整后的 R^2 为.059，显示此模型可以有效地解释依变项5.9%的变异。进一步检视各变项之个别解释力显示，仅有"参与"因素具有显著的解释力（t=2.805，p<.01）；亦即，"参与"表现越佳者，其"人文教育"感受越佳。

表10　社会资本各面向与客观社区生活质量"人文教育"之多元回归分析表

客观社区生活质量—人文教育	B	S_e	Beta	t	p
常数	16.140	1.573		10.262	.000
社会资本—信任	-.186	.116	-.091	-1.609	.108
社会资本—规范	.198	.120	.117	1.658	.098
社会资本—网络	.078	.105	.046	.744	.457
社会资本—参与	.201	.072	.161	2.805	.005
社会资本—凝聚	.046	.095	.028	.485	.628
整体模型	$R^2 = .067$　adj　$R^2 = .059$ $F = 8.426$　$p = .000$				
Y(人文教育) = 16.140 + .201X_1(参与)					

注：* p<.05　　** p<.01　　*** p<.001。

资料来源：本研究。

4.社会资本与"客观社区生活质量—经济福祉"之多元回归分析

如表 11 所示,以社会资本各面向与"经济福祉"进行多元回归之统计检验发现,此模型的解释力达到显著水平（$F = 6.498$, $p < .001$），表示社会资本各面向能够有效预测"经济福祉"之变异,其 $R^2 = .053$,调整后的 R^2 为 .045,显示此模型可以有效地解释依变项 4.5%的变异。进一步检视各变项之个别解释力显示,有两项因素具有显著的解释力,其重要性依序为"凝聚"（$t = 2.673$, $p < .01$）及"参与"（$t = 2.131$, $p < .05$）；亦即,前述两项因素表现越佳者,其"经济福祉"感受越佳。

表 11　社会资本各面向与客观社区生活质量"经济福祉"之多元回归分析表

客观社区生活质量—经济福祉	B	S_e	Beta	t	p
常数	25.586	2.848		8.983	.000
社会资本—信任	−.229	.215	−.062	−1.066	.287
社会资本—规范	.120	.218	.040	.550	.583
社会资本—网络	−.101	.196	−.034	−.518	.605
社会资本—参与	.275	.129	.123	2.131	.033
社会资本—凝聚	.466	.174	.159	2.673	.008
整体模型	$R^2 = .053$　adj　$R^2 = .045$ $F = 6.498$　$p = .000$				
$Y(经济福祉) = 25.586 + .466X_1(凝聚) + .275X_2(参与)$					

注：* $p < .05$　** $p < .01$　*** $p < .001$。

资料来源:本研究。

5.社会资本与"客观社区生活质量—居住环境"之多元回归分析

如表 12 所示,以社会资本各面向与"居住环境"进行多元回归之统计检验发现,此模型的解释力达到显著水平（$F = 13.337$, $p < .001$），表示社会资本各面向能够有效预测"居住环境"之变异,其 $R^2 = .105$,调整后的 R^2 为 .097,显示此模型可以有效地解释依变项 9.7%的变异。进一步检视各变项之个别解释力显示,"凝聚"（$t = 2.548$, $p < .05$）具有显著的解释力；亦即,"凝聚"表现越佳者,其"居住环境"感受越佳。

表12　社会资本各面向与客观社区生活质量"居住环境"之多元回归分析表

客观社区生活质量—居住环境	B	S_e	Beta	t	p
常数	34.078	2.772		12.292	.000
社会资本—信任	.267	.209	.073	1.280	.201
社会资本—规范	.217	.214	.072	1.012	.312
社会资本—网络	.058	.191	.019	.302	.763
社会资本—参与	.149	.126	.067	1.181	.238
社会资本—凝聚	.439	.172	.150	2.548	.011
整体模型	$R^2=.105$　adj　$R^2=.097$ $F=13.337$　$p=.000$				
Y(居住环境)=34.078+.439X₁(凝聚)					

Y(居住环境)=$34.078+.439X_1$(凝聚)

注：* p<.05　** p<.01　*** p<.001。

资料来源：本研究。

（五）社会资本与主观社区生活质量之多元回归分析

1.社会资本各面向与主观社区生活质量之多元回归分析

如表13所示，以社会资本各面向与"主观社区生活质量"进行多元回归之统计检验发现，此模型的解释力达到显著水平（$F=24.487$, $p<.001$），表示社会资本各面向能够有效预测"主观社区生活质量"之变异，其 $R^2=.174$，调整后的 R^2 为.167，显示此模型可以有效地解释依变项16.7%的变异。进一步检视各变项之个别解释力显示，有两项因素具有显著的解释力，其重要性依序为"凝聚"（$t=2.404$, $p<.05$）及"参与"（$t=3.108$, $p<.01$）；亦即，前述两项因素表现越佳者，其"主观社区生活质量"感受越佳。

表13　社会资本各面向与主观社区生活质量之多元回归分析表

主观社区生活质量	B	S_e	Beta	t	p
常数	56.048	4.462		12.561	.000
社会资本—信任	-.175	.335	-.028	-.521	.603
社会资本—规范	.500	.347	.098	1.442	.150
社会资本—网络	.544	.305	.106	1.787	.074
社会资本—参与	.637	.205	.169	3.108	.002
社会资本—凝聚	.662	.275	.134	2.404	.017

续表

主观社区生活质量	B	S_e	Beta	t	p
整体模型	$R^2=.174$ adj $R^2=.167$ $F=24.487$ $p=.000$				
Y（主观社区生活质量）=56.048+.662X_1（凝聚）+.637X_2（参与）					

注：* p<.05 ** p<.01 *** p<.001。

资料来源：本研究。

2.社会资本与"主观社区生活质量—社区参与"之多元回归分析

如表 14 所示，以社会资本各面向与"社区参与"进行多元回归之统计检验发展，此模型的解释力达到显著水平（$F=18.207, p<.001$），表示社会资本各面向能够有效预测"社区参与"之变异，其 $R^2=.133$，调整后的 R^2 为 .126，显示此模型可以有效地解释依变项 12.6%的变异。进一步检视各变项之个别解释力显示，仅有"参与"（$t=3.954, p<.001$）一项因素具有显著解释力；亦即，"参与"表现越佳者，其"社区参与"感受越佳。

表 14　社会资本各面向与主观社区生活质量"社区参与"之多元回归分析表

客观社区生活质量—社区参与	B	S_e	Beta	t	p
常数	18.648	1.516		12.300	.000
社会资本—信任	-.005	.113	-.002	-.041	.967
社会资本—规范	.170	.117	.099	1.454	.147
社会资本—网络	.068	.102	.040	.665	.507
社会资本—参与	.273	.069	.217	3.954	.000
社会资本—凝聚	.099	.093	.060	1.065	.287
整体模型	$R^2=.133$ adj $R^2=.126$ $F=18.207$ $p=.000$				
Y（社区参与）=18.648+.273X_1（参与）					

注：* p<.05 ** p<.01 *** p<.001。

资料来源：本研究。

3.社会资本与"主观社区生活质量—社区关系"之多元回归分析

如表 15 所示，以社会资本各面向与"社区关系"进行多元回归之统计检验发现，此模型的解释力达到显著水平（$F=24.153, p<.001$），表示社会资本

各面向能够有效预测"社区关系"之变异，其 $R^2 = .169$，调整后的 R^2 为 .162，显示此模型可以有效地解释依变项 16.2% 的变异。进一步检视各变项之个别解释力显示，有两项因素具有显著的解释力，其重要性依序为"凝聚"（$t = 2.883, p < .01$）及"参与"（$t = 2.264, p < .05$）；亦即，前述两项因素表现越佳者，其"社区关系"感受越佳。

表 15　社会资本各面向与主观社区生活质量"社区关系"之多元回归分析表

客观社区生活质量—社区关系	B	S_e	Beta	t	p
常数	14.024	1.308		10.725	.000
社会资本—信任	-.066	.097	-.036	-.674	.500
社会资本—规范	.146	.100	.097	1.461	.144
社会资本—网络	.195	.088	.130	2.209	.028
社会资本—参与	.135	.060	.121	2.264	.024
社会资本—凝聚	.231	.080	.159	2.883	.004
整体模型	$R^2 = .169$　adj　$R^2 = .162$ $F = 24.153$　$p = .000$				
Y(社区关系) = 14.024 + .231X₁(凝聚) + .135X₂(参与)					

注：* p<.05　** p<.01　*** p<.001。
资料来源：本研究。

4.社会资本与"主观社区生活质量—社区环境"之多元回归分析

如表 16 所示，以社会资本各面向与"社区环境"进行多元回归之统计检验发现，此模型的解释力达到显著水平（$F = 15.877, p < .001$），表示社会资本各面向能够有效预测"社区环境"之变异，其 $R^2 = .119$，调整后的 R^2 为 .111，显示此模型可以有效地解释依变项 11.1% 的变异。进一步检视各变项之个别解释力显示，仅有"凝聚"（$t = 2.108, p < .05$）一项因素具有显著解释力；亦即，"凝聚"表现越佳者，其"社区环境"感受越佳。

表 16　社会资本各面向与主观社区生活质量"社区环境"之多元回归分析表

客观社区生活质量—社区环境	B	S_e	Beta	t	p
常数	22.978	2.383		9.641	.000
社会资本—信任	-.076	.179	-.024	-.425	.671

续表

客观社区生活质量—社区环境	B	S_e	Beta	t	p
社会资本—规范	.235	.183	.089	1.279	.201
社会资本—网络	.284	.163	.107	1.740	.082
社会资本—参与	.206	.109	.105	1.888	.059
社会资本—凝聚	.309	.147	.120	2.108	.035
整体模型	$R^2=.119$　adj　$R^2=.111$ $F=15.877$　$p=.000$				
Y(社区环境)=22.978+.309X₁(凝聚)					

注: * p<.05　 ** p<.01　 *** p<.001。

资料来源:本研究。

五、结论与建议

(一)研究发现与讨论

1.社区社会资本与社区生活质量的整体表现

本研究发现,无论是社区的整体社会资本或社会资本的各个面向,普遍反应皆达一定的程度,且各面向并无显著的落差,显见,社区居民无论在信任、规范、网络、参与及凝聚(社区意识)的表现,皆有不错的水平。Coleman(1990)曾指出,伴随着社会变迁而来的传统家庭及社区结构的式微,社会资本(尤其是信任)随之式微;Coleman(1988)亦呼吁要复苏家庭与社区的"原生制度"(亦即社会资本)。尽管台湾的社会亦遭遇巨大的社会变迁,在社区之社会资本存量仍维持一定的水平。黄源协、刘素珍、庄俐昕、林信廷(2010)的研究曾发现,社区社会资本与社区发展两者之间存在着高度的关联性。依此,若社区居民或组织能珍惜当前所拥有的社会资本,甚至进一步提升社会资本,即可为社区的发展奠定或维系更加稳固的基础。

本研究发现,社区中的"个人生活质量"及"主观社区生活质量"皆高于"客观社区生活质量","客观社区生活质量"中的"经济福祉"表现相对较弱,"主观社区生活质量"中的"社区参与"表现尤佳。这些现象或许彰显出尽管有形的"客观环境"虽有相对较不足之处,但居民对客观环境的期待,并没有降低其自觉的生活质量层次,这项发现某种程度地反映出客观的质量并不全然等同于主观的品质(Schneider,1975)。这项发现也同时提醒我们,明显偏低的社区"经济福祉"之相关服务是需要更多的投入;另外,居民相对较多的"社区参与",是社区一股潜在的力量,若能适度的激发与运用,对社区可能带来正向的影响。

2.社区社会资本各面向之间的关联性

本研究发现,社会资本各个面向皆具有相当高度的相关性,诚如 Putnam(2000:19)所指,"社会资本是由社会网络及其所衍生之相互的规范和信任所组成",这或许已意味着信任、规范和网络之间的高度关联性,且这些要素彼此之间的交互作用,可能将社会资本的各要素带进 Kay,Pearce & Evans(2004)所称之"社会资本循环圈"(Social Capital Cycle),该循环圈可强化一个社区成员或利益团体成员的认同感,成为一个社区凝聚或团结在一起的"胶"(glue)与"润滑剂"(grease);亦即,它们可能直接或间接地促进社区居民对于社区事务的参与,并强化社区的意识(凝聚)。

3.社区生活质量各面向之间的关联性

本研究发现,社区生活质量的各面向中的组成要素,彼此之间皆存在着一定程度的关联性,这项发现支持许多研究所指之社区生活质量之"客观"与"主观"之间具有关联性(Wasserman & Chua,1980;Walter-Busch,1983;Marans,2003)。值得一提的是,本研究进一步发现,客观生活质量的"居住环境"、"公共参与"与主观生活质量的"社区环境"、"社区参与"分别有相对较高的关联性,这与 Wasserman & Chua(1980)研究发现之"有些生活面向客观与主观指标之间是有显著的关联性"是一致的,这项发现亦推翻 Schneider(1975)所提出之"没有一致的关联性"之论述,其原因可能如同前述 Wasserman & Chua(1980)所言,亦即,本研究系以较小的地理区(社区)为研究场域,可避免区域过大可能产生的变异。

本研究亦发现,无论是客观或主观的社区生活质量,皆与个人生活质量有一定程度的关联性,其中,主观生活质量的各面向之相关度,普遍皆高于客观生活质量的各面向。显见,主观生活质量对个人生活质量的影响,某种程度上可能高于客观生活质量。值得注意的是,客观生活质量中的"经济福祉"与个人生活质量的相关性相对是较低的,这种现象可能隐含着"经济福祉"固然是个人生活质量重要的一环,但对于社区或个人生活质量而言,其重要性相对不如"公共参与"、"居住环境"或"人文教育"。

4.社会资本与社区生活质量之间的关联性

本研究发现,除信任与客观生活质量的"经济福祉"之间的关联性未达显著外,社会资本的各个面向,皆与客观与主观生活质量及个人生活质量皆有一定程度的关联性。这项结果与许多研究的发现是一致的,例如,Putnam(1993)、Newman & Dale(2005)与 Kay(2006)所指之社会资本是强化社区生活质量的必备要素,Kavanaugh et al.(2005)所证实之"较高层次之社会资本的社区要比较低层次者有更佳的生活质量"。

本研究发现,社会资本的各个面向中,"参与"与"凝聚"对于"整体社区生活质量"、"主观社区生活质量"、"客观社区生活质量"以及"个人生活质量"是具有显著解释力的;亦即,社会资本中的"参与"与"凝聚"是影响生活质量最重要的关键因素。本研究进一步发现,"参与"或"凝聚"亦是影响客观与主观生活质量各面向的关键因素。Herreros(2004)指出,社会资本的产生必须仰赖某些活动的参与;王春胜(2008)亦指出,社区参与的成功经验将深化社区成员间的信任关系,进而促使社会资本能量的累积与更新;此外,许道然(2001)认为,信任感的产生必须建立在个体彼此熟识或情感认同的基础之上;显见,无论"参与"或是"凝聚"(社区意识)皆是形成与累积社会资本的基础,社会资本亦是促进社区生活质量的重要因素。依此,"参与"与"凝聚"对社区生活质量的重要性不言而喻。

(二)建议

无论是国内外的文献探讨或是本研究的发现,皆已显示出社会资本与社区生活质量之间,具有相当程度的关联性。社区发展的最终目标在于获致符合社会公平正义的生活环境,进而能够提供社区生活质量;社会资本是社区发展的基石(黄源协等,2010),亦是追求社区生活质量不可或缺的要素。基于前述的研究发现与讨论,本研究拟提出下列有助于提升社会资本与社区生活质量的相关建议。

1.维系社区社会资本的能量,以为社区的发展奠定稳固基础

本研究发现,台湾社区社会资本仍维持着一定的能量,然而,高度变迁的

社会却可能随时对社会资本带来冲击,例如,随着竞争的趋于激烈,既可能使得人与人之间的"信任"遭到侵蚀,藉以维系社区运作的非正式规范,亦可能须藉由正式规章替代之,这些对社会资本皆可能带来负面的影响。本研究亦发现,构成社会资本的各个面向皆存在着高度的关联性,为此,若能维系社会资本的任何一个面向于不坠,即有可能藉由"社会资本循环圈"(Kay et al., 2004)的运作,让社会资本的各个面向能朝向良性循环的效果发展。对中国大陆的社区而言,当前外部环境的剧烈变迁,可能相当程度地冲击到传统社区赖以维系的"信任"、"规范"、"网络",甚至不利于"社区参与"和"社区意识(凝聚)"的运作;为此,当社区不断往前迈进时,切忌勿以牺牲社会资本来成就表象的成长,而折损追求真正社区生活质量所要的"发展"。

2.重视"经济福祉"的建设,以作为迈向永续社区的起步

"经济福祉"关系到个人生活上基本需求的满足,尤其是对社会上的弱势者而言。本研究发现,在客观的生活质量各面向中的"经济福祉",是社区居民相对较不满意之处;本研究亦发现,"经济福祉"与"个人生活质量"的关联性相对上是较低的。这些现象或许隐含着"经济福祉"是生活质量的基本条件,甚至是最低要件,有了"经济福祉"不必然能大幅提升个人生活质量,但若缺乏"经济福祉"则个人生活质量将受到不利的影响。"经济福祉"的面向中包括多项关系个人身心健康及弱势关怀的基本变项,若缺乏"经济福祉"即可能忽略社区发展所追求公平与正义之生活环境的诉求,亦难以获致社区永续发展的目标。晚近台湾社区致力于发展"社区为基础"(community-based)的服务,多少是欲解决社区弱势者的生活问题,这将为社区生活质量提供起码的条件。对中国大陆的社区而言,社区建设已成为当前重要的公共政策之一,若欲为社区创造起码的生活质量,以"经济福祉"的建设来关怀个人(尤其是弱势者)的基本需求或生活,是必须列为基础建设的一环,否则,若欲实现公平正义之永续的社区,将可能只是一场虚幻的空中楼阁之梦。

3.促进"社区参与"与凝聚"社区意识",以作为提升社区及个人生活质量的主要策略

尽管社区社会资本对于社区和个人生活质量皆有显著的影响,但若细究社会资本的各个面向,其中以"参与"与"凝聚(社区意识)"两个面向是显著影响社区和个人生活质量的重要因素。然而,这并非在否定其他面向的重要

性,如前所述,社会资本的各个面向彼此之间仍存在着一定程度的关联性,且"社会资本循环圈"亦能够让这些变项彼此产生强化作用。这项研究发现正提醒着我们,"参与"和"凝聚(社区意识)"可作为提升社区生活质量的首要策略。因而,在社区的各项服务方案之设计,应将"如何促进社区参与",以及"如何凝聚社区意识"视为是迈向社区及个人生活质量的必要路径。事实上,台湾的社区发展和社区营造过程中,"社区参与"与"社区意识"是最常被诟病的问题之一(蔡吉源,1995;罗秀华,2004),黄源协(2004)即指出,尽管来自政府资源的挹注可让社区披上亮丽的外表,但缺乏社区意识与社区参与为基础的建设,不仅违背社区运作的原理原则,更可能养成社区对外部资源的依赖。对中国大陆的社区而言,政府资源介入社区建设已逐步增加,且势将成为一股重要的发展趋势。然而,若忽略社区参与和社区意识的养成,亦可能养成社区对外界资源的长久依赖,尽管短期可能看到一些外显的效果,但长期而言,却反而可能不利于社区迈向永续。

4.发现社区优势,以作为带动社会资本与社区生活质量进入良性循环的介入点

本研究证实,不仅是社区社会资本的各面向,抑或是社区生活质量的各面向,彼此皆存在着显著的关联性,更重要的是,社区社会资本与社区生活质量彼此之间亦有高度的关联。亦即,社区社会资本可能有助于社区生活质量的提升,社区生活质量亦可能有助于社区社会资本的累积。这种社会资本与社区生活质量彼此相互强化的现象,或许正提醒着我们,社会资本或社区生活质量表现较佳的任何一个面向,皆可作为促进社会资本与社会生活质量良性互动的切入点。为此,在社区发展的运作上,实务工作者应能致力于发现社区的优势,并善用该优势作为提升社区社会资本或社区生活质量的介入点,以将两者之间导入良性的循环。对中国大陆的社区而言,在推动社区建设的初期阶段,尽管社区的劣势是政策的重点,亦可藉由检视社区社会资本或社区生活质量的各个面向,找出社区已具有的优势面,并透过相关计划予以强化,以做带动社区建设进入良性循环的另类做法。

参考文献:

王春胜:《居民社区参与行为之影响模式研究》,中山大学公共事务管理研究所博士论

文(台湾)，2008年。

江大树、张力亚：《社区营照中组织信任的机制建构：以桃米生态村为例》，《东吴政治学报》2008年第26期。

李永展、吴孟芳：《台北市主观生活质量之衡量》，《都市与计划》2005年第32期。

侯锦雄、宋念谦：《台中市黎明住宅社区居民社区意识之研究》，《建筑学报》1998年第24期。

孙明为：《以公共设施满意度与社会网络强度评估社区生活质量之研究》，成功大学都市计划学系硕士论文(台湾)，1997年。

梁炳琨、张长义：《原住民族部落观光的文化经济与社会资本：以山美社区为例》，《地理学报》2005年第39期。

许道然：《组织信任之研究：一个整合性观点》，《空大行政学报》2001年第11期。

郭瑞坤、王春胜、陈香利：《居民社区培力与社会资本、社区意识关联性之研究：以高雄市港口社区为例》，《公共事务评论》2006年第8期。

黄源协：《社区工作何去何从：社区发展？社区营造？》，《社区发展季刊》2004年第107期。

黄源协、刘素珍、庄俐昕、林信廷：《社区社会资本与社区发展关联性之研究》，《公共行政学报》2010年第34期。

黄源协、萧文高、刘素珍：《社区意识及其影响因素之探索性研究》，《社会政策与社会工作学刊》2007年第11期。

蔡吉源：《论台湾地区社会资本、社区意识与社区社会之重建》，《台湾经济》1995年第228期。

罗秀华：《社区自主与政策的对话》，《社区发展季刊》2004年第107期。

Ackerman, N. & Paolucci, B. (1983). Objective and subjective income adequacy: Their relationship to perceived life quality measures, *Social Indicators Research*, 12(1): 25-48.

Aki, H. et al. (2008). Subjective and objective quality of life, levels of life skills, and their clinical determinants in outpatients with schizophrenia, *Psychiatry Research*, 158: 19-25.

Andrews, R. (2011). Social capital and public service performance: A review of the evidence. *Public Policy and Administration*, published online 25 May 2011, http://ppa.sagepub.com/content/early/2011/05/25/0952076710394399.

Atkinson, R. (2003). Addressing urban social exclusion through community involvement in urban regeneration. In. Raco, M. and R. Imrie (eds.), *Urban Renaissance? New Labour, Community and Urban Policy*, 101-119. Bristol: Policy Press.

Bonaiuto, M., Fornara, F. and Bonnes, M. (2003). Indexes of perceived residential environmentquality and neighborhood attachment in urban environments: a confirmation study on the city of Rome, *Landscape and Urban Planning*, 65: 41−52.

Bourdieu, P. (1997). The forms of capital. In A. H. Halsey, H. Launder, P. Brown & A. Stuart Wells (Eds.), *Education, culture, economy and society*. Oxford: Oxford University Press.

Chaskin, R.J., Brown, P., Venkatesh, S. & Vidal, A. (2001). *Building Community Capacity*, New York: Aldine de Gruyter.

Coleman, J. S. (1988). The creation and destruction of social capital: implications for law. *Notre Dame J. Law, Ethics, Public Policy*, 3, 375−404.

Coleman, J. S. (1990). *Foundations of social theory*. Cambridge: Cambridge University Press.

Costanza, R., et al. (2007). Quality of life: An Approach integrating opportunities, human needs, and subjective well-being, *Ecological Economics*, 61: 267−276.

Coulton, C. (2005). The Place of Community in Social Work Practice Research: Conceptual and Methodological Developments, *Social Work Research*, 29(2): 73−86.

Gilchrist, A. (2009). *The Well−Connected Community-A Networking Approach to Community Development* (2ed.). Bristol: Policy Press.

Gittell, R. & A. Vidal, A. (1998). Community Organizing: Building Social Capital as a Development Strategy. California: SAGE.

Green, G.. P. & Haines, A. (2008). *Asset Building and Community Development*, Los Angeles: SAGE Publications.

Halpern, D. (2005). *Social Capital*. Cambridge: Polity Press.

Hastings, A. (2003). Strategic, multilevel neighbourhood regeneration: an outward-looking approach at last?. In M. Raco & R. Imrie (Eds), *Urban Renaissance? New Labour. Community and Urban Policy* (pp. 85−100). Bristol: Policy Press.

Herreros, F. (2004). *The Problem of Forming Social Capital: Why Trust?* New York: Palgrave Macmillian.

Johnston, G., & Percy-Smith, J. (2003)., In search of social capital. *Policy and Politics*, 31 (3): 321−34.

Kavanaugh, A. L., Reese, D. D., Carroll, J. M. & Rosson, M. B. (2005). Weak ties in networked communities. *The Information Society*, 21, 119−113.

Kay, A. (2006). Social Capital, the social economy and community development. *Community*

Development Journal, 41(2): 160-173.

Kay, A., Pearce, J. & Evans, M. (2004). *The Contribution of Social Capital in the Social E-conomy to Local Economic Development in Western Europe* (Research Project 2000—2003). Middlesex: Institute of Social Science Research, School of Social Science. Middlesex University.

Kearns, A. (2003). Social capital, regeneration and urban policy. In Raco, M. & R. Imrie (eds.), *Urban Renaissance? New Labour, Community and Urban Policy*, pp. 37-60, Bristol: Policy Press.

Marans, R.W. (2003). Understanding environmental quality through quality of life studies: the 2001 DAS and its use of subjective and objective indicators, *Landscape and Urban Planning*, 65:73-83.

Mattessich, P. and Monsey, B. (1997). *Community Building: What Makes It Work-A Review of Factors Influencing Successful Community Building*. Minnesota: Amherst H. Wilder Foundation.

Mattessich, P. W. (2009). Social Capital and Community Building. In. R. Phillips & R. H. Pittman(Eds). *An Introduction to Community Development* (pp. 49-57). London: Routledge.

Middleton, A., A. Murie and R. Groves (2005). Social Capital and Neighbourhoods that Work. *Urban Studies*, 42(10):1711-1738.

Middleton, A., Murie, A. & Groves, R. (2005). Social Capital and Neighbourhoods that Work. *Urban Studies*, 42(10):1711-1738.

Newman, L. & Dale, A. (2005). The Role of Agency in Sustainable Local Community Development. *Local Environment*, 10(5):477-486.

Obst, P., S. G. Smith and L. Zinkiewicz (2002). An Exploration of Sense of Community, Part 3: Dimensions and Predictors of Psychological Sense of Community in Geographical Communities, *Journal of Community Psychology*, 30(1): 119-133.

Pawar, M. (2006). "Social" Capital? *The Social Science Journal*, 43:211-226.

Piachaud, D. (2002). *Capital and the determinants of poverty and social exclusion*, ACSE paper 60. London: Centre for Analysis of Social Exclusion, LES.

Poortinga, W. (2006). Social relations or social capital? Individual and community health effects of bonding social capital. *Social Science and Medicine*, 63(1):255-270.

Portes, A. (1998). Social capital: its origins and applications in modern sociology. *Annual Review of Social Sociology*, 24:1-24.

Prezza, M. and S. Constantini(1998). Sense of Community and Life Satisfaction: Investigation in Three Different Territorial Contexts, *Journal of Community & Applied Social Psychology*, 8 (3): 181-194.

Puddifoot, J. E. (2003). Exploring "Personal" and "Shared" Sense of Community Identity in Durham City, England, *Journal of Community Psychology*, 29(1): 29-52.

Putnam, R. D. (1993). *Making Democracy Work: Civic Traditions in Modern Italy*. Princeton: Princeton University Press.

Putnam, R. D. (2000). *Bowling Alone: The Collapse and Revival of American Community*. New York: Touchstone.

Putzel, J. (1997). Accounting for "dark side" of social capital: reading Robert Putnam on democracy. *Journal of International Development*, 9(7): 939-949.

Schneider, M. (1975). The "quality of life" in large American Cities: objective and subjective social Indicators, *Social Indicators Research*, 1(4): 495-509.

Seik, F. T. (2000). Subjective assessment of urban quality of life inSingapore (1997—1998), *Habitat International*, 24: 163-178.

Shafer, C. S., Lee, B. K. & Turner, S. (2000). A tale of three greenway trails: user perceptions related to quality of life, *Landscape and Urban Planning*, 49: 163-178.

Stolle, D. (2003). The source of social capital. In. Hooghe, M. and Stolle, D. (eds). *Generating social capital-Civil society and institutions in comparative perspective* (pp. 19-42). New York: Palgrave.

Wallace, A. (2007). We have had nothing for so long that we don't know what to ask for: New Deal for Communities and Regeneration of Socially Excluded Terrain. *Social Policy and Society*, 6(1), 1-12.

Walter-Busch, E. (1983). Subjective and objective indicators of regional quality of life inSwitzerland, *Social Indicators Research*, 12(4): 337-391.

Wasserman, I. M. & Chua, A. L. (1980). Objective and subjective social indicators of the quality of life in American SMSA's: A Reanalysis, *Social Indicators Research*, 8(3): 365-381.

World Health Organization (WHO) (1999). *WHOQLQ: Annotated Bibliography* (October 1999 vision), Geneva: WHO.

Zautra, A., Beier, E. and Cappel, L. (1977). The Dimensions of Life Quality in a Community, *American Journal of Community Psychology*, 5(1): 85-97.

Zhu, J. (2001). Multidimensional quality-of-life measure with an application to fortune's best cities, *Socio-Economic Planning Sciences*, 35: 263-284.

非政府组织的能力建设：
项目管理及评估[①]

萧　今[②]

一、引　言

中国在过去 20 年里出现了以社会捐赠建构的各种社团组织或者非政府组织，统称为第三部门。它们一开始就受到国际基金会的资助，在项目督导和培训中接受了西方第三部门的价值理念。例如福特基金会资助的温洛克民间组织能力开发项目（Winrock International，2005），对中国各地的民间组织进行培训，系统的培训宗旨是：为有中国特色的政策法规和社会环境下运作的非营利组织，加强组织管理、提高组织效能。

这些培训的教材从财务管理细节、人力资源管理、董事会标准构架、自我评估、战略计划到志愿者管理的表格，面面俱到。但以复制西方价值和管理模式来提高中国第三部门的效能作用有限。有学者指出（康晓光、冯利，2011：13—24，73—78），在缝隙中成长的中国 NGO 对诸如草根自主性、民主精神、公民社会等观念有强烈的渴望并迅速接受，这些西方的公益文化已经形成NGO 从业者表达和交流的主流语言，制定项目也以维护弱势群体权利为包

①　本研究题目为 Competencies and Stages of Professional Development：The Path of Community Educators and Practitioners，受到香港利希慎基金会的资助（CUHK UC06/07 Grant Account：CA11111），特此致谢。
②　萧今，香港中文大学中国研究服务中心，副教授，中心助理主任。

装；但相比较之下，行动中表现出更多的中国传统公益文化，有救世施恩的慈善意识。

第三部门组织聚集了有公益热情的志愿者和不太计较报酬的人士。他们长期在社会基层工作，面对的资金和社会压力、个人成长周折、团队管理、项目前景等等，使他们常常陷入迷惑和危机，至今成百上千的 NGO 还是三五人的规模①。许多组织多次裂变，人员来来去去造成项目实施不连贯，达不到持续的效果。面对这些问题，有观察者（王忠平，2008：51—52）指出，NGO 从事的应该是工作，需要专业训练，而非靠简单的慈善活动、靠奉献和好心做事。

还有一位观察者（高飏，2008：39—40）认为，中国 NGO 发展的主要障碍是领袖人物的管理方式，他们具有性格魅力和毅力，但采取了"微观"的管理，决策过于集中，缺乏组织发展需要的技能和眼光，在环境和资源的掣肘下无法建立保证机构持续发展的制度和程序，难以将 NGO 发展变为组织而非个人施展的平台。

国际上有学者指出（Roberts et al.，2005：1850，1854），引进发达国家的 NGO 管理模式，如组织构架、强调技术性和行政性的管理、策略等等，反而以"从上至下"的模式把北半球管理的标准，微妙地以威权的方式，强加给了南半球的发展中国家，更加充满了官僚特色。资助机构频频索取报告，把报告上的目标—结果与 NGO 实际的行动成效混淆起来。那些评估的技术要求是刚刚起步的本土 NGO 一时半会难以达到的，结果在 NGO 里衍生出一套"评估文化"。当问责来自于资助机构，评估变成了"对外、对上"的问责，而不是"对内"和"对下"接受公共服务的目标群体的问责。

时至今日，培训 NGO 的管理和培训手册充满了西方管理的行话，缺乏来自中国本土第一线从业者的管理经验。因此，十分有必要从本土的经验中提炼出 NGO 管理和评估的理念和要素。本文观察了一个环保 NGO 在基层执行项目 7 年的经验，梳理其现场执行力和管理的要素。下一节先介绍 NGO 管理概念和反思，第三节是背景和方法，第四节是基层团队管理和成长的分析和评估，最后一节是要义讨论。

---

① 访问数十名志愿者及一些主要 NGO 的领袖。

二、NGO 管理及评估原则

把西方第三部门的管理移植到第三世界成了国际惯例。本节先扼要介绍国际反思性的理念，然后以个人成长和机构成长角度，扼要讨论组织成长发展的理论。

（一）管理 NGO 的理念及评估要素

首先，第三部门是针对私营机构和政府机构（第一、第二次分配）难以照顾到的社会群体和公共利益，它具有明确的发展性目标：通过 NGO 介入，改善弱势群体的社会状况，并引导他们自己发展，其终极目标是推进社会发展进程。对于 NGO 本身来说，这是一个外部性的目标（Thomas，1996：99；Lewis，2001，16—20）。更具挑战的是：要让目标群体成长并且使其发展成为持续的。就是说，让目标群体学习自渔和保持自立自渔。要达到这两个目标，发展项目的过程需要管理，NGO 团队本身的执行能力和管理是一个关键因素。

第三部门提供多样性的社会服务，如赈灾、弱势群体的福利、扶贫、维权、教育、环境保护等等，这些具体项目也要求专业技术援助。所以管理的实质是：在发展过程中按照具体的工作需要，适时地运用各种管理技能和专业技术。管理科学中的一些方法是可以使用的，不同的研究者提出了不同的管理和评估提纲。

汤姆斯（Thomas，1996）提出四个价值考虑要素。第一，协调本组织外部的社会活动并以社会改进为终极目标，而非本组织利用最大化。第二是在社会过程中，运用影响力和介入的方法，形成行动有利的条件，让目标群体能够改善，而非用优势资源和强加的方法去直接行动或者插手。为了提高项目效能，正规机构采用的协调资源和管理方法及技能，是可以用来实现外部社会发展的目标的，可行性分析、计算效率和评估机会成本、绩效评估、动员方式等等，都可以应用。第三，在发展的名义下，关键的问题是采取什么样策略。从一个道德和哲学的层面要问的问题是：谁给予了介入机构权力去行动或者代表某一方的利益？制定社会发展目标一定会面对几方的价值或者利益冲突。

因此,需要采取促进(facilitate)的方式或者协商的方式解决冲突,要用开放方式,讨论的核心问题包括:做什么项目、如何决策、社会发展取向是什么,要让几方讨论不同的发展观,然后达到共识。政治过程中的协商、谈判、冲突解决法都是可以采用的软技能。第四,项目执行过程会影响 NGO 机构的发展,或者说,执行什么样的项目其实就以行动本身定义了 NGO 机构的特性。这样一来,NGO 组织自身发展、机构间的关系,也要有管理。

有一个国际案例研究梳理了全球视野下的 NGO 管理主义的架构(Roberts et al.,2005),把通常对 NGO 管理的四个方面(包括问责制、组织定义、效能建设、网络沟通和对话)放在 3 个软性结构维度下考虑——组织文化、组织结构、组织项目,形成了颇为复杂的 12 项分析评估指标,做这样的全面的评估是十分困难的。该研究也说明了,不适当地引入管理和培训,会引起价值观上的对峙和扭曲。

另一个对南亚的研究(Edwards,1999)提出对 NGO 管理行为的解释,从项目实施的三个取向观察:效能影响、问责制、成本效益,对外部环境和组织执行的 4 个方式做分析:(1)目标与实施策略,(2)物质目标与社会目标的平衡,(3)规模的效应,(4)文化、组织、领导力和决策方式,也形成了 12 个维度的复杂的分析评估。这个研究(Edwards,1999)对于印度和孟加拉国的四个 NGO 项目作了比较,仅仅针对贫困人口的生活质量这一个目标,具体介入措施就有改善饮用水和私营医疗、支持可持续农业和提高收入、提供教育机会等。有的项目先是增加教育和医疗服务,在执行过程中有变成生存保障。研究者总结,由于项目实施的社会环境不同,在一个场景里有效的方法在另一个场景里就不太行得通。由于实地场景差异很大,要根据现场的具体情况来决定管理方式、风格和技术(Thomas,1996:100)。如赈灾紧急人道援助要以控制为主,对小型的项目要用调动自我行动的方式,在目标群体进入自我运行阶段时,专业训练成为可持续的支撑因素,如社会企业的财务管理、农作物品种试验、选择节水技术、科学研究等等,成为发展项目达到可持续的关键服务。

对冈比亚 6 个 NGO 的研究(Fyvie & Ager,1999:1994—1995)发现,NGO 的组织形象和创新特征与项目的成效没有关联性。例如 NGO 管理上的放权可能回应了关联组织的要求,例如捐赠者、支持成员、当地政府,他们的问责多是合同上标明的目标任务。另外,大部分实施项目在冈比亚甚至全世界乃十分相像,并无创新。而实际中刚刚相反的是,在社区基层有效的项目需要接近目标群体,建立他们参与的社会架构和行动的独立性,要花大量的时间对话和在行动中学习,这才是目标群体改善自己状况的有效过程。换句话,NGO 组织的发展可能达到了资助合同的问责目标,却并没有完成目标群体发展这个外部性的终极目标。

简言之,从 NGO 的价值考虑、组织管理架构、实施取向和 NGO 的组织创新和特点考虑,种种复杂的因素影响着执行项目的目标、手段以及成效。由于存在着诸多的相关因素,NGO 管理自身执行团队的能力和管理发展项目的能力,与项目的成效有极大的相关性。有学者(Thomas,1996：101—109)认为：管理发展项目和社会改进过程,并非一套硬性的方法和技能,以发展为目标的、改善社会的行动,是由多种项目和活动组成,从日常的公共管理、志愿者的福利工作、组织自求互助到小型生产程序,都需要在实际的场景中去学习和管理。

(二)个人经验和基层公共组织的学习

NGO 的项目大部分是在执行中边干边学的,因而对发展性的公共项目可以采取发展和学习的概念来评估。一个是 NGO 从业者个人成长的角度,一个是 NGO 组织如何学习执行和管理项目、如何学习管理自己的 NGO 团队。

中国的文化中有着边干边学说法,这与西方的成人发展理论有吻合之处。成年后,人逐渐转为自我指导(self-directedness)的学习,反省自己经历,给自己的经验赋予社会的意义(Knowles,1970：44),经验变为真实的"课本"(Lindeman,1961,6—7)。泰勒(Taylor,2000：288)指出,只有到了成人时代,对个人的经验从不同的角度阐释和修正,这时候经验和思维的社会意义才会真正显示出来。因而,根据有经验的成员的阐释来归纳 NGO 管理和评估是必要的学习。

首先,认知心理学认为(Billett,1998),每个人头脑中都有一个知识体系。每个人进入一个场景,例如执行项目的志愿者和村民,因各自的社会经历和利益不同,对实践场景的理解和解释、对知识的阐释也不同。社会文化观点认为(Billett,1998：29),人的社会发展的意义在于,成人在社会过程中会解释性地重新建构自己的知识,进而建构社会。参与有目的的社会活动,根据自己对社会的规范的认识和对自己的行动反思，在重要的经历中，摘取一些概念，或者把一些具体事归纳并提升为概念，形成一整套有关联的认知体系，就形成了自己的知识架构。外来知识灌输和讲解的作用有限，并且与实际有距离。因此，项目能否成功，当地人的认知十分关键。

接下来，个人的知识需要一个社会化过程才能成为集体的认知，才能成为公共管理的理念和方式。每个从业者执行项目时，与团队成员和目标群体有大量互动。他们要考虑：如何管理自己的项目，自己的项目与目标群体的需求是什么关系。当内在的知识体系与外在的体系吻合，从建构主义的角度，知识就具有可行性（Glasersfeld，1987；Billett，1998：22—25）。具有可行性的认知包括可以解决日常问题的理念和方法；或者杜威会说，就是解决问题的智商（Dewey，1938：77—85）。这个认知学习的过程是一个社会所共同关注的过程（Billett，1998：29），由相关个人组成的群体共同攻克社会制度所形成的障碍，在群体行动中达到共识并积累公共知识，就会产生积极的建构作用。

公共知识体系的价值取决于集体知识与集体经验的吻合程度，这是构成解决社会问题可行性的本质（Glasersfeld，1987：5）。沃瑟曼（Worthman，2008）做了一个研究，观察如何改善弱势群体的行为，使他们能够欣赏主流文化的行为、思维和信仰。社会行为改善是发展的关键。每个人（从业者也好、目标群体）在互动认知中重新塑造自己的身份，安全的社会环境可以保证良性互动和参与，进而创造出群体交流和社会实践的机会。参与社区性的协调活动能形成对社会的影响，包括用自己的思维观察社会、组织活动、宣讲自己的目标，进而形成发展的聚合力（Billett，S.，1996）。所以，通过社会机制的调节，例如参加项目村的管理委员会的讨论，目标群体个人的经验才能够在社会场合得到同仁的相互咨询。共同讨论和相互说服会提高集体经验的质量（Dewey，1938：26），从而提高社会行动的质量。这是社会改善和发展最本质的互动过程。但在认同高度集中的文化里，这个过程被忽略了，甚至被NGO所带来的计划所取消了。

公共知识进而需要集体经验在来验证。群体行动中相互对话，在行动中共同寻找更为理智、更为公正的词汇来阐释社会性的实践经验，避免个人感情用事而使思维偏执。玛瑞姆（Merriam，2004）认为，群体对话可以有一个批判性地反思，是一个群体自我引导和寻求社会意义的发展，可以避免过于自我偏执的定义以及产生单方面不成熟的认知。一个组织的集体认知可以形成特定的管理模式,包括集体意识、行动和自主范围等等,构成新的组织结构和文化,以及特定的集体能力(Xiao,2003)。

由于 NGO 的终极目标具有公益性和公共性,即推动社会和其他目标群体发展,他们的组织发展和管理具有两重任务:既要建设自己的团队,又要促进目标群体形成自己发展的能力。从中国本土 NGO 执行项目的经历中,获得管理团队和管理项目的认知是非常必要的。

三、观察对象和实地背景

本研究观察 NGO 从业人员在执行社区项目中如何认识项目运作和管理的要素,如何整合集体经验并形成自己的团队管理要素。观察的项目是内蒙古阿拉善地区展开的社区生态环保项目。这个地区以沙尘暴而闻名,据史料记载(阿拉善左旗地方志编撰委员会,2000:192—193):

自 1949 年前的 2154 年中,这里每 30 年发生一次沙尘暴。1950 年至 1990 年,每 2 年有一次强沙尘暴。20 世纪 80 年代后期农业和牧业急速发展,1991 年后,强沙尘暴天气出现频率增高。强沙尘暴天气风力超过 12 级,风速达 30 至 40 米/秒,飞沙蔽日,黑雾滔天,拔树揭崖,伤害人畜。1993 年后,每年出现 2 至 3 次强沙尘暴天气,连续 7 年遭受特大沙尘暴袭击。1998 年 40 天内发生 6 次沙尘暴,2000 年后每年有数次强沙尘暴和多达上百天的沙尘天气,扩散到中国很多地区及境外。

为了防止人类活动对生态脆弱区造成不可逆转的毁坏,阿拉善盟政府自 1995 年逐步实施生态保护政策。2001 年以来,国家投资 20 多亿元,启动各种生态恢复和保护项目,实施退牧还草还林,围封灌木林 270 多万亩,围封草场 1136 万亩。从生态脆弱区域累计搬迁转移农牧民 7516 户计 21316 人[1]。

2004 年 6 月,80 个中国工商业企业家,在内蒙古自治区阿拉善盟成立"阿

---

[1]　根据阿拉善盟农牧业局政府官员 2011 年在全盟农牧业工作会议上的讲话。

拉善 SEE(Society-Entrepreneurs-Ecology)生态协会"(下简称协会)①,宗旨是改善阿拉善地区生态环境,减缓或遏制沙尘暴的发生(阿拉善 SEE 生态协会,2004)。协会以企业家的开创精神与专业环保团队的行动能力,期望建构一个本土公益性组织,同时推动社会群体共同承担社会责任。

协会 2006 年提出了荒漠化治理的战略(阿拉善 SEE 生态协会,2006):"在阿拉善项目中,社区项目的居民是社区环保的主体,SEE 的任务是支持农牧民参与到生态保护和可持续发展项目中来,而不是越俎代庖地来决定农牧民和社区事务。SEE 在推动农牧民自我决策和自我管理的前提下,帮助农牧民提高个人素质和社区管理能力,实现农牧民的平等参与和民主自治,实现农牧民和社区的'内生式'发展模式。"内生式社区发展模式的核心,是将项目资金交由村民公共管理,以村民集体自主选择为本,整合村民、村的生态项目管理委员会、协会、政府和专家的资源,提高社区公共事务自治能力和调动基层村民的参与积极性,这是一个共同学习的过程。

协会项目团队 2004 年进入阿拉善地区工作,开始只有四五个人,后来人数增加到十几、二十人,活动逐渐扩展到阿拉善地区 20 多个项目点,219 个大大小小的项目,包括能源替代、节水农作物试验、牲畜品种改良、农牧圈养、梭梭林保护、苁蓉种植、草场保护、节水灌溉、股份制养殖、社区基金等等。使用的方法和活动有数十种,包括出外培训、参与式推动、集体协商会议、入户访问、小范围讨论、协助推动、咨询、资源整合性资助、贷款、民主选举、生态项目委员会、生态合作社等等。项目执行以来,村民和阿拉善地区政府高度评价项目所取得的成绩。盟委副书记微服私访项目点后公开表示:"我愿意把我们的项目与你们合作,靠 SEE 的可行、民主的方式,符合建设社会主义的新农村理念,让牧民当家做主人。你们的方式吸引热情高的村民,由他们提出问题自己做,与政府在寻找的、转变扶贫方式的理念是吻合的。"政府认为协会团队的工作方式抓住了生态保护问题的核心关键,对基层治理产生了实际效益,并以资金配合农牧民的项目,推进生态保护和村民生产生活的改善②。

本研究观察的对象是协会在阿拉善地区的项目执行团队,包括离开的成

---

① 每个企业家每年向协会捐助 10 万元,至少坚持 10 年,2011 年有 180 多个企业家加入协会。
② 根据 2006 年 3 月 8 日星期三阿拉善盟委副书记向协会战略考察委员会的介绍。

员。他们包括：(1)来参加培训的志愿者(10多人)、前后进入的项目干事(9人)，(2)负责执行项目任务的项目官员(6人)，担任多个项目以上的项目主管(5人)，团队内部负责团队的项目领袖(前后几任4人)。他们有多人是在7年的过程中从志愿者成长起来的，经历了项目的初期到成型阶段。团队最多人时近20人，观察人次在50人次上下。

中国NGO的从业者在进入实地时，大部分人是一边干一边学习项目管理的。这个研究采取了德尔菲(Delphi)方法，特点是利用执行团队第一执行人的经验、知识和智慧，经过几轮的信息收集和交换，逐步整理出清晰的共识，梳理出从他们在项目过程中学习和执行项目和管理项目的要素，特别是对这些要素的阐释。

在2006年3月和9月的第一轮考察、初步接触和访谈后①，根据录音整理了团队成员对工作和管理认识的维度，归纳为：(1)如何认识自己的工作；(2)工作中的社会环境，包括目标群体和其他相关群体；(3)工作任务和内容；(4)工作技能、能力和知识的要求；(5)团队内部协作和关系；(6)团队管理和与指导。

第二轮的观察在2007年4月，根据以上的研究问题，对团队全体成员做针对性的观察和访谈。之后，每年都对团队做跟踪式的访问和观察，2009年做了一个全面的信息交换，直到2010年一些项目完成。由于篇幅有限，本文以有代表性的场景来说明项目执行和管理的要素。

四、团队执行能力的分类及管理

本研究基于团队成员在场景中的经历和阐释，有别于引用国际NGO管理构架和资助机构的问责评估标准。执行团队对执行和管理项目的理解，是从自己进入项目村后执行项目的能力成长的过程来阐释的。团队的工作分工和成熟阶段分为：(1)进入阶段，志愿者和项目干事；(2)专职阶段，专职成员或

① 研究中采取了多种现场观察的方法，参加协会各种会议、项目点现场观察、团队培训和工作会议、团队日常活动、针对性的个人和小组访谈、目标群体访谈和观察等等。

项目官员，独立承担项目和管理；(3)专业阶段，称为项目主管，要协调几个项目和指导项目官员；(4)领袖阶段，建构团队和设计社区发展的项目，指导项目执行。阐释和分析的语言基本采用第一线人员的经验和语言。

(一)第一阶段：志愿者和项目干事

进入 NGO 的志愿者有一些共同特点，对处于社会边缘和弱势群体有同情心，并意识到公益活动可以改善弱势群体的社会境况，他们也把 NGO 看作是认识社会和历练的机会。他们对进入 NGO 组织的工作有几个方面的认识。

1.自我意识

在社区工作的志愿者和项目干事，在大学时都参加过一些志愿者的活动，例如环境保护、扶贫和农村发展、赈灾等等，都积累了一点点经验。他们中多数人做过学生干部，甚至发起过大学生环保社团。例如，一个南京大学的毕业生，曾跟随教授参加执行保护中华虎凤蝶、白鳍豚的行动。

开始的活动多是宣传性的，参加 NGO 活动的成员多来自于贴近社会基层的群体，如农村大学生，或家庭成员中有当过兵、做过农民工的。NGO 工作的角度，例如对艾滋病人关怀的工作，让他们从一个新的角度重新解读社会，重新走近他们曾经要离开的那些群体。一些新的词汇，扶贫、发展、公平、生命安全、公民社会在触动他们的思考，看到 NGO 的活动直接帮助了弱势群体，他们的热情被激发起来，感到"我"可以做一些事。公益活动和目标激荡了他们热情和单纯的良知，他们"发现在一个孩子失学的时候让他重新去上学，就觉得这是很快乐的事情。就像把海边搁浅的小鱼扔回到大海里了"。

他们萌发了想象力，想试试自己的能力，就变成"有些另类"，与其他升学和到商界工作的同学不同，他们还不确定自己将来做什么，但希望要给自己一个可以试试的机会。他们在不同 NGO 之间跳来跳去，如国际计划的水域环境项目、孤儿院和艾滋病关怀项目、乐施会、宣明会、TNC 等等。师姐和师哥会告诉他们各种经验，他们有着一个全国性的联系网络。

2.工作环境和任务

来到拉阿善社区项目点，先有半年到一年左右的志愿者期，再转成项目干事。做志愿者和项目干事，任务明确而单一，主要是对目标群体做宣传、做会议记录、整理资料、维持项目现场秩序等等协助性任务，其实让这些初入者熟悉项目的环境和群体,都是很软性的。有经验的项目官员在执行任务时,例如做一个村子的社会状况评估,志愿者就跟着观察和做笔记,虽然他们做的笔记比较零散,成不了独立的报告,慢慢多走访了几家后,他们也学会以"师傅"的口气,问一些问题:您什么时候移民来这里的? 一家有几口人? 有多少亩地? 漫灌玉米需要多少水? 他们做会议准备等行政杂务、负责器材和用具等等。

一个成员曾经参与陕西农村一个国际组织的"水与环境卫生"项目。项目领袖"大概讲解项目后,就提供各种各样的资料",志愿者就"照着做"。他们进入村子和学校,按照事先设计好的方法做宣传和组织活动,给孩子讲刷牙、洗脸、便后洗手的卫生习惯,改善农村儿童的生活环境。这个组织还为从窑洞里搬迁出来的农户建水窖和干湿卫生厕所,志愿者的任务很简单,观察孩子有没有采用卫生用水的方法,并继续对孩子做巩固性宣讲,讲解讲卫生的好处。但志愿者在村子待了一个多月后,对行动目的了解还是十分模糊,虽然他们极力根据资料讲解使用节水的好处,但农户的积极性不高,项目的效果并不太好。

所以,最初的工作就是跟随"师傅"或者按照领队的指示工作,没有独立的任务,工作是打杂性质,不需要承担责任。

3.技能要求

项目干事和志愿者大多没有接受正式的培训就被送到项目场景中。他们一开始就接触新鲜的词汇,像 PRA、基层民主等。

志愿者和项目干事进入团队的时间短,没有参加过项目设计,所以对整体的目标和意义不太清楚。但通过他们的笔记和资料整理,或者日常的团队内的分享会议,他们的主管很快能判断他们对现场问题的理解能力和文字能力。如果他们有较强的反思能力,就会很快发现一些有趣的东西,例如发现 PRA 是比较活泼的形式,但缺乏人类学那种细致地考察社会和人类活动的探究。

如果观察力强,他们会发现,目标群体的农民缺乏一些行动的要素,村民互动配合的能力还很低。如何解决这个问题,"学校里没有教过。"这样的志愿者想到的不是简单地执行任务,他们的兴趣很快转到扶贫项目的设计思考上。一个北京大学的人类学研究生发现,调查访谈、项目评估、与农民的沟通,都是以前没有认真想过的东西。有反思灵性的成员,很快从"拯救了搁浅的小鱼"的满足感中跳出来,开始思考:"这种想法是不是对呢? 有多少这样的项目啦？自己能够应付多少啊？你感觉需要很多能力去应付你的环境，但能应付多少也不清楚。"

有学习能力的助手，边与农牧民访谈边观察，通过认真地整理笔记，一些志愿者发现村民们不懂财务管理，不计算节水成本，并且发现自己其实也讲不清楚什么，很难改变村民的行为。有个志愿者开始反思自己的能力，想到可能先要从提高自己的能力开始[①]，包括与村民沟通的技能，调查时的提问和如何理解农户处境的思路都是需要提高，但沟通能力不仅仅是语言问题，是自己缺乏对农牧民的社会处境、对他们的经验的理解产生的判断差异。

他们的能力提高主要是从自我为主体思考的角度，转向思考自己与农牧民互动的关系的有效性。志愿者认真地观察，具有开放的思想，认真做笔记，与主管和其他同伴分享，是提高反思能力和沟通技能的必要的学习过程。他们很快明白，与目标群体的交流和项目评估是下一步要学习的。

4.组织结构

对初入职者来说，NGO 组织内部的结构并不复杂。他们通常被分配在一个需要人手的项目里，跟着一个比较资深的项目官员工作。在未来职业不定的情况下，他们普遍抱着试一试的心态。上司是项目官员或主管，任务都是以非正规的方式来派发，他们不必承担责任也不需要做独立报告。任务简单，在村子里去找人来开会、协助项目官员做评估、向村民做简单宣传，主管能直接观察到他们的表现，了解他们的个性和工作效率。

协会项目的目标群体是农牧民，志愿者工作一开始就在开放的社会性的场景里接触基层的民众，向他们了解生态保护的问题、背景和他们的需要。社会群体的背景和问题极为复杂，这是志愿者最初感到最为费解和迷惑的。在这个阶段，志愿者的学习主要是初步实习和感受。在组织机构里要处理的问题就是配合项目主管，在基层社区执行简单的任务。

5.工作要求与指导

初入者处于"还干不了事"的阶段，团队领袖也"试一试"他们，"给他们空间，找到自我感觉"，是指导者与初入者相互选择的机会。志愿者多是报着激情或者尝试的心态而来，"走着看，体验一下"。最初接触公益、公民这些词汇

---

① 根据访问资料［VOCO38, VOCO49］整理。

并不清楚其意义，也很难理解项目要"促进"和"转变"什么东西。

有的志愿者参加过NGO培训，"主流培训套路是一样的，有大同小异的感觉。一开始很感兴趣，听多了之后思考一下觉得都一样。比如先来个互动，先介绍人员，只是方式不一样，之后再来个什么别的活动，你会感觉没有多大的区别。"而阿拉善的项目团队"跟以前的培训完全不一样，这里空间给的大，在一种环境氛围里面……给了各种的讲座，是一种意外的惊喜"。

对志愿者指导的第二方面是细致地交代任务，解说实行的步骤，阐释任务目标和意义。主管肯花时间去了解新来成员的背景，并指导他们理解SEE项目的意义和目标。让新来志愿者的理想或者对这个组织的期待，转变成更为实际的认识，用项目的特点来吸引他们，一起设定学习和提高工作能力的目标。

来到阿拉善团队，志愿者和项目干事都要求在项目村子里住着观察。"去听听村民想做什么？他们准备怎么做？"2006年，贺兰队的村民想建一个自动化挤奶台，一个新来的志愿者被派去"听"村民"说怎么集资啊，怎么建，建在哪啊"。刚去自然什么都听不明白。后来熟了村民就很乐意向他说他们的想法，听多了他就开始明白了。团队领袖要求这个项目干事做过程笔记。

在实际中，另一方面的"指导"来自NGO的伙伴。工作中遇到困惑，组织内部有争执，NGO的师哥师姐师弟师妹经常用手机和电邮交流，这是他们的"保育"网络，互相解读不同环境里的冲击，提供心理上的安慰，也互相分析各自的长短处，还讨论各个NGO组织的利弊、项目特点和人物。他们平辈之间的咨询可能远远大过组织内部的指导，特别是在受到挫折时，他们相互安慰并且为跳槽搭桥牵线。当年轻的朋辈咨询不当，会增强抗拒组织内部文化的心理，以辞职逃避挑战，"此处不留爷，自有留爷处"，一走了之。而过于高压的领导方式会使得一个组织常常失去具有潜力的团队成员。NGO的从业者通常自主意识比较强，心理支援不当会使他们跳槽频率增加，而引起团队不稳定。

（二）第二阶段：团队专职成员

大约一年内，志愿者和项目干事会有一次考试，"考试合格的"就留下来成为专职成员，做项目助理或项目官员。考试有四个问题，每个谈三分钟：一是 SEE 协会的作用是什么？二是项目的作用是什么？三是项目官员的作用是什么？最后是说项目的主体是谁？

项目助理和项目官员要逐步独立执行任务，要担负责任了，项目要有实际成效。如果认真地去体会做事的方法，他们就进入了做事的状态。这个阶段最大的转变是，在做事中认识项目主体和客体的关系、项目过程与效果的关系。在这个阶段的后期，能干的项目官员要同时执行两至三个项目。

1.自我意识

独立做项目需要有能力应对实际的细节，被留下来的人往往是喜欢挑战的，"很习惯从一个角色转换到另一个角色，特别喜欢工作中有新的东西不断地出现，走一步不是盲目的，而是越来越清晰知道自己想要什么。"

他们开始追求"做好一个项目"和"做一个好项目"。一个来自农村的项目官员说："我大学读了发展学，它启发我开始思考，但这下我更困惑了。农村要摆脱贫困，我的老师有很精辟的见解，如果要实际做的话，就未必了。我对自己的要求就是能踏踏实实做点事。SEE 协会在行动力方面邓老师做的给了我很大的启发，在网上也去看了，我也跟师兄谈过，从人为因素做到社区发展这一块。如果能把发展跟生态都做好，是我更高一步的追求了，我就来了。当初是没有整体的一个思路的，是比较零碎的。从实际过来后，我觉得，更多的感觉是从实践中过来的。"行动的理念慢慢清晰起来，是解决客观的社会问题，而非自我的关注。

项目官员住在村子里，"上人家里，说说聊聊天啊，干点啥的啊，慢慢也知道他们农牧民想干什么了。回来项目办公室，周末或者晚上，团队就讨论和分享，把村民的想法做比较。我们有学发展学、人类学、公共关系策划、环境科学、农业经济、学林业的、学矿业、计算机的，把学过的知识都拿出来讨论，与项目管理比较，将失败的项目经验与村民自己的决策比较，把以前的经验放在这里头，就觉得有东西可学。"

比较是认识问题的一个学习方法。他们的讨论和信息多来自于村的实际情况，如何做事是团队内项目相互咨询和讨论最多的题目。他们拿过去参加NGO 的经验、学科知识、项目执行体会、村民的看法做比较，每个人把不同场景的经验放在一起分享，像把过去无意散落的珍珠一粒一粒又拾捡回来、用线串起来，与眼前要解决的社会问题连起来。

一个项目官员发觉："就像以前我做那种公共关系啊策划啊什么的,也是遵循一个逻辑关系的,整个过程怎么去控制,我觉得项目管理这块在各个行业它是相通的。我在公益事业中没有工作经验,可以在工作中慢慢去学嘛!"

在基于多方知识、信息和经验的讨论和分享中,自我关注在语言中逐渐淡出,逐渐转为另一个思路:"老百姓他们关心什么? 他们要想做? 问题在哪里? 不同的人怎样看这个问题的? 他们如何可以做到他们想做的事?"这是项目官员展开项目执行,解决农牧民和生态实际问题的一个逻辑的线头。

2.工作环境和任务

协会的社区实践的工作方式,首先是推动农牧民建立自己的生态项目管理委员会,负责项目决策和执行。嘎查(村)的大管理委员会负责外来的资金分配,小管理委员会负责具体项目,同时向大管理委员会和协会提出申请资金。协会团队具体目标任务是,引导农牧民自己认识自己生产和生活中的问题,并提出问题和解决的方案,项目团队再给予配合和资助。

基于 NGO 的原则——以外部社会性发展为终极目标,团队把当地的农牧民看作生态保护的主体,这个价值理念是项目执行的准则,团队不允许替农牧民作决策。项目官员的工作任务是配合农牧民的嘎查项目委员会的进展,适时地给予推动。

这些年轻人 25 岁上下,常常住在村里。阿拉善属于沙漠草原地区,气候干燥,饮用水中盐碱很高,当地人都兑一些糖再喝,条件相当艰苦。由于从本科时他们都跟着老师去相当辛苦地做过项目,所以有心理准备。

一个项目官员住进了贺兰队。贺兰山是阿拉善地区的水源地,是国家生态保护区,牧民从 35 万亩草场撤出来,定居在贺兰山西面的冲积平原腰坝地区,成立了贺兰队。牧民变成农民,人均只有 3.6 亩土地,种玉米每亩地收入在 500 元。生态移民们对补偿政策不满意,成为著名的上访村。

贺兰队成了团队的项目点之一,2005 年项目官员头 3 个月先做社会调查。社区发展需要资金,项目官员的任务是促进村民形成自我讨论的小环境,让他们互相尊重,各自有充分说话的机会。项目官员的角色十分重要,在农牧民争论时要把握讨论进程,让各方都有机会和时间说话,引导他们协商。当心里的话说出来了,相互都听到了,问题才会清楚了,建设性的提案才会出来。村民经过半年多的讨论,自我决策,2006 年下半年项目管理委员会达成决议,集资 48.5 万元建设自动化奶台，38 户村民集资 100 股共 20 万元，土地折股 3.5 万元，协会配比股金 25 万元。

项目官员的角色是陪伴村民行动。村民为奶台项目成立了小管理委员会，他们去银川考察伊利供奶的村子，通过一个企业家认识伊利的老总，村民跑到银川去谈奶台修建的要求、牛奶收购的质量、几天结一次账等等商业合同，然后村民又找到奶台设备公司选购设备。

2007 年春天奶台建成，有厂房、储奶罐、挤奶台等设施。项目官员对我说："我也做不了什么，就是陪着他们跑跑。"①其实项目官员很辛苦，伴随村民走过了每一步，听他们酝酿、开会和争执、考察和了解市场情况、讨论筹资和决策、设计和挑选工程队。村民有了自主性和自主的空间，一切都尽可能在公开的程序里进行。项目官员也有了进步，学会在过程中把握关键时机，适时给予农牧民各种支持，陪着农牧民去谈合同买设备，去见经销商，督促他们的施工的工程进展②。

3.技能要求

项目官员的工作任务是把握村民项目的进程，适时地促进他们往前走一步。关于是否需要建立牛场这个重大问题，村民存在各种疑问，项目官员要他们自己问问每一户的意见，要村民自己了解情况。在讨论和争执的关键时候，提醒他们采取有效的方法，例如大家不知道奶台如何管理，需要多少资金，他们就提醒村民出去看看，协会为他们出考察费用。项目官员要有能力判断什么时候是需要协调和提供信息，什么时候适合集体讨论，什么时候需要村民的关键人物之间做个别咨询。

村民各家收入情况不同，集资也有不同意见。有的村民愿意集，有的不愿意集！村民十分想听到 SEE 协会的建议，但项目官员坚持"助理"的角色，引导村民讨论："别人怎么看你的意见？资金不够怎么办？集资后怎么管理啊？其他人同不同意啊？"促进村民沟通和考虑更细节的问题。

项目助理认为："自己是站在这个第三者角度去听去了解去看，看他们怎么去争论啊，怎么去选择啊，怎么去自己筹资啊，因为这可能是受邓老师影响

① 2008 年 6 月 6 日采访问贺兰队项目点项目官员。
② 根据 2007 年 5 月 18 日采访贺兰队项目点项目官员。

吧！我清楚，我自己没什么能力去给他们做些什么啊！"

项目官员需要有引导会议的能力。2007年春天的一个晚上，村民开会讨论入股集资养牛，小管委会干部请协会项目官员讲话，项目官员就发言：

"我其实不懂，我就是在贺兰队到处转，听听大家的想法，把大家的意见理出来，给大家对比优点和缺点。你们看啊，第一，入股牛场养殖成本低，统一在牛场，统一挖一个大的取土池，比一家一户挖一个节省人力和物力；在家一个人养四五头牛，一天喂几次，劳动力被限制住。入股后，在牛场一人养50多头牛，你自己可以去做其他的事情赚其他钱。另外一个优点是，议价的权利。一家一桶奶量小，收奶的说多少就是多少。如果养了二三百头牛，有几吨奶，可以与收奶的人讲价把价往上提。另外，在奶场统一饲养、统一防疫、统一管理和销售，这也是一个节约成本的过程。再有，一家人管理不好，前几天××的牛管理不善就去世了大家都笑了。我在奶台看到收奶的情况，很多被打回去，有奶过酸的、有偏盐了、含菌量高的，这就是一家一户养殖质量不好控制。牛场统一管理，可以避免这些问题。还有一个是，股份制牛场，所有的股民都有权利管理，可以共同关心、齐心协力，提高养殖水平。缺点和限制有两点：经验的缺失，以前没有搞过这样的大规模的集体养殖，管理人员会缺失。另外就是，入股以后，不是一家人说了算，要大家一起监督。"①

他的发言把村民们的看法作了梳理和总结，之后就由村民讨论。项目官员在村子里的基本功是观察和聆听，放弃自我主张地听，一段时间后就学会了比较和分析的基本技能，这是引导会议基本功夫。

完成一项工作需要一定的知识、技术和能力，简单的任务只需单一的技能，例如，志愿者在村民讨论时作记录。项目官员要评估某个项目能否实施，实施中要监测整个程序②，项目评估是一套基本功。

SEE协会团队社区实践的价值导向是："村民自己想做什么项目"，而不是以专家的身份评估村民"应该做什么"。这是两个方向的价值取向概念。"应该做什么"多是上级政府、外来的专家们期待和定义的目标；而"村民自己想做什么项目"是他们自己内生动力的设想。所以项目评估是推动本地群体

---

① 根据2007年4月会议录像。

② 根据2008年5月18日采访贺兰队项目官员整理；根据2007年4月采访和录音记录[VOCO22，VOCO25，VOCO26，VOCO28]整理。

了解社区生态和保护的问题、自己的行动和能力，再有村民提出项目和设计项目。这个村民内生动力的价值体系首先需要项目官员在自己的思维里把"我主导"意识抛出去。

评估第 1 步，首先与地方管理部门沟通，获得政治上的支持，包括镇的政府机构，要让他们了解团队做项目的目的。获得通行证进入村子后，就与村两委会沟通，开个村民大会，介绍 SEE 协会的背景和目的，最重要的是说明："我们不是来做我们的项目，是和你们一起讨论你们的项目。"

第 2 步是与村民见面和沟通，以大、小会议、入户的方式介绍背景，说明："今天我们就是听听你们说自己的一些藏在心里、可能很多年想做，但是还没有能做成的事情。"参与式的会议是可以采用的一个方法，了解村民们对自己村子的状况做初步的参与式的评估。但 PRA 快速式的方法还是有严重的不足，如果 NGO 项目官员只在当地做一两次的这种 PRA 的方法，就把外来专家的设计的模式让目标群体执行是不足的，常常形成 NGO 组织"一走茶就凉"资金一断项目就停的后果。所以这个团队改革了项目步骤。

第 3 步会议后，项目官员在整个村子里要做调查，先选几户做深入访谈，因为"会上有的人性格较内向，有的怕说不好就不说话"。选的农户包括经济收入的尺度、文化考虑，特别是蒙汉混居的村，有牛户和没牛户等等。项目官员角色定位很重要，在心理上把自己的优越感完全撤出了，明确来的目的是协助，村民是行动主体，他们的意愿是行动的动力。项目官员的重要技能是"调动大家互动的氛围，让大家一定要把自己的想法说出来。如何引导要看当时的情形，如果有时理解起来比较困难的，用诱导的方式，慢慢地把他的思维引起来，让他把他想说的话说出来"。比如政府为了保护生态把牧民撤出了草场，项目官员引导村民思考："你们过去过着什么样的生活？现在的生活怎样？为什么现在突然要让你们搬迁？这个搬迁是不是你们自己愿意的？"有了真诚的尊重，村民很快就如冰释水坦诚地交流。

第 4 步是引导村民之间的交流和思考。一家一户了解情况可以得到许多会议上得不到的信息，私下村民比较愿意讲出自己的困境，但在村民公开会议上要说出来，需要学习。项目官员建议村民开一些小组的集体讨论、分享经验，并采用比较方法，例如问他们草原上"已经没有草了，羊吃什么？"让他们集体讨论这个社区面对的生态和生计的问题。

第5步是形成村民决策机构。村民在项目官员启发下互相交流了,牧转农的贺兰队有人提出了:"我们想养圈养羊,但是我们技术不行。"贺兰队有很多户提出养牛收入高。当这些话从大多数人的嘴里说出来,项目官员就知道需求开始有了共识。要保护草场不是一家一户可以做到的,团队就建议村民民主海选,成立自己的项目委员会。

第6步,村民生态项目管理委员会成立后,项目团队就主动撤出来,只作为项目管委会可以寻求的外来资源和咨询机构。项目官员这时的任务是推动村民自己主持讨论,由村民和委员会讨论提出自己愿意做什么,可以做什么,集体开发项目和自己管理。当管委会里的村民们讨论和提出共同商定的项目—决策,他们再向协会的团队申请支持资金。

第7步,团队在当地设立了项目申报会的公共法权机制,参加评审项目有十几个村子的生态项目管理委员会的代表、当地的专家、协会团队的代表。所有的社区生态项目提案要在项目申报会上公开宣讲,再由评审团匿名评分,最后总分最高的前十个项目会获得资助,但必须根据公共的评议做项目改进。

建立社区的项目管理委员会,目的是促进农牧民构建本地为主体的公共管理机构。例如,几个嘎查的牧民经过讨论,意识到每家过多养羊,自己草原上的草就长不起来,草原是他们的家园。牧民就以生态项目管理委员会制定了保护草场的村规民约,考虑草畜平衡,每家羊按照120亩一只羊的比例减少,每家都卖了三四百只羊,只保留100只上下。全体牧民遵守并且自己监督执行村规民约。

生态失衡问题是"由于人的生产和生活方式引起的"。所以,协会团体用的方法是推动农牧民自己讨论,自己做评估,自己决策做方案,自己学会寻找资源。协会团队的理念是:我们是要撤走的,现阶段只作为村民可以寻求的外来资源和支持;当地生态保护是长久的,项目必须由当地人集体认识、商定,共同提出他们的项目,而且是村民自己愿意和能够做的事。村民民主选举出来的项目管理委员会是当地保护的公共管理机制。项目评估的过程实际上在引导村民学会自己评估社区的状况,自己讨论和协商达到共识,自己开发项目,执行和管理项目。这一整套评估方式是被称为内生式的社区发展,逐步地让村民成为评估的主体,决策和保护行动的主体。

4.组织结构

项目官员面对的外部机构就是项目点社区里的各种组织,要接触的人群包括村子里村委会、村党支部,村民大会、一家一户的村民、村生态项目管理委员会,在他们之间做协调工作。对内,项目官员每周向主管或者团队领袖报告项目点的进程,在团队会议上作分享汇报。团队的行动理念界定项目官员如何面对村的机构:通过介入性社会活动,推动目标群体改善自己的状况,进而持续发展;而非去社区里做项目。"NGO 没有项目",是老百姓做自己社区的生态保护项目。因此,项目官员大量的时间是在嘎查里,推动村民建立自己的生态项目管理委员会,监测它成长的状况。项目官员要了解基层社会结构,获得这些群体的信任,项目官员的任务不是自己行动,是推动当地主体学习协调社会行动和自己行动,是"用基层民主的方法,让我们老百姓做自己想做的事情"。

这个团队也发生过项目官员被村民管委会炒鱿鱼的事(邓仪,2009)。一个村对项目委员会与团队签下了生态项目协议,并制定了草场保护的村规民约,但他们同时提出:要求换掉项目干事。原因是这个项目干事在项目过程中,"用自己知道的套路来教化村民",要村民服从外来的成功模式。这个项目官员把自己看作了项目的主宰,后来离开了。

5.工作要求与指导

在这个第二阶段,项目官员要硬着头皮学习独立工作。他们为什么通过考试留下来了?"不是(学习)快慢的问题,是个人带的那种价值观,个人先入为主的价值观很难改变的话,就会影响对任何一个新事物的理解,这个是致命的。再一个是对这个非政府组织在社会上面处于一个什么位置,很难把握住。而协会的团队需要一个非常良性的、能够跟政府、跟村民、跟各个方面处于一个非常好地沟通的机制和观念,有的人一时半会是转变不过来……年轻人多的社团和组织,很容易被激情的东西所控制住,只觉得我们在做好事,我们在贡献,政府也不对,什么都不对,整个社会都是不对的,我们需要扭转这种不公平。年轻人想找一个一分为二的、清晰的东西。"

但团队领袖引导年轻的成员必须越过这个黑白分明、与政府对立的简单思维,而是随社会环境复杂性来认识问题,包容多方不同的看法。

总的来说,项目主管或者团队领袖要求成员:要尊重村民,团队要转向为社区整体村民服务,让村民发现他们自己做事的价值。他们指导项目官员,在整个过程中,密切注意每一个阶段中各方协商的结果,再根据他们的需求在小管委会、村民、SEE 协会、政府和技术部门之间协调。面对错综复杂的因素,项目官员心理需要承受压力,来来回回地做促进和协调,但始终坚持村民的事村民自己做,管委会决策后协会才提供一定的资金保证。

指导项目官员第一步,先让他们超越以自己的经验对社会问题做简单判断。团队领袖喜欢说的话是:"去听听农民说什么?"最多的告诫是:"不要把自己的想法认为是最合理的想法!"项目官员逐渐懂得,每个人生活的环境不同,都有自己的想法,要尊重村民,小管委会是"让他们说出来"的社会机制。

第二,开始做社区的协调工作和召集会议时,团队领袖现场做示范,指导项目官员:会场是村民充分表达的机制,而非项目官员自己长篇大论地演讲。细致的指导包括所用的语言:"你要问:你们是怎么想的呢? 然后听他们说。"

第三,团队领袖一再要求团队成员抛开那种宣讲个人看法的意识,把时间、空间留给当地主体——社区整体村民:"SEE 协会和我只是外来的资源,不是表达主体;要村民自己说出来……自己决策,我们不帮他们选择,他们自己考虑做事的条件,要他们自己去做事!"

第四,在团队处于良好时期时,内部形成一个案例分享的氛围。成员从项目点返回来大家就分享经验,团队领袖对项目评估做指导,并要求项目官员做项目过程报告,记录村民活动的进展和分析介入关键点。

在一个良性的团队里,从个人经验到欣赏,良性的内部环境十分重要。在鼓励和心理安全的环境里,成员们会自由自在地分享各种经验,互相给出建设性的建议①。团队建立的头几年,成员们享受了这种健康的团队气氛,项目进展顺利。

(三)第三个阶段:项目主管—专业成员

有了一两年独立执行项目的经验,就可能升任项目主管,负责几个项目协

---

① 在心理不安全的社会环境里,社会成员会有防范心理,怕被指责而时时为自己辩解;同时挑剔别人的问题,以保护自己不被攻击和挑剔。

调、督促和进度监测,对项目干事、项目官员做指导。各个项目开始时间不一,进展程度不同,各阶段的推进的杠杆点也不一样,需要的支援也不同。项目主管常常要和项目官员一起做分析并及时指导,还有对几个相关群体做协调。

1.自我意识和理念

成为一个项目主管时,思考的关注逐渐从"做好一个项目"的评估或者完成任务的责任中超越出来,更多地专注于整个过程是如何展开。"要盯着发展的进度才能协调几方的配合,他们平常要定期地下去,检查项目的阶段性的进展情况。"

一个女项目主管说:"我住在下面两三个月都行,我挺喜欢现在这些社区工作的,我觉得这是可以长期发展的一个行业,基层工作的这些经验是一定要有的,至少得有三年,要把整个项目的流程过程都要经历一遍,而且是要完整的,不是蜻蜓点水的。而且我跟村民承诺过的,我说这个事情是一定要做的。"

他们的专注精神使他们看问题超越了短期视野,"我们走了他们还能不能做啊!"考虑更多的是项目现在的行动与未来结果的关系,追求可持续和将来的效益,这是专业管理人员的特征。[①]

他们越过了前期经验不足,穷于应付的状态,当心中有了整体进程的概念,工作就从容多了。依照项目进展的情况,给予协助和资源协调,有这样的项目主管做师傅,项目官员和项目干事、志愿者的进步比较快,做事也比较有效。

管理项目中最难的是,几个关联群体有不同意见,生态项目需要村民的行动、政府的政策配合、技术部门的支持、各方的资金支持以及市场的机会等等。一个主管认为:"了解流程比较有把握,但在具体的推动(几方)这块,还没有把握,不好说。每一方实际也是一个更小的管理循环嘛,要涉及跟各个利益方的沟通。我觉得我需要锻炼的,就是利益方之间的协调。还是要了解不同体系那个话语的方式,能从他们的角度去思考问题是最重要的。例如,我换另一

---

① 第一线的工作人员是按照组长的指令完成规定的任务;而管理人员的任务概念是:今天行为对将来的结果会产生影响。见 Carnoy, M. & Levin, H. M., 1985. *Schooling and Work in the Democratic State*(Stanford University Press), Chapter 5 Reproduction and the practice of schooling, pp. 110–143.

个角度考虑问题，就知道那个问题出在哪了，要解决这个问题需要从哪儿着手。对这个群体村民也是一样的。如果这个项目推不下去的话，我就会想，从他那个角度，问题出在哪呢，我这边怎么帮他解决。"

这个阶段项目主管从一个具体的项目里抽身出来，要理解由项目所系在一起的社会关系网络——几个利益群体的相互关系、各自的行为特点和在整盘运作中的位置。他们要尝试客观地认识社会各个子系统行事的逻辑，在协调中建立几方可以接受的语言词汇。

项目的利益相关各方中，政府往往是协调最棘手的一块。但项目主管认识到，政府有多个部门，"政府人员也有自己的苦衷嘛，以前打交道较少不了解。……如果你不能了解到他们内部的一个循环的状态，你是根本没法去做沟通和协调的。我也会让他们去了解我这边是怎么想法的。"

项目主管会更主动地预先性地与有关群体互动，主动认识这个过程中还不清楚的事物："我下去肯定是有目的的，从去年吧（做项目主管后）下乡有两个目的，一方面即使不是我的工作，但是我感兴趣，他们出了一些事情，我想知道那个项目是怎么搞的，我会跟着下去听。然后还有一块就是自己工作本身的一些内容。就是下去做一些评估啊监测啊，还有核实一些数据啊什么的〔项目检查跟踪〕……如果是平常的话就定期地下去，如果项目紧的话，会经常下去，一两天两三天就得下去，因为你要盯它那个〔展开的过程〕走。管理就是定期地下去检查项目的阶段性的进展过程。"

2.工作环境和任务

我们以一个案例说明项目主管工作的环境和任务。贺兰山上的168户621个牧民从35万亩林木草场上撤出来定居在腰坝。过去家家有五六百只羊，早晨圈门一开，羊就进了林子里。如今，人均3.6亩地以种玉米和圈养牛羊为生，完全改变了生产和生活习惯，人均年收入2500元，收益急剧下降。

另一个生态危机随之而来。腰坝地区有8万—9万亩地，每年漫灌玉米地，每亩消耗600—800吨地下水，每年耗费地下水4000万立方米以上，超出贺兰山自然补给地下水2000万立方米的一倍以上。农牧民经过几个月的自我评估，做了一个算术题：一头牛等于5亩土地的收入，一头牛1年需水100吨，5亩地共耗水（800吨×5）4000吨，同样收入的耗水量，如果养110头牛，每年牛场节水量（4000吨-100吨）×110头牛等于429000吨地下水。

经过一年左右的努力，挤奶台终于在 2007 年春天建成，但接踵而至的问题是：如果每家人每天从家里牵着一头牛去奶台挤奶，奶的质量无法控制，另外村里的牛总头数不够一个奶台采集奶的可容量 110 头。2007 年 4 月 8 日晚，①村的大管委会与奶场项目小管委会共同召开会议，先集中各种意见和建议，因为第二天要开村民大会讨论集资入股、集体养奶牛是否可行。在这个大、小管委会预备会上，大管会主任②先概述了村里当下形成的局势：

"今天主要（议题）是牛场要进牛。到现在奶台投了 50 万，用得差不多了。村民集资 20 万，但老杨（一个外来的个体养牛大户）的 5 万钱还没有到位，协会出资助 25 万，现在要考虑进牛了。我们考虑过把牛场作抵押贷款买牛，但不行。……现在的目标是奶台运转起来，达不到 100 头挤奶牛，奶台就很难运转。现状是什么呢？要大家来分析……要不要买牛？哪里来钱买牛？大户想要买更多的牛，贫困户还没有牛。大多数人比较愿意（在奶场）托养牛，托牛价在一年 1000 元左右村民很难接受。入股经营也是一个方向，入股怎么配股？采取什么措施，这是第一个大的问题。第二个大问题，讨论牛场的（管理）安排。等牛犊进来以后，有了股份就按股份选举牛场负责人，然后再由股民讨论负责人、挤奶员的工资怎么付等等。第三个问题，奶台的股份是明确的；但牛场的入股问题，怎么安排要大家讨论，如何入股？我们先讨论好这三点，明天以统计村民买牛的意愿为主。"

这时，大管委会主任要协会项目主管讲讲情况。项目主管就表达了协议的原则："你出点钱，协会出点钱，股份制配多少可以商量。你们（村民）能集 20 万，协会就拿 20 万，你们能集 30 万，协会配 30 万。你有钱 6000 元，买一头牛，放进来，我们不反对。现在主要明确的两点，已经有牛的，怎么进牛？要买牛的，协会如何配钱？协会主要看你们是什么样的方案。"

项目主管说明了 SEE 协会的意图，而推动管委员和村民自己做选择方法，强调协会不做具体的方案，协会资助的原则是支持村民共同意向的可行项目。

有管委会成员问如何分红，项目主管补充："协会就不太多掺和具体事

---

① 根据现场会议摄像［2007_04_08 VIDEO］整理。
② 这个大管委会主任曾任村书记，2007 年初辞去书记的职务，选任大管委会主任。

（配股运作），就一个原则：个人的红利你取走，协会配股份的利息我们不取走，就放在这儿做发展用，这笔钱会越来越多。……其他户对资金需求量，不像那些贫困户那么大，协会协助这个牛场主要是针对贺兰队，原则是尽可能带动没有牛的贫困户，这个最主要还是取决于贺兰队自己的意见。"

村民入股牛要有利可图要分红，协会的资助是公益股份，每个村民都可以拥有，但不能分走。公益股的分红收益就继续作滚动发展资金，也可以有集聚社区的作用，让村民一起管理这笔基金和照顾公益事业。

管委会成员明白了协会的原则，就继续梳理村民的意见，包括集中饲养管理、买牛的数量、养殖技术和防疫、牛奶市场、村民入股的资金来源、扶贫款和村民自筹款以及协会1∶1配给公益款等。主管的角色是在重大原则上，推动村民自我决策和管理，绝不越俎代庖。

3.技能要求

项目主管要承担指导项目官员、督促项目执行，直至项目完成为止。他们需要有顺势把握的能力或者素质①。第一，需要有整体感觉的意识和思路。他们"做项目助理时是比较零碎地考虑，从实践中过来后，就有了比较系统的东西了"。会适时把协会原则信息告诉村民委员会，让村民和项目管理委员会同时考虑整合村民自己的资金、扶贫款、协会的资助，来解决牛场资金问题。

在村民的项目计划确定下来后，要考虑到若干因素，"比如说（膜下滴灌）施工高峰期嘛，材料不能按时来怎么办？材料从新疆运过来，运输时间耽误了怎么办？然后施工这方又出现什么问题？政府的资金不按时付出那边就不出货。最后又发现工期延后，季节过了农作物就要改品种，改成什么样的农作物？如果节气延误太长，农作物长不好，那就会影响整体的节水的效果，对村民也是比较大的打击嘛。所以，要提醒项目官员注意各种细节，他们报告时提醒尽量将日期往前推，做到情况发生时有补救的时间。"

项目主管还有具有文字撰写的能力，要评估报告做计划等等。对于有了大量实践的成员来说，"他们有大量的内容可以写。志愿者的初期训练就包括日常记录，开始是照葫芦画瓢，慢慢地有自己的观察和思考。几年后，他们认为写报告和作记录，无非就是反映看到的东西，做了什么事情，观察做事情

---

① 据访谈录音［VOCO-27、VOCO-28、VOCO-33］和观察整理。

过程中遇到哪些困难,困难是怎么解决的,会出一些什么样的结论。思路理顺了就行了,这个东西想通了就好写了。"

写项目计划书是一个能力也是一个理念。项目主管的经验是:"计划书是在所有东西都理清楚之后才写出来的,是村民要做事的顺序而已。很多项目的前期的调查都是很肤浅的评估,社区的动态,特别是人的能力这块还是未知的。假设的计划是按我一个人的认识作出来的,但其实往往不是这么一回事,村民的认识才是计划的内容,计划对我们来说是了解了情况,村民讨论了准备做什么后的一个记录,而非自己纸上谈兵的条条。"这个团队认为:自己的想法不能成为计划书,项目是村民的东西,是项目主体的计划和承诺。

4.组织结构

项目主管的大量时间花在对外部机构行动协调和沟通上。第一,资源整合是主管花很多精力的工作。项目点在资源缺乏和生态脆弱的地区。引导村民学会自己做项目,要利用一定的资源推动他们行动。"协会的角色是做补充,项目中最专业的东西是利用资源来整合资源,支持和协调成为管理项目的主要任务。村民需要学习奶牛技术,团队就帮助联系技术员,需要建奶台,就找来伊利收购部经理。"在村民投资资金不足时,顺势调整协会资金的配入方式和配给量,推进村民的项目。

第二,在过程中"推动"是管理的主要环节,好的项目主管奔走几个群体之间,项目不顺利时疲惫不堪,但好的项目主管不会轻易放弃,一放弃项目就会停顿。"项目牵连几方,背景、资源不一样,所以对一件事情的认识啊、判断的方式、做法啊,都是不一样,协会主要是根据每一方的不同的特点推动,让大家能有效地去工作。……村民做事看节气,政府要等下个办公会议,滴灌材料要付款而政府领导在外地出差。要理解每一方,用他的话语去说事情,再去协调,这是一门艺术。……如果在这块做得好的话,项目进展会顺利。"

第三,项目协调和沟通有三个层次。"一个项目,首先里头要涉及各个参与方,例如村民、村委会、项目管理委员会,各方的看法和互相配合沟通,怎么让时间能配合,要观察村民对项目的认同程度。其次,我们内部也是有沟通和协调,主管要跟进和配合项目官员的需要,关键时候亲自出马,指导和亲自推进项目点的工作。再次,项目点与政府之间的沟通也很重要。膜下滴灌节水政府投入资金用于硬件设施、施工和维护工作,村民达成协议后就要与政府有关部门联系,要考虑怎么沟通。"使得政府资金及时配合节水灌溉的项目。

5.工作要求与指导

项目主管与项目团队的领袖经常在一起讨论各个项目点的进程,讨论团队人员的配合,项目主管直接听取团队领袖的指导,也变得成熟起来。指导工作多在讨论中进行,项目主管要指导项目官员和志愿者。项目官员"向项目主管汇报近期干了哪些事情,开了哪些会,达成了哪些协议,然后我们商量还存在什么问题,要往哪方面推动,需要联系哪些机构,做什么决定,就与项目主管一起讨论,项目主管再做安排,提示如何安排,大家是一个比较平等的气氛"。项目主管督促项目官员将基层的情况和进展形成文字报告和记录,"要不换了人,你都不知道项目点发生什么。"

团队领袖在项目逐渐成型的过程中,引导项目主管考虑生态的长远目标,协会的活动是促进当地的群体自己寻找可以保持人类活动和保护生态持续的项目。所以项目主管的计划书、报告等,不仅是要求写作的技巧和标准化,而更重要的是对项目的认识。项目主管的能力提升主要在于对问题的认识、实践、观察和思考的角度,这些认识"是一点一点地做事积累起来的"。团队领袖会细心地聆听,特别是每一个重要协调和项目推动的关键时刻如何把握不同群体的利益和沟通,都是在讨论中进行,这是领袖和队员的默契。团队领袖对项目主管要求是,踏踏实实,并给予项目主管一个很大的天地,他们有了一个机会认识一个完整过程,从基层项目、团队内部的协调,到与社会的各个机构间的协调。

(四)第四阶段:团队领袖

做团队领袖的人,大约都是在 NGO 这条路上走近 10 到 20 年,经历过国际 NCO 资助项目的培训。这个执行团队的领袖期望在中国的企业家搭建的平台上,摸索中国自己的 NGO 之路。在基层如何完成目标任务,是没有现成的经验可以照着做的,因为每个地方都有着一些独特的社会和生态的特点。在保护生态的大目标下,执行项目需要建构一个团队,寻找牧民和村民愿意做、又能改善生态和保护环境的项目,在项目社区为团队营造一个有利的社会环境。这支团队的工作从 2004 年春天开始,两年就得到当地农牧民、政府和党委的认可。

1.自我意识和理念

第三阶段，项目主管的兴奋点在于："协调能打破关联几方的藩篱。"而几番磨炼成为一个团队领袖时，对自己的经验有了更深刻的反思。集成过去的经历，团队的领袖认为："传统的改革是'我用我的知识来改变社会！'到了一个陌生的文化体系，我们[NGO]往往做事和设计不承认本土的文化。……承不承认他们是主体？承不承认他们的能力、他们的资源、技能与我们有差异？就是说，到底是我带领人家干，还是我促进人家自己干？"

这是一个思维上质的转变：放弃以外来知识和理念为主导、放弃通过行政命令植入的"发展"方法，承认当地目标人群为主体，承认他们对自己的社会环境、生态环境及与之相应的生产和生活方式的认识和作用，承认主体人群做事的自主性，尊重他们的选择。

阿拉善生态恶化有自然和人为原因。20世纪50年代初，阿拉善地区只有3.41万人口，现有15万城镇人口和6.7万农牧民。人口密集，取暖烧饭烧柴、过度放牧自70年代以来剧增。现有牧草牲畜218万头，需要减至100万头才能使草原有自我修复空间。整个阿拉善还有五六十万亩的农田，大量地抽取地下水漫灌农地导致地下水位下降。必须减少农田耕种，为此政府定了个数，至少10万亩农田吧！① 人类的需求和生态自然修复的平衡度在哪里？

生态恶化与贫困成为一对难解难分的矛盾，大部分NGO做项目的弱点是，以外来的资源和理念去执行预先制订好的计划。团队领袖认为：生态扶贫项目要成功，项目必须是当地人自己内生出来的意愿和行动，才能持续。

生态扶贫"光靠政府的扶贫款满足了一家一户借贷需求和救济不行，靠个人单家独户与企业大市场接轨是接不了轨，个人积累很少。要靠内部的造血机制。就是说，任何项目一定要通过本社区的资源和能力整合……产生一个老百姓和集体同时受益，让老百姓可以发展。第二有公共资金的积累，比如养牛，除了每家每户养牛能赚钱，有几百个奶台子（奶牛）可以产生十多万的公共资金，项目撤出后，每年公共资金是随着老百姓发展而积累的造血机器……不但每家每户可以收到钱，同时设计有一部分公有积累。就是收到100块钱的同时……比如20%的利润作公共积累，归整个集体所有，整个老百

---

① 根据2006年3月考察笔记整理。

姓受益的同时,把公共资源积累起来"①。

从 2004 年到 2007 年,团队第一阶段成绩斐然,社区项目被政府看作是新农村的方向。团队领袖认为:"在做项目设计上,对当地资源整合的能力已经很不错了,包括动员村民参与,到项目建议书形成,项目的需求评估,项目设计和执行已经没什么问题。"前面三节显示,协会团队已经摸索出一个执行项目的完整过程,团队也建设起相当有效的执行能力。

2.工作环境和任务

大部分的 NGO 进入实地就考虑如何执行自己带来的计划,但阿拉善的团队进入实地的考虑是:项目必然有撤出的一天,撤出后,当地有没有能力来管理和维系公共的项目,有没有公共财力支撑,这是生态持续和解决贫困的关键,否则老百姓又会以大量放牧和寻求增加收入,再次形成公地悲剧,导致山林和草场破坏。

为什么大量的 NGO 所做的项目不能持续? 过去的经验和教训是:"有许多的项目资源每一次都落在私人或是外来人的手里。传统的文化,天上掉下的馅饼是谁捡谁吃的,自然的资源不好好管理它。……伊利不要单家独户三两头牛的奶源,一家一户奶质无法控制……要变成共同管护资源,这是第一阶段。资源管护好了第二阶段就是市场接轨,然后考虑的是公共积累,这是很关键的。NGO 做事情,钱用完了,项目做完后又回到从前是不行的。"②

团队领袖的总的目标任务,是推动当地人建立一个可持续的公共体系—生态项目管理委员会。团队领袖把这个任务的理念和要求,一次一次讲给团队成员,要他们去听老百姓想些什么,选择做什么项目,他们做的事一定以自己项目管理委员会为主体,他们的项目需要支持时,协会再资助他们。同时,如果老百姓想做自己的事情,他们必须自己也出资金,自己学习管理。团队以此为可持续发展的终极价值,并定下了目标任务的问责主体:最终主体是当地群体的公共利益,是形成一个公共问责制度。村民的小管理委员会也接受了这个原则,因此他们自己监督执行草场和梭梭林保护的村规民约,自己减少了羊只。

---

① 根据 2006 年 9 月采访资料[VOC034]整理。
② 根据采访资料[VOC033,VOC034]整理。

团队领袖要在一个大的社会环境里，界定团队的目标任务：促进基层农牧民建立自我管理的公共的、可持续的机制，以此改进生产和生活方式和改善生态环境。

3.技能要求

一个团队的领袖需要为前线执行团队制定目标及理念，这是从经历中逐渐积累和练就出来的。行政上的能力包括确定团队行动目标和阶段性的任务，保持与协会总的生态保护目标一致，并与第三部门的人文准则一致，制定团队行动准则和培育与之符合的风格。具体行政事务包括起草团队重要文件，负责整个团队的组建（雇人、培训、培养、指导），指导项目主管的日常管理，直到指导他们去指导项目官员，组织各类培训；为各个项目点协调人员和资源，指导项目主管并督促和培养他们；现场指导，带领团队探测实地情况，指导团队成员的实地工作和培训，指导项目评估，对村民做培训；审批项目计划，督导实施，监测整体进度；以及负责对协会撰写各种报告。另外对外的工作包括与政府、地方的各种机构、民间和学术机构接触，协调关系，为协会和团队工作形成良好的社会环境和工作关系；向传媒传递协会的动态和价值目标；报告团队的项目动态等等。他有多种的角色，而且要在不同的环境下适时转变角色。

这些行政和事务性的工作能力，在其他类型的组织力也能见到，从基层成长起来的人才具有应付多种问题的执行能力。但要造就一个团队自己的特色，需要一个团队领袖对终极目标的理解和制定可行策略，团队在实践中所定义的生态保护的行动策略是营造当地人内生的社区实践，启动内源产生的动力、建立自己管理项目的社会组织、并有自我管理的可持续的资源体制。所以，在项目过程的每一个环节上，团队领袖指导团队成员坚持这个方向。

贺兰山队要建奶牛场，村民有的有奶牛，有的没有奶牛。如何建立牛场？村子的大管理委员会主任 2007 年 4 月 8 日来访。团队领袖对项目是很有决定权的人物。谈话 1 小时 17 分钟，主任提出了种种设想，但团队的领袖主要是聆听，并在关键时刻给一些建议。①

一见面，主任直截了当叙述了村民的混乱，"没有牛的人想贷款买牛，不

---

① 根据现场观察和采访资料［VOCO20_20070408］整理。

给贷款就不买牛；已经有牛的人，想多养牛，还想要贷款。小管委会的人对入股养牛不太积极，对入股也不太清楚，村民打听贷多少钱……打算贷5000块钱买一头6000元的牛，3年后把钱还。但牛场要至少有100头以上的牛挤奶，才能有收入。我们希望采取灵活的方法，先动员养牛大户入股牛场，然后动员小管委会成员带动村民入股，就有大约100头牛，协会再买四五十头牛，这样下来能产奶的就有120头。"

团队领袖听了就建议用用资金分配来引导村民入股，"一个形式是贷款买牛入股，还有是自己买牛送来牛场托养。协会的资金30万元80%可以用于支持入股。"

主任有另外的设想："村扶贫款有13万元，每家都有权利贷，如果贷100家，每家可得1300块钱。扶贫贷款与协会没有关系，管委会与村民签订协议，3年还回来。我们进一头牛，协会拿出6000进一头牛，进50头。"主任想到拿协会的钱补足牛的数量不够的困难，团队领袖兴奋回应："就说这个股份是私人出50%，协会出50%；私人分走50%的红利，协会把50%的红利分出来。对！好！现在我们不是要送鸡了，是送个下蛋的老母鸡！"

主任又提出建牛场的另一个实际问题："小牛比例高了，牛场就要亏损。"团队领袖没有想到过这个问题，但建议："那就托管，牛场里下的小牛托出去管……"主任从中得到启发，并完善了这个主意："哦，我感觉这个方法挺好的，那就是，把这个小牛托给困难户他们，或者卖给他们，他们自己养大了拿回来再入股！……这个小牛值1500，就以1000给他，他养到能挤奶了，再拉进来入股，就着6000了，这个形式我感觉对困难户是适应的。"

团队领袖采取了聆听和切磋的方式，讨论了以下几个问题：（1）有牛户可以拉牛来入股；（2）村民自己的钱买牛入股；（3）村的扶贫款贷给村民入股买牛；（4）协会按照1∶1买成牛入股，变成公益股。

项目管理委员会主任感到农牧民思想很混乱，要动员老百姓做从来没有做过的事，是十分困难的。团队领袖打消他要协会直接作决定的念头，说："其实你不用跟我们协商，你拿出方案来，老百姓没有方案之前什么事都是空的。我们到今天一直都是在探讨问题。你们开个村民会一起讨论，两种买牛的方式大家都摆清楚，让老百姓来作选择，信息透明度越高效果越好。你有一个奶台，如何集体养？什么形式入？怎么支持？这些是老百姓最想知道的东西，要他们清楚。真正怎么做，包括资金比例怎么样，老百姓讲一怎么样、二怎么样、三怎么样，集资多少、怎么分红，你拿着那个来谈的时候，我们这边就很简单了，我们要老百姓的方案。"

在场的还有项目主管，团队领袖做这样的咨询和指导。

4.组织结构

团队领袖要面对的工作层面很多，一是对内管理，二是当地的各种社会机构，三是对协会秘书处的报告，四是媒体和其他 NGO 的考察等等。对内的管理主要是根据协会制定的终极目标而制定的目标任务，并督促日常每一个项目过程，指导和带领团队成员坚持内生式社区实践这个方向。

处理好与当地的各种机构的关系是执行项目的第一个前提。很多 NGO 没有意识到这个问题，只能靠某种关系或者机缘进入一两个项目点，哪些地方需要做项目并不清楚。阿拉善 SEE 生态协会进入阿拉善盟时，制定了生态和环境保护的宣言，为团队的工作奠定了社会基础。

所以如何进入具体的项目点就是项目领袖的能耐了。团队对与社区关系作了实践性的定义："介入得比较深入，第一个叫大管理委员会，是整个村的外来项目管理委员会，它拿着政府扶贫资金在手上，是村项目的筹划的核心；在核心外有个为专门项目成立的小管理委员会，比如为奶牛场所设的小管理委员会；小管会要有村民支持和同意才有项目。我们与两个管理委员会的关系，相当于我们是支持者或者部分支持者。对项目的讨论就是三个群体在'谈生意'，谁提出什么来了，我愿意合作，还是不愿意的，一起磋商。……我们的角色是在管理委员会和村民之间建立了关系后就退出来，管理委员会有村民参与，他们自己在里面提出方案了。"

团队领袖要依照整个社区的生态、社会和生活环境，带领团队寻找百姓愿意做、政府愿意支持的生态项目，并向协会的价值目标负责。协会有着明确的生态保护的目标，团队领袖面对重要的大项目，要与协会的秘书处一起，与当地政府各部门联系和沟通。有了协会的平台，与本地商业和其他 NGO 组织联系，也十分有利。

在内部，团队有一个公开对外的项目展示板，各个项目主管负责的项目、大体的进程都公布出来，负责项目的成员也标示出来，整个团队可以了解各自的工作进程，在必要时可以相互配合。

5.工作要求与指导

成熟的团队领袖们的特征是：在具体场景里，收集信息、辨认和归纳问题特征、抽取问题实质、制订团队展开项目的可行性计划、执行计划和反思反馈，他们是在这样一个循环的思考维度中工作①。除管理团队和制定项目方向外，还要处理协会交给的行政事务，与地方政府联络，与当地各种组织联络获得支持。

团队领袖要亲自或者指导项目主管去协调政府、农村社区、商业机构之间的关系，学习资源配置，在社会层面做资源整合，营造几方在社会层面形成协作。

例如，查汉滩做膜下滴灌的试验，左旗政府出资 27.4 万元，用于膜下滴灌节水试验的硬件设施、工程实施及费用，生态协会出资借贷资金 23 万元，其中借贷资金 7.8 万元用于膜下滴灌色素辣椒风险抵押，12.2 万元支持合作社经营周转，3 万余元用于外出技术培训，农民出地出劳。最后，这个 237 亩地的膜下滴灌节水率为大田漫灌的 49%。

做项目要整个团队配合，团队领袖需要有一个清晰的思路，从如何进入一个村子，组织农牧民培训和认识身边的生态问题，了解保护生态的可行办法和技术，推动村民组织起来，提出项目和设计项目，从签订项目到协调各方执行项目，监督和财务审核，在适时指导团队成员和督促他们执行任务。建设一个团队的成本是很高的，需要在长期在实践中指导。团队领袖认为，一个有能力的团队成员"要从逻辑上、农业产业和生态链上、人与社会的关系上、商家投资者的眼光上等不同的角度，理解 NGO 要做什么，也要有生命和价值观的思考，这些东西在实际项目中都会涉及，不是单纯地实践或者执行，是要用在实践中思考，所以需要外界不断的有底蕴的人来影响他们"。

因而，团队培训请企业家讲社会责任，请学者、政府官员、佛和道的研究者来讲课，讲"可持续发展是什么，国际 NGO 的走势，佛家的生命价值观和 NGO 的关系，道家的老子道德经和项目管理，跨国公司为什么要出钱做 NGO，企业家出钱是为什么，NGO 要做到什么点上才会得到资助者的支持，该怎么做政府才会信任你，提供多元的角度去思考问题，让团队在过程中学习。……团队

①　根据采访资料［VOC021，VOC034］整理。

成员接触了方方面面的经验和知识后,包括观察其他 NGO 的项目,这时他们就有砖有瓦了,做项目也积累了经验,就可以自己搭一个框架,自己做整合了"①。团队的成长是认识社会和行动的过程,他们实践的能力和共识形成了团队的实力。

当然,团队领袖的最大烦恼在于团队受到诸多的外部的干扰,包括协会对团队的评估索求,特别是当一个项目还没有做完时,一个实践的循环圈会被行政意志干扰。当然这个团队也和其他的 NGO 一样面临一个挑战性的问题:如何培养团队领袖的不断成长和成熟。中国的 NGO 都缺少一个外来咨询和制衡机制。所以,当其中的成员以个人的认知行事或者固执己见,就会打破团队平衡,这个力量也可能来自上一层的行政管理的独断,也可能来自于团队成员的冲动,也可能来自于团队领袖自己的某种特点,这种平衡被打破。这是 NGO 团队管理需要反思和有待解决的问题。

五、终结讨论：NGO 管理与发展

前面的文献提到(Thomas,1996),NGO 的管理包括几个方面:终极目标是促进社会发展和改进的外部性目标;其次要考虑做项目的方法、措施和对资源使用的效率;再次在发展的名义下,面对各个组织的不同利益关注或者冲突,采取什么样的策略或者措施达到共识。最后,项目过程中的各种因素会影响 NGO 机构的定位和发展,以及对自身的管理和建设。

简言之,这个受观察团队的社区实践回答了这些问题。进入社区后,团队首先协助农牧民组织自己的项目委员会,让农牧民在社区公共机制中探究问题,再提出项目、申请资助和执行项目。项目的执行主体是老百姓,监督有老百姓、政府和协会几方,因为资金有政府的扶贫款、协会资助和农牧民自己的资金,项目变得逐步可持续,因为有了一个社区的公共基金。七年来,老百姓做的项目对改进生产方式、改善生活都有明显的效果。

协会的团队作出了一个社会机制创新。这个项目团队以社区群体的全面

① 根据对团队领袖的采访[VOCO34:17]整理。

参与来解决他们的长远利益与生态环境恶化之间的矛盾,把当地的村民项目委员会变成了社会问责的主体。这样就把一个生态和影响生态的人的行为放在公共的视野下,让环保 NGO、政府和农牧民一起来审视每一个项目。

这个研究的另外一个重要的发现是:对团队的管理、对项目的管理,就是项目推进的过程,也是团队成员和村民组织成长的过程。从分析看到,第一,每一阶段的任务和项目管理,从志愿者/项目干事,项目助理/项目官员,项目主管到团队的领袖,并非是一个完全设计好的程序的管理,项目管理是执行中随着实践和认识而定义出来任务。第二,每个团队成员都处于一定的成长阶段,指导团队成员和管理项目要考虑几个维度。

第一,每个人都有意识,以及了解自己和团队成员的意识,这是建立团队的基础的准备工作。这个自我意识包括"我想在这里干什么"、对自己的经历的认识、对任务的认识、"我"与项目的关系以及认识问题经验的来源。年轻的成员考虑得更多的是自己的感受,而团队领袖更多考虑本地经验和文化,这是社区实践展开和持续的社会基础。第二,工作环境和任务。不同资历的成员能执行的具体的工作内容是有差异的,他们与其他成员的工作关系在不同成长阶段也是不同的,对具体任务所要担负责任、对他们的指导,也要因人而异。第三,对每一个成员执行任务应该具有的能力、技术和角色,必须有要求。这些能力包括收集资料、整理信息、作出不同程度的判断、组织会议、多方协调和沟通、判断并适时向内外的有关各方沟通和报告,掌握自己在不同场景下的角色等等。每一个人都在以往的经历中练就了一定的能力,包括知识、技能和价值观,但如何把一个人的各种能力整合起来,在特定的 NGO 之中配合组织的终极目标,担负不同的任务,这就是 NGO 的团队管理和能力建设的核心的任务,需要组织管理者和成员对每一个成员的能力和任务有明确的沟通和期待。第四,任何团队成员都要处理好组织中的各种关系,对组织结构的理解是处理好自己角色、与同事的关系,以及协调工作的重要基础。这个维度包括,对组织内要协调与同事与其他部门关系。对外要咨询、协调的群体和部门是多种多样的,一个人能接触的部门越多,视野也越宽阔。一个成员对组织的贡献和潜力有多大,要看他/她如何把握自己和组织的定位,观察他对组织终极目标和自己具体任务的定位,这是衡量一个成员潜质的最基本的尺度。第五是对成员的要求与指导。NGO 的日常工作与团队建设分不开,边干边学边指导,这是团队内部形成的管理和培训的方式,包括对具体工作的描述和指导、对工作行为的要求、对成员的期待和照顾、如何处理内部和外部关系等等。团队好的传统是成员分享各自的经验,一起分析项目案例,请专家来开阔视野,形成集体认知的基础。

NGO 项目点的社会场景差异很大,不像工业标准化或者标准的行政程序,他们要处理的任务每天都会有变化—发展性的,适当的管理是按照具体工作进展作判断。所以,基层 NGO 团队需要比较大的前线自主性,同时需要非常强的自律性,按照组织的终极目标作判断和执行任务。对成员的管理既要考虑他们执行具体任务的环境,又要指导他们承担具体的责任还要提高执行项目的效率。所以,NGO 团队成员应该秉承 NGO 公益的终极目标,建立个人对社会问责的自律。

这个研究集合整个团队的经历和项目的过程,他们个人的经历和知识在执行项目的过程中集成团队的执行力,并且形成了一个当地老百姓和政府都能接受的社会行动模式,即当地的老百姓自己成立的管理委员会或者生态合作社。农牧民 7 年来在 20 多个项目点上的 219 个各种项目,验证了这个团队的认知和行动结果,初步达到了一个可持续的外部社会性的效能。

这个七年的项目执行过程也验证了来自冈比亚的研究结论(Fyvie & Ager,1999:1994—1995),在社区基层有效的项目花大量的时间与目标群体对话,让他们行动中学习,这是目标群体改善自己状况的有效过程。这个团队成员成长的过程和管理项目的方式,形成特有的内生式的社区实践模式。项目管理的准则是引导团队成员认识自己与项目主体的关系,在每项目的一个环节上,团队的角色是推动而当地农牧民是保护的主体。在推进保护项目的过程中,目标群体和 NGO 从业者两个团队的一起成长,乃使得项目可以持续。这对 NGO 的项目管理和培训来说,值得借鉴。

参考文献:

阿拉善 SEE 生态协会:《阿拉善 SEE 生态宣言》,2004 年,www.see.org。

阿拉善 SEE 生态协会:《阿拉善 SEE 生态协会发展战略》,北京:阿拉善 SEE 生态协会 2006 年版。

阿拉善左旗地方志编撰委员会:《阿拉善左旗志》,内蒙古教育出版社 2000 年版。

邓仪：《我们为什么要炒掉这个项目官员》（手稿），2009年。

康晓光、冯利：《中国第三部门观察报告》，社会科学出版社2011年版。

王忠平：《"NPO"到底缺什么？社会组织发展报告》，经济日报出版社2008年版。

高飏：《中国公民社会图景》，《社会组织发展报告》，经济日报出版社2008年版。

Billett, S., 1996.Towards a model of workplace learning: the learning curriculum. *Studies in Continuing Education* 18(1),43–58.

Billett, S., 1998. Appropriation and ontogeny: identifying compatibility between cognitive and sociocultural contributions to adult learning and development. *International Journal of Lifelong Education*, 17(1),21–34.

Dewey, J. (1938). *Experience and education.* New York: The MacMillan Company, 1938(reprint 1947).

Edwards, M. (1999). NGO performance-What breads success? New evidence from South Asia. *World Development*, 27(2),361–374.

Fyvie, C. & Ager, A. (1999). NOGs and Innovation: Organizational Characteristics and Constraints in Development Assistance Work in The Gambia. *World Development*, 27(8): 1383–1395.

E. von Glasersfeld, Learning as a constructive activity. In C. Janvier(Ed.) *Problems of representation in the teaching and learning of mathematics.* Hillsdale, NJ: Erlbaum,1987.

Lewis, D. (2001). *The Management of Non-government Organization: An Introduction.* London: Routledge.

Lindeman, E. (1961), *The meaning of adult education.* New York: Harvest House,1961.

Knowles, M.S. (1970) *The modern practice of adult education: Andragogy versus pedagogy.* New York: Association Press.

Merriam, S.B. (2004). The role of cognitive development in Mezirow's transformational learning theory. *Adult Education Quarterly*, 55(1),60–68.

Roberts, S.M., Jones III, J.P., & Frohling, O. (2005). NGOs and the Globalization of Managerialism: A Research Framework. *World Development*, 33(11)1845–1864.

Taylor, E.W. (2000). Analyzing research on transformative learning theory. In J. Mezirow & Associates(Eds.), *Learning as transformation.* San Francisco: Jossey-Bass,2000.

Thomas, A. (1996). What is development management? *Journal of International Development*,8(1),95–110.

Winrock International(2005). Winrock NGO Capacity Building Program.http://www.learning.ngo.cn/modules/WinrockNGOManagementSeries.

Worthman, C. (2008). The positioning of adult learners: appropriating learner experience on the continuum of empowerment to emancipation. *International Journal of Lifelong Education*, 27 (4): 443–462.

Xiao, J., (2003). Redefining adult education in an emerging economy: Complements to development. *International Review of Education*. 49(5) pp. 487–508.

资源汲取能力建设与民间组织发展

——一份研究报告

汪广龙　刘　滢[①]

　　民间组织[②]是现代社会主体性的重要组成部分,它代表了社会作为一种独立主体的资源整合能力,代表了社会治理自身的能力。党的十七大以来,各级政府都在探寻创新社会建设的路径,以"找回社会的力量",广东更提倡"凡是民间组织'接得住、管得好'的事,都交给他们"[③]。

　　然则中国的民间组织发展遭遇到了瓶颈和困境亦不是什么秘密:总体发展层次不高、筹集资源能力低下、公信力丧失、内部管理不当等已成为中国民间组织的常用标签。类似的问题在民间自发生成的草根民间组织中尤为凸显。在这个背景下,对民间组织如何获取资源以求得自身发展即成为众多研究的关注核心。对此的研究主要集中在两个方面[④]:一个方面关注民间组织

---

　　①　汪广龙,中山大学政治与公共事务管理学院,博士生;刘滢,中山大学传播与设计学院,硕士生。

　　②　本文采用中国法律意义上的概念,NGO、社会组织、民间组织在中国话语中常常混用,虽然他们代表了不同的理论含义,但外延基本相同。在中国的法律体系中,一般使用民间组织的称谓。法律范围内的民间组织包括社会团体、民办非企业和单位基金会。按照对法律的理解,社会团体是会员制组织,以人及其社会关系为基础;基金会是非会员制组织,以捐赠及公益财产关系为基础;民办非企业单位是实体服务机构,直接提供各类社会服务。

　　③　http://news.ifeng.com/mainland/detail_2011_11/23/10837549_0.shtml?_from_ralated.

　　④　例如,朱传一:《中国非营利部门的成长及政府在其中的作用》,《社会》2000年第11期,第23—24页;丁一、俞雅乖:《灾后重建中民间组织资金运行机制探析——基于四川灾区若干案例调查的视角》,《西南民族大学学报》2010年第5期;侯红红、王红晓:《论我国非政府组织的筹资举措》,《求实》2004年第6期,第199—200页;周批改、周亚平:《国外非营利组织的资金来源及启示》,《东南学术》2004年第1期;周映华:《扩大我国非营利组织收入探析》,《广东行政学院

对外的资源汲取策略,其中特别是面向政府的各种资源汲取策略;另一方面关注民间组织的自我营销,希望通过民间组织的自我建设来提高其作为一种社会治理主体性的能力。这些研究反映出民间组织的资源汲取能力之于社会建设的重要作用——只有拥有强大资源汲取能力的民间组织才能承担起社会建设的责任,才能展现社会自身的治理主体性。

资源汲取不足形成了一堵难以自下而上取得突破的墙,它成为限制当今中国民间组织发展最为核心的内容。本文试图对资源汲取能力建设与民间组织发展提供一个分析报告:首先本文将关注民间组织的资源需求以及中国民间组织面临的资源供给困境;在此基础上,本文将进一步探讨中国民间组织资源汲取成败影响因素;最后,本文将对破解中国民间组织的资源汲取难题提出对策方案。

一、资源需求与供给困境

美国学者萨拉蒙认为,非政府组织有五个特征:组织性、民间性、非利益分配性、自治性、自愿性,以及两条属性限制:非宗教性,活动不是为了吸收新教徒;非政治性,不卷入推选公职候选人[①]。这决定了民间组织不似政府那样有天然的、强制性的资源汲取能力,它在根本上是一种社会志愿团体,它的资源获得来自于社会达成的自愿分配。身份合法性问题、资金来源问题、内部管理及能力建设问题[②]是民间组织发展面临的核心问题。民间组织发展资源的获

学报》2004 年第 16 期,第 89—92 页;和经纬、黄培茹、黄慧:《在资源与制度之间:农民工草根 NGO 的生存策略——以珠三角农民工维权 NGO 为例》,《社会》2009 年第 29 期;张钟汝、范明林、王拓涵:《国家法团主义视域下政府与非政府组织的互动关系研究》,《社会》2009 年第 29 期;曾繁旭:《媒体策略与空间拓展——以绿色和平建构"金光集团云南毁林"议题为个案》,《开放时代》2006 年第 6 期;王绍光:《金钱与自主——市民社会面临的两难境地》,《开放时代》2002 年第 3 期;赵秀梅:《中国 NGO 对政府的策略:一个初步考察》,《开放时代》2004 年第 6 期,第 5—23 页。

① 萨拉蒙:《全球公民社会——非营利部门视界》,社会科学文献出版社 2002 年版;康晓光:《权力的转移——转型时期中国权力格局的变迁》,浙江人民出版社 1999 年版。

② 邓莉雅、王金红:《中国 NGO 生存与发展的制约因素——以广东番禺打工族文书服务部为例》,《社会学研究》2004 年第 2 期。

取也主要围绕这三个方面。这些资源来自于不同的主体，包括政府、企业、其他民间组织、公民个人，民间组织的资源获取行为也是同这些主体互动的过程。

首先，合法性资源是民间组织最基本的需求。民间组织的合法性获取往往包括两个方面的内容：一是组织的成立和运作形式；二是民间组织参与政府的活动。在第一方面，决定我国民间组织成立和运作的法规体系主要包括两个行政法规、两个行政性规章和一个特别法。即1998年公布的《社会团体登记管理条例》和《民办非企业单位登记管理暂行条例》，1988年和1989年先后公布的《基金会管理办法》和《外国商会管理暂行规定》，以及1999年8月颁布的《公益事业捐赠法》。而第二个方面的核心是与作为国家组织表现的政府的互动。政府不是一个抽象的概念而是一个具有独立性的组织结构，它有着其独立的利益和逻辑，康晓光和郑宽等人[1]认为民间组织向政府争取的资源包括"资金、组织体系、官方媒体、等级注册、活动许可、政府领导人、影响决策的机会"。

作为一种社会自身成长的自愿组织，其运作应该嵌入在以国家为核心的社会秩序结构中。但中国的民间组织行为常常受到"行政机制"和"自治机制"的"双重支配"。一方面，由于双重登记制度的影响，存在着大量无法在民政部门完成登记的草根组织；另一方面，体制内的社会团体却能够得到政府全方位的支持，但他们作为一种准官僚机构往往具有机构臃肿、效率低下、缺乏回应性等行政组织的通病，挥霍着可以从政府那里轻易获取的资源。因此，社团往往要同时依赖"体制内"和"体制外"的"两种资源"，相应地，社团也常常通过"官方"和"民间"的"双重渠道"去获取资源；社团还必须同时满足"社会"和"政府"的"双重需求"，因而社团的活动领域也只能是"社会"和"政府"共同认可的"交叉地带"[2]。我们一个案例中的某个义工队伍就是因为每次活动都只是扮演了给政府"跑龙套"的小角色，很少独立自主开展行动，义工们感到组织偏离了最初成立的初衷，有十几名队员产生了退队念头。虽然近年中国民间组织取得了巨大的发展（见表1），但大量的田野工作表明中国的大多数民间组织都处在合法性资源困境当中，它们不仅在于其在现有的法律框架下获得制度承认，更在于其在同政府的行为互动中的劣势地位。

---

① 康晓光、郑宽等：《NGO与政府合作策略》，社会科学出版社2010年版。
② 康晓光：《权力的转移——转型时期中国权力格局的变迁》，浙江人民出版社1999年版。

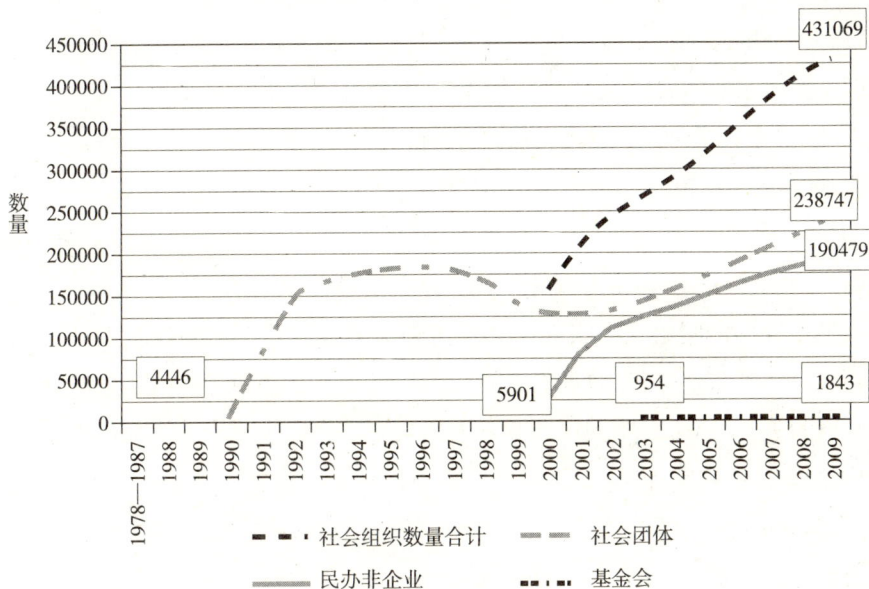

表1　中国民间组织发展状况

注：2001 年以前的基金会包含在社会团体内；数据截至 2009 年。
数据来源：中国社会组织网，http://www.chinanpo.gov.cn/web/index.do。

资金是民间组织发展最直接的资源。从经验上来看，民间组织的获得资金的渠道有以下几种：政府资助；社会赞助，包括企业和公民个人的捐助；服务性收入；基金会、促进会等机构的资助；外国援助。从全球范围来看，服务收费、政府补贴是目前几乎所有的 NGO 的主要来源。在萨拉蒙的 CNP 项目中，1995 年 22 个国家非政府组织的收入来源中，服务收费占了 49%。其中美国为 57%，日本为 52%，德国为 32%，法国为 35%，英国为 44%，以色列为 26%，澳大利亚为 63%，巴西为 74%，墨西哥则高达 85%①。另一方面，政府是民间组织资金的最主要提供者。萨拉蒙教授所主持的 CNP 项目的分析数据显示，在 22 个国家的非政府组织收入来源中，政府公共部门的投入占了 40%。一些主要国家也符合这一框架，美国 NGO 资金的 30% 来源于政府，日本是 45%，德国是 64%，法国是 58%，英国是 47%，以色列是 64%，澳大利亚是 31%，爱尔兰和比利时则高达 77%。在原先的一些高福利国家中，政府对非政府组织的

---

①　萨拉蒙：《全球公民社会——非营利部门视界》，社会科学文献出版社 2002 年版。

支持更明显①。政府对 NGO 的财政支持可通过各种方式进行,如直接拨款、项目委托、政府采购、税收减免等。从全球的经验来看,没有一个国家的民间组织主要是由私人慈善支持的。捐赠在总收入中所占比例很低。在 CNP 项目关于 22 个国家非政府组织收入的统计中,慈善捐赠仅为 11%,美国是 13%,日本为 3%,德国为 4%,法国为 7%,以色列为 10%,澳大利亚为 6%,最高的是罗马尼亚,为 27%②。从这个意义上说,第一个方面的合法性资源对民间组织的资金获取起决定性的作用。

虽然我国民间组织的收入同样是主要依靠政府③,但政府投入不仅总量小而且分布严重不均衡,政府的投资大都在官办群团组织上。有学者统计,几乎 90%以上的中国 NGO 每年支出额在 50 万元以下,只有不到 2%的 NGO 年支出规模在 100 万元以上④。实地考察也发现了大量社团因筹不到款而停止活动,陷入瘫痪。2000 年,在湖南益阳市的调查发现,该市 40%的社团几年来一直没有开展活动,160 个市级社团中至少有 100 个社团的注册经费不到 3 万元⑤。从结构上看,中国民间组织的主要资金来源中政府提供的财政拨款和补贴占总资金的 49.97%,会费收入是 21.18%,营业性收入占 6%,企业提供的赞助和项目经费为 5.63%,其他收入比例均低于 5%,其中个人捐赠仅占总资金的 2.18%⑥。可以看到,我国民间组织在资金汲取上不仅数额相对较小,而且收入结构不合理(特别是营业收入)。

在第三个方面,内部管理机制的产生从根本上就是要规范组织的运作。它是民间组织成长本身的资源要素,也是资源汲取的主要影响因素。管理机制核心就是自我约束,建立自律机制可以让民间组织的运营状况更加公开、透

---

① 萨拉蒙:《全球公民社会——非营利部门视界》,社会科学文献出版社 2002 年版。

② 萨拉蒙:《全球公民社会——非营利部门视界》,社会科学文献出版社 2002 年版。

③ 1998 年度,被调查的民间组织最主要的收入来源是政府提供的财政拨款和补贴,该项来源几乎占了民间组织所有来源的一半;居第二位的是会费收入,占 21.18%;居于第三位的是营业性收入平均占 6%;第四位是企业提供的赞助和项目经费,占 5.63%。参见王名:《非营利组织管理概论》,中国人民大学出版社 2002 年版,第 211 页。

④ 参见王名:《中国社团改革——从政府选择到社会选择》,社会科学文献出版社 2001 年版,第 107—108 页。

⑤ 见王名:《中国 NGO 研究——以个案为中心》,2001 年,转引自 http://www.npo.org.cn。

⑥ 这是清华大学 NGO 研究所 2000 年的统计数据。转引侯红红、王红晓:《论我国非政府组织的筹资举措》,《求实》2004 年第 6 期,第 199—200 页。

明,从而加强了资源提供者对它的信任,有助于民间组织更好地汲取资源。中国的很多民间组织因为内部的组织设计最后沦为某个个人的组织,组织的发展严重依赖于领导者的个人关系,组织也随着领导者的离去而消亡。虽然组织治理结构和内部管理水平在短期内不会影响民间组织的发展,但是如果要成为一个运作良好、具有可持续发展能力的明星组织,那么就必须重视完善组织治理结构,提高内部管理水平。

可以看到,体制内外的二元划分构成了中国民间组织的真实图景,自上而下设立的体制内民间组织和自下而上生成的体制外民间组织都面临难题。其中,合法性资源是中国民间组织的根本性困境,它从根本上塑造了民间组织的资金收入和组织运作,又进一步影响民间组织的资源获取能力。中国的民间组织处在这种恶性循环的困境中。以下的几个案例,在不同程度上显示了中国民间组织在资源汲取上受到的制度束缚。

二、成败之间——来自三个方面的解释

我们所收集的众多田野资料不仅显示了民间组织资源汲取方面所需要面临的各种问题,更反映了其背后更为深层的发展障碍。从现有研究成果来看,影响我国民间组织生存与发展的主要因素集中表现在以下几个方面:制度性因素的障碍,如存在进入门槛过高、限制竞争、控制规模等问题[1];民间组织自身人力资源、专业能力不足[2];社会公众支持不足[3]。

---

① 王名、贾西津:《关于中国非营利组织法律政策的若干问题》,《清华大学学报(哲学社会科学版)》2003 年第 1 期;邓莉雅、王金红:《中国 NGO 生存与发展的制约因素——以广东番禺打工族文书服务部为例》,《社会学研究》2004 年第 2 期,第 89—98 页;邝少明、夏伟明:《论我国非营利组织的进人规制》,《中山大学大学学报(社会科学版)》2004 年第 1 期。

② 朱健刚:《草根非营利组织与中国公民社会的成长》,《开放时代》2004 年第 6 期;张纯:《突破转型时期非营利组织发展瓶颈的良药——完善治理结构提高社会公信力》,《财政研究》2006 年第 12 期。

③ 陆建华:《大陆民间组织的兴起——对北京三个绿色民间组织的个案分析》,《中国社会科学季刊》2002 年冬季号;梁莹:《公民参与草根非营利组织:现状与阻滞因素分析——南京市 500 位公民的实证调查》,《社会主义研究》2007 年第 5 期。

（一）制度性障碍

康晓光等①将中国民间组织的管理制度归纳为"一体制三原则"，一体制即双重管理体制，三原则包括分级管理原则、非竞争原则、限制分支原则。这个制度背景决定了中国民间组织和政府之间的几种资源关系模式。按照郑琦的观点，民间组织和政府之间的资源关系划分为两个方面，即合法性激励：法律法规规范；登记注册；减免税；主管单位支持；组织体系连接；政府直接发起；与主管部门关系密切；官方合作；政府帮助组织协调动员社会资源；领导参阅；领导默许；等等。资源性激励：主管单位支持；工作经费资助；提供办公场所和工作条件；权力分配②。围绕这些资源的授权、控制和垄断构成了当前民间组织管理制度运作的三个基本维度③：授权被操作化为法规依据、政府文件认可等；控制被操作化为业务主管单位设置、经费来源、领导人人选的产生、机构对行政架构的吸附程度等；垄断地位则被操作化为机构是否由政府出面组建、在同一领域上是否有其他服务提供者与之竞争等④。

Adil Najam 曾经提出一个"民间组织—政府关系的4C"（The Four-C's of NGO-Government Relations）概念框架（Conceptual Framework）（见图2）⑤。这之下的政府和民间组织间会形成四种类型的"合作"关系⑥，包括强控性关系、依附性关系、梯次性关系和策略性关系。沿用这个框架，我们对中国民间组织和政府之间的关系进行了类型化：

1.强控性关系指政府通过控制让民间组织代替政府承担一些社会功能，

---

① 康晓光、郑宽等：《NGO与政府合作策略》，社会科学出版社2010年版。

② 郑琦：《论公民共同体：共同体生成与政府培育作用研究》，中国社会出版社2011年版。

③ 范明林·《非政府组织与政府的互动关系——基于法团主义和市民社会视角的比较研究》，《社会学研究》2010年第3期，第160页。

④ 范明林·《非政府组织与政府的互动关系——基于法团主义和市民社会视角的比较研究》，《社会学研究》2010年第3期，第160—161页。

⑤ 在这个模型执行，如果政府和民间组织目标（goals）相似，而且他们有相同的偏好策略（preferred strategies），那么其结局是合作（cooperation），如果政府和民间组织目标（goals）不相似，但他们有相同的偏好策略（preferred strategies），那么其结局是吸纳（co-optation），如果偏好策略不同，但是目标不同，那么其结果是对峙（confrontation）或者相对温和的互补（complementarity）。参见 Adil Najam(2000).The Four-C's of Third Sector-Government Relations：Cooperation，Confronta-tion，Complementarity，and Co-optation". *NONPROFIT MANAGEMENT & LEADERSHIP*.vol. 10，no. 4.

⑥ 范明林：《非政府组织与政府的互动关系——基于法团主义和市民社会视角的比较研究》，《社会学研究》2010年第3期，第160—161页。

Goals（Ends）

Preferred Strategies（Means）		Similar	Dissimilar
	Similar	Cooperation	Co-optation
	Dissimilar	Complementarity	Confrontation

图2　The Four-C's of NGO-Government Relations

非政府组织则获得各种授权和垄断地位,两者形成紧密的保护和被保护或者控制与被控制的关系,两者结成利益联盟。红十字会是其中最典型的例子,红十字会的国际公约规定:"本运动是独立的。虽然各国红十字会是本国政府的人道工作的助手并受本国法律的制约,但必须始终保持独立,以便任何时候都能按本运动的原则行事。"

2.依附性关系下民间组织更多的是在依赖的状态下与政府展开互动,这通常意味着组织必须交换某种程度的自主性。以某市基督教女青年会(简称女青年会)为例,它不仅需要在组织内部机制上建立自我克制的机制,还必须服从政府建立的外部他律机制(见图3)。虽然它本身来自于宗教情结,但它在组织运作及从事各项活动时,都是小心谨慎,凡是涉及海外交往和宗教领域的事务总是尽量低调处理、小心开展。另外在开展许多活动时,组织名称会被改写为"广州市女青年会",去掉敏感的"基督"二字,以减少不必要的误解。并且经常与街道、居委会等基层政权组织开展各种各样的活动,对居委会的工作十分支持。它们常常"以政府期望的方式起到了政府所期望的作用"①,使政府对女青年会十分放心和信任,并将其纳入到了地方治理的体系之内。

3.在梯次性关系下,政府通过中介机构管理民间组织,中介组织由于居于上传下达的枢纽地位,且因为中转政府的项目和资金而具有一定的权威性。例如某义工队因为自身的非公募组织性质,不能进行大范围募捐。虽然政府财政通过其主管单位区团委下拨,但它们能争取到的区政府财政实在是有限,每年拨款的金额只有5000元,因此,大多数活动仍要靠企业的支持。另一方

——————

① 张志刚、王丽艳:《略论非政府组织的本土化》,《行政论坛》2004年第3期。

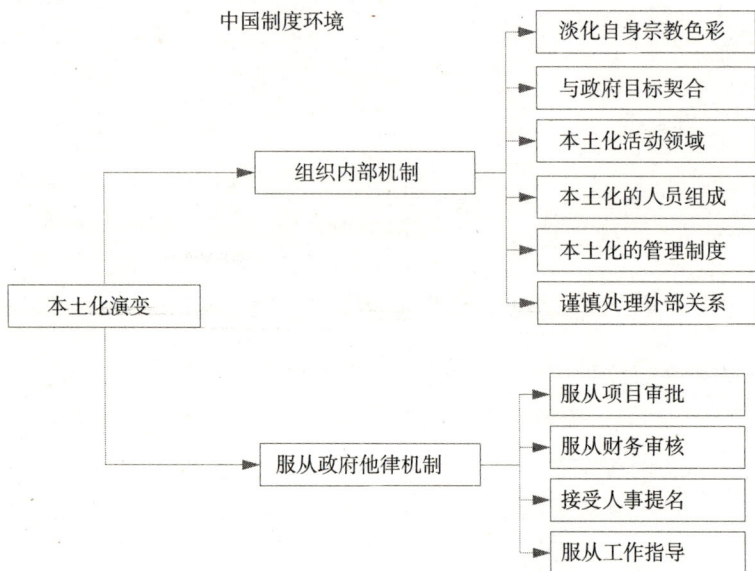

图3　女青会的本土化演变过程

面,大企业们都是市红十字会和市慈善会的会员,自然不会光顾到义工队这样的小型慈善组织。政府可以说对 Y 市的慈善事业呈垄断的态势,既垄断了政策资源(义工队不允许独立的募捐),也几乎垄断了财源,义工队只能在边缘苦苦挣扎。

4.策略性关系中双方的互动主要是基于工具性目的,一旦目标达成,双方的互动或合作关系就有可能发生变化直至瓦解。例如某妇女与性别研究中心(IWG)①在 2000 年成立初期主要从事教学与研究的工作,但在 2003 年成立法律援助部(简称法援部,下同)②后工作重心转向提供法律咨询与法律援助。组织性质的转变对组织的合法性地位构成了威胁。2006—2007 年间整个社会政治环境偏于紧张,IWG 之前所参与的几个案件③在社会上引起了很大的轰动,使得组织的曝光度大大增高,这引起了政府相关部门的重视。另外,

---

①　以下文中将会经常用 IWG 代替妇女与性别研究中心。

②　法援部属于 IWG 的一个工作部门,主要负责向社会提供专业的法律咨询与法律援助服务。

③　这几个案件具体指的是镉中毒事件、太师村选举事件以及王晋事件,其中王晋事件还被香港凤凰网评为"2006 年度十大事件"之一。

IWG 为妇女弱势群体维权也给组织的发展带来了很大的麻烦,之前与 IWG 合作比较紧密的各级妇联组织也明显减少与中心的来往,此外还出现了到省信访局控告中心的事件。由于 IWG 所带来的巨大社会影响,相关政府部门通过学校等途径向 IWG 领导人施压。因顶不住各方的压力,IWG 最终宣布放弃提供法律援助的业务并重设机构名称,新中心主要工作转向教学与研究。

当然这只是合作的情况,更多的民间组织陷入身份的尴尬之中。创建于 2005 年的"羊城工友服务部"(以下简称"服务部")最早在 A 市 H 区落脚。由于场地条件优越,服务部多种形式的活动都得以开展。但是由于其活动的"敏感",居委会以及派出所不允许房东继续租房给服务部,迫使其转移"阵地"。2006 年年初,服务部租借的办公室因"租期"已满被收回,无奈之下,只好仓促搬到 T 区。虽然说服务部后来在 T 区又有了一个能够安身立命的办公场所,但是他们很快就遇到了同样的麻烦。2007 年 3 月 30 日,居委会工作人员去服务部巡查。在居委会和社区民警第一次到访之后,服务部其后每周都要面临居委会的督促与检查。在接下来几个月社区施加的压力之下,2007 年下半年服务部不得不将办公地点再度转移。

对民间组织来说,远离政治、在社会层面低调地发挥作用似乎是普遍的选择。但这样远离政治的结果并不能达到自由发展的目标,反而使自身的事业变得更为困难。如果难以形成与最大资源的提供者——政府之间的良性互动或者是紧密合作,民间组织的资源筹集就难以得到有效实施。所有民间组织都必须"自愿收编"进这样的合作体系才能取得发展,因此,认真对待这样的一种制度背景是中国民间组织获取资源的必要前提。

(二)组织能力障碍

在外部环境基本一致的前提下,民间组织的生存状态如何取决于组织自身所采取的策略是否得当以及组织动员资源的能力强弱。现阶段我国民间组织的生存状态各异,组织发展层次千差万别,相互交叉,错综复杂。有的民间组织已经逐步走向专业化,建立了比较成熟的理事会制度,拥有完整的组织结构和规范的内部管理;而有的组织则几乎处于"草根"状态,没有任何的会议制度,领导者完全个人决策,组织化程度低,管理松散无章可循,在目标设定、精神基础、管理架构、管理制度、能力培养、获得空间方面存在许多不足。

首先，精神基础薄弱。我国大部分的民间组织往往是依靠个别热心人士对于某个社会问题关注的基础上建立起来的，主要面向某一个特定区域的具体问题为目标，缺乏对行为愿景和组织观念上的总结、提炼和提升，在精神基础上未能形成统一的理解。这样的组织基础常常容易导致组织的解体。

前面提到的 IWG 在法援部成立之后，其中的几个主任和副主任之间逐渐出现意见分歧，对中心的发展缺乏统一的认识，特别是对维权工作没有一致的意见，2006 年甚至还有一名副主任退出，最终也只有江华一人坚持了下来。由于缺少合适的同盟者，IWG 很难成立具有共同价值观的理事会，法援部的工作也主要由江华一人承揽下来，在遇到困难时难以找到合适的人员商量，这也使江华个人承受了很大的压力。

其次，治理结构和制度是管理顺畅的关键。我国的大部分民间组织规模小，组织设置不健全。组织内部的结构和管理方式缺乏科学性，组织化程度不高，目前民间组织又多为分散存在，同时，它们中的一些自身素质低，原本就较为有限的潜在能力也难以充分发挥。在内部难以形成科学的管理体系和自律控制制度，人力资源及其管理手段欠缺，缺乏必要的人才吸纳和人力资源管理制度。给人感觉就是"七八个人四五条枪"，如同草台班子一样的运作。这既制约其自身的活动和社会效益，也制约其社会观感和认同。

再次，管理能力决定资源运作水平的高低。目前的民间组织普遍存在管理能力不足的问题。能力不足的背后是缺少具有统筹管理能力的领导层。处于民间组织管理层级中的决策层的水平，直接影响了民间组织对资源的管理运用能力。在目前的国内人事管理框架中，优秀的管理人才难以被吸引到民间组织中，各种民间组织在资源汲取过程的重重困难中，也体现了民间组织缺乏合适、优秀的管理人才。管理水平不足导致了民间组织对资源的管理运用能力和意识不强，募集资源的战略战术亦较为落后。

最后，保持自身的"根正苗红"的思路以及公关能力的低下，同样也是妨碍民间组织资源汲取和发展的重要原因。目前，多数的民间组织宣传手段少，渠道不畅，公关力不强，只能靠发传单、贴海报等简单原始的宣传方式推介自己、推广项目。它们常常对媒体很排斥，例如某爱心自闭症儿童训练园的负责人就告诉我们：现在媒体报道往往带有很强的功利性，并不是真正关心这些自闭症儿童，与其来访时造成混乱，还不如不要来。

（三）社会资本障碍

从外部原因来看,民间组织筹款难一是由于目前的劝募市场还是行政动员占主导地位,民间组织的筹资空间非常狭小。很多筹款都是政府组织动员实施,很多企业把钱都捐出去了,民间组织再去动员就有很大的难度。二是与我国相关的政策法规不很完善有关。比如减免税的待遇没有得到有效的落实也对筹资起到了一定的制约作用。三是和我国社会捐赠的环境、文化还没有形成有关。东方文化的局限性在于强调的"邻里相助"、"亲友互助"等,对陌生人的关心帮助缺乏鼓励。对社会我们从来都是不信任的,我们更愿意相信建立在伦理及其依附关系上的主体。中国民间组织发展所需要的公民意识、社会责任感、民间慈善意识等都需要提高。

但这些社会资本的缺乏也同时是中国民间组织发展水平低下的结果,从内部原因来看,一是民间组织缺乏公信力,老百姓对他们不是很信任。二是民间组织筹集资金的动员能力不强,难以形成自己的社会资本。

通常而言,在组织活动的前期,对于资源的渴望和索求的意愿很强烈,而当活动结束时,却是草草收场,并没有进行好的总结和评估,导致了活动"虎头蛇尾"的情况。目前,我国民间组织的建设方面,对于整体运行和资源使用的评估研究还没有真正落实到民间组织的管理当中;而且,我国民间组织不仅缺乏自我评估的动力,而且由于其主要业务活动并非以取得物质回报为目标,加上社会效果的出现不是立竿见影的,更加难以对其资源的使用情况进行评估。评估手段的缺失让民间组织无法得到服务产出的资源使用信息反馈,不能有效调整和改善自身的产品输出,这不仅浪费了大量资源,而且易导致组织管理者的动力不足和短期行为。自身评估手段的缺乏,导致无法正确反映资源的使用情况,而引进第三方评估,则大多数民间组织都将面临雇请评估机构的资金来源问题,从而导致无从实施。民间组织在活动项目设计、推广、宣传以及处理各类组织团体的关系方面仍有欠缺,从民间组织发展和资源汲取的角度出发,对活动项目内容进行合理的设计、推广,同时改善与各类社会组织的关系,取得支持,才能够使民间组织得到足够的优质资源。

三、作为一种主体性的能力重建

社会建设的核心是恢复社会自我治理的主体性，而民间组织发展的核心亦是重建其在社会治理体系中的地位。根据前文的分析，民间组织资源汲取能力的建设应该涉及三个方面的内容：首先，重建民间组织和社会本身作为一种治理主体的合法性地位，以保证它在分配和使用社会资源上的合法性；其次，重建民间组织有效运作的内部体制；最后，民间组织需要在和社会的互动中建立治理信任。

（一）重建民间组织的治理合法性

发展民间组织，核心的内容是重建其在社会治理体制中的合法性。根据高丙中的解释，非营利组织的合法性可以分为法律合法性、社会合法性、政治合法性和行政合法性①。其中，法律合法性、社会合法性和行政合法性都是需要组织去争取而不是自动生成的，例如要获得法律合法性就必须去民政部门登记注册，要获得社会合法性就需要以实际行动获得社会公众的认可，要取得行政合法性则需要争取相关政府官员的支持与参与，在此可以将这几类合法性统称为获得性合法性。而政治合法性较为特殊，它是一种只要不违背政府政策、不触动政府利益就能自动生成的合法性，我们将其称为应然性合法性。另外，在当前的合法性秩序下，法律合法性、社会合法性和行政合法性的暂时缺失并不会导致组织的迅即死亡，而政治合法性的缺失则立即会威胁到组织的生存。所以，在确定的服务领域内，非营利组织获得足够合法性的逻辑是至少不采取削弱政治合法性的做法，即不采取消极性策略。如果非营利组织采取的消极性策略触动了相关政府部门的利益或突破了政府的底线，那么，即使组织采取其他积极性策略也不能避免组织的死亡，而死亡则代表组织合法性的完全丧失。

在中国场域中，民间组织最需解决的合法性问题就是政治合法性，这是民

---

① 高丙中：《社会团体的合法性》，《中国社会科学》2000 年第 2 期。

间组织赢得发展空间的前提。民间组织发展空间的获取必须通过法律制度来硬化政治合法性的标准,规范民间组织的运作。在保证民间组织主体性的情况下,政府可以通过法律制度规定民间组织的发展领域;通过"政府向社会组织授权和购买服务的方式"鼓励民间组织的发展方向;通过对民间组织"信息公开、等级评定、财务审计监督"等方面的工作规范民间组织的运作;通过党建和群团工作加强对民间组织的引导。而同时民间组织也需要争取自身的治理合法性,加强和政府部门的合作。民间组织应利用种种的手段来尝试改变它们与国家的关系,以实现"组织自身的合法化、利用国家控制的资源以及影响政府决策"。[①] 按照康晓光等人的观点,民间组织在和政府合作的过程中,应该"知己知彼、优势互补、互惠互利、持续改进"[②],通过提高自身的合作能力来争取政府的支持(见图4)。

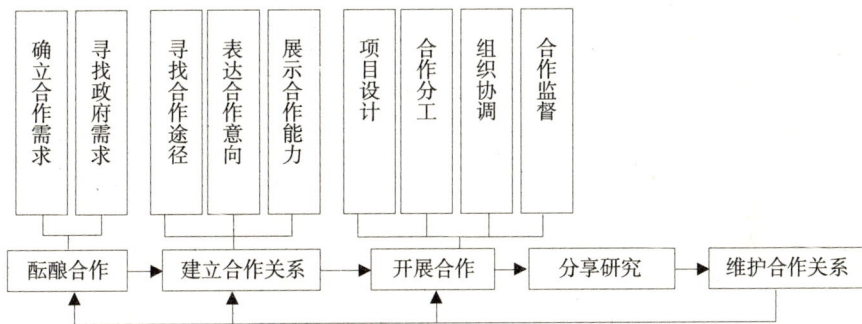

图4 民间组织和政府的合作展开

以某 A 中心为例,虽然由于 A 中心从事的领域(公民社会理念的宣传与支持民间组织的发展)在现阶段还具有一定的政治敏感性,其合法性地位一直比较薄弱。但 A 中心运用多种方式增强组织合法性地位,尤其是在表明政治合法性方面采取了较为得力的措施,这些措施主要有:(1)加强与政府相关部门的合作。比如,A 中心与广东省政府政策研究室保持着较为密切的合作,具体表现在申请政研室的研究课题,邀请政研室的研究人员参与中心的重要会议或活动。(2)尽量减少与媒体的合作,降低组织政治敏感性。A 中心坚

---

① 赵秀梅:《中国 NGO 对政府的策略:一个初步考察》,《开放时代》2004 年第 6 期,第 5—23 页。

② 康晓光、郑宽等:《NGO 与政府合作策略》,社会科学出版社 2010 年版。

持踏实做事的风格，一般不会主动寻求与媒体的合作，少数的几次采访也是媒体主动找上的。（3）试探性开展各种社会创新实验，增强应对合法性危机的能力。A中心在短短的几年时间中，进行了各种有益的社会创新实验，比如：创办内部通信《民间》，运行"孵化器"项目①，设立和谐基金②。并非所有的实验都是一帆风顺的，比如2007年夏因为《民间》的查封，A中心遇到了一次比较严重的合法性危机，但是这个事件最终并没有影响到A中心的生存。

目前的A中心呈现出一派欣欣向荣的景象：组织通过多种途径有效地保障了中心的合法性地位；建立完善的理事会制度使得决策更加民主、科学；不断变革组织结构使得组织化程度更高；聘请专业人员负责组织的内部管理提升了中心的专业化程度；聘用专业人员负责中心的财务管理使得财务管理更加规范、透明；通过多方渠道筹集资金保证了资金供应的稳定；吸引优秀人才的加盟使得团队更具有竞争力；密切与同类组织的联系建立了稳固的关系网络。

（二）重建民间组织的有效运作体制

1.组织结构的建设

第一，要建立合理的内部治理结构和管理制度。优化自身治理结构，首先是建立合适的管理模式，如委员会、理事会等，完善组织机构，明确职责和隶属关系；第二要选择合适的议事和决策机制，由委员会或理事会决定民间组织内部及其活动中的方向性问题和重大问题；第三个要加强具体管理制度的建设，在管理方法上，要采纳科学管理方法，既要体现参与组织活动志愿性，又不能牺牲效率；第四是建立合适的激励机制；第五是要建立内部监督机制，严格捐助钱物的管理使用制度，并定期公布、接受检查，提高工作透明度；第六是建立合理的培训制度，提高参加人员的志愿意识和专业技术水平。

前面提到的A中心非常注重组织的内部管理，并逐步建立了规范化的内

---

① 设置这个项目的目的是为那些处于萌芽状态的、有较强发展潜力的非营利组织提供免费的办公场所以及相关的办公设备，并给予发展方面的咨询服务，以加快这些组织的发展壮大。通过这个项目成功孵化出7个新的公益组织。

② 和谐基金直接对符合资助条件的草根组织进行资金上的支持，首期资金达到了35万元，其中30万元是由ICS自己筹集的，到2008年年底总共资助了16家草根组织。

部管理模式。A 中心根据自身的发展特点,其组织结构先后有过几次变动。从 2007 年开始逐渐转为图 6 的机构设置模式,即逐步淡化原有的工作平台概念,以项目为中心,最大限度地发挥团队的作用。经过工作平台调整后,组织的整体能力得到了加强。由此,可以看出,A 中心的组织结构设置是有弹性的,是根据形势的变化、中心的战略而不断调整的。

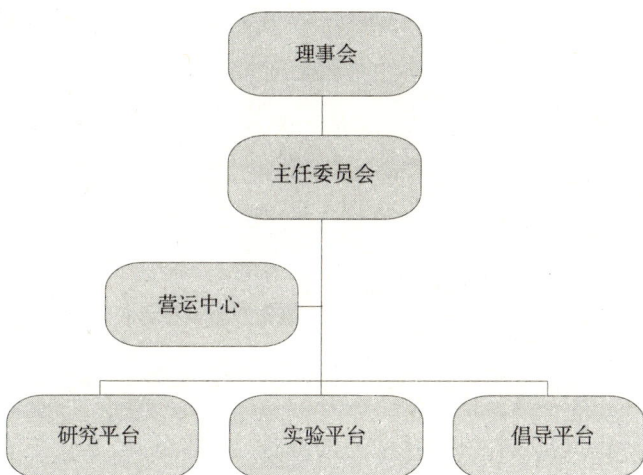

图5 2006 — 2007 年间 A 中心的组织结构图

目前,A 中心的内部管理主要由总干事负责。现任总干事之前是一名成功的企业家,在企业管理方面具有很丰富的经验,任总干事后主要负责组织的内部管理。她的到来给 A 中心带来了很大的改变,她十分强调运用企业管理的方法提高中心的整体工作效率,组织的内部管理逐渐规范,并制定了一系列严格的内部管理制度,包括财务管理制度、人事制度、项目经费管理办法、员工工作手册等,极大促进了 A 中心的规范发展。

2.多种经营方式

民间组织要扩张自己的资源来源,包括争取财政拨款和实物划拨、接受项目委托、合同外包、政府采购、税收减免、会费、出售商品、提供有偿服务、资本运作、募捐、借鉴股份制、雇佣专业筹款组织。在具体活动项目的资源管理上,第一是强化计划,这是项目是否能成功的关键。要按照预先安排,主动处理的思路,主动对活动的资源运用进行计划,进行合理的分析,提前改进影响资源合理使用的环节,提高资源的使用率。第二是在执行过程当中,我们通过对项

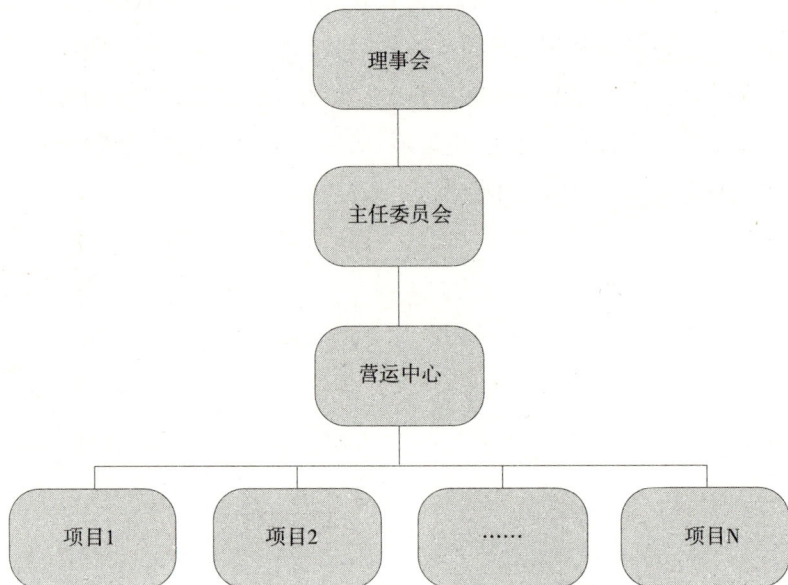

图6　2007至今A中心的组织结构

目流程的执行进行监督控制。从项目的准备、启动、实施、验收的每个过程进行控制，使项目的流程周延、规范。第三是做好过程的财务管理，利用原有的财务管理制度，做到财务的按计划开支。第四要做好资源使用的风险控制。

从前面所提到的A中心在发展初期，各方面的资源都非常缺乏，资金尤其紧缺，面对这种状况，A中心采取与国际基金会合作、申请项目资金资助的方法解决资源供应问题。但是过于依赖国外基金会资助也带来了资源单一性和资金使用风险性的问题。为此，A中心开始多渠道地筹集资金，并逐渐改变过于依赖几个基金会支持的局面。目前中心有这么几项资金来源：（1）服务性收费，如在对企业提供相关培训时收取一定的费用；（2）个人的捐款，主要是通过对企业家的游说获得；（3）科研项目的经费，比如承接学校"985"项目、政府委托课题获得一定收入；（4）基金会的资助，这些资助一般表现在具体的项目上，如能力建设项目；（5）与其他同类组织合作获得的项目收入，比如与香港中文大学公民社会中心的合作，等等。以2007年为例，项目收入占总收入的80%，个人捐款的比例为18%，代收代付为1%，其他收入占1%。

（三）重建民间组织和社会的治理信任

一个公益项目要具备六个要素：政府支持、社会关注、群体需求、公益机构品牌、宗旨一贯、国际接轨。其中最核心的树立民间组织自身作为社会治理的主体。

民间组织要获取社会的信任，首先要拓展自己的活动领域。民间组织指向的是社会的特殊问题，而中国的民间组织分布异常不均（见图7）。对比美国日本的民间组织分布①可以发现，中国民间组织所涉及的领域范围和中国社会治理的发展趋势严重不符，以教育为例，在这个政府主要承担的领域中，民间组织的分布比例最高（当然，这源于中国的法律定义），这更加说明了中国民间组织发展状况。中国民间组织的未来发展，一定要真正回应社会的需要。只有把民间组织活动的目标和合理、优质的活动项目管理结合起来才会获得认可，才会有机构和个人对民间组织进行支持。

民间组织需要秉承公益的使命，在资源的运用中，须尊重资源提供者的初衷和意愿，将荣誉归功于提供资源者。民间组织能够募集资源，除了依靠资源提供者和公众的志愿行为外，当然包括了他们的其他动机。让资源提供者感到从给予中得到好处，其中包括社会声誉的提高、企业美誉度的提升等，从而可以巩固并增强他们的积极性，促使他们再次提供资源。回馈的主要方式包括建立荣誉制度、聘请资源提供组织的领导人担任民间组织名誉性职务、出让志愿捐助的工程项目的冠名权甚至为资源提供者向政府申请减免税收或低价使用土地等优惠政策等。这里所说的，不是一种对等而必需的措施，而是民间组织对于资源提供者的一种感谢，可以进一步激发和激励团体、个人的志愿意识和参与志愿活动的热情。

例如某B会将自己的人员定位是"社会中产阶层和专业人士"②，为了激励自己会员，它设立各类贡献奖项，如很多B会给介绍其他人士加入B会的狮友颁发"钥匙奖"；协助组织新的B会的狮友们将获得"拓展奖"；全年出席聚会全勤的狮友有资格获得"全勤奖"。广东B会有自身的捐助激励制度，就

---

① 在美国日本，卫生保健占了民间组织近一半的总就业（分别是46%和47%），而教育主要集中在高等教育占22%，与此相适应美国和日本的社会服务领域仅占14%和17%。参见萨拉蒙：《全球公民社会——非营利部门视界》，社会科学文献出版社2002年版，第23页。

② 引自改会网站，http://www.gdlions.org.cn/website/About.asp? id=321。

科技与研究，6.86%

生态环境，1.48%

其他，11.90%

国际及涉外组织，0.12%

职业及从业组织，4.22%

农业及农村发展，9.59%

宗教，0.95%

工商业服务，5.12%

法律，1.09%

体育，4.15%

文化，5.78%

社会服务，12.63%

卫生，10.44%

教育，25.66%

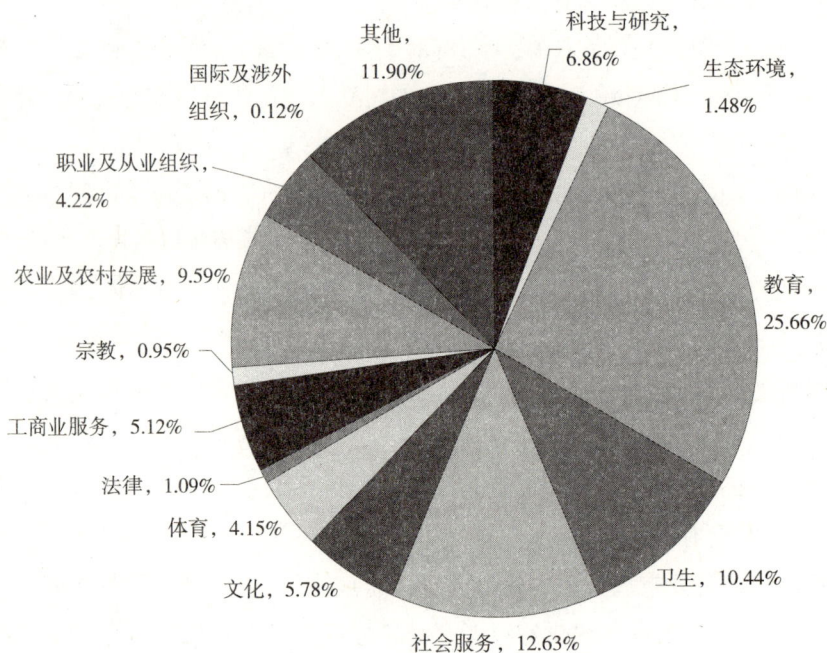

图7　2007年中国民间组织行业统计

数据来源：中国社会组织网，http://www.chinanpo.gov.cn/web/index.do。

是 B 会自身的星级会员奖。星级会员奖是根据入会后的会员捐献金额为标准所设的奖项，分 1 星（捐款 5 万元）到 9 星（捐款 130 万元）及终身荣誉（捐款 150 万元）等 10 个级别。通过这些奖项对 B 会会员的活动进行表彰激励，从而达到积极向上的目的。另外，广东 B 会还有较为特别的各种会员发展、保留办法，相应设定了会员发展委员会，还有会员保留委员会，专门面向会员开展工作，可以使会员流失率保持在一个比较低的水平。

其次，要注重资源使用评估，评估指标体系应该包括：一是资源的使用与活动目标和宗旨的一致性。比如使用的资源是否用于救助的对象，是否存在目标指向不一的情况，比如援助穷人的资金和物质反而用于富人身上。二是资源实际支出的登记报表的真实性和完整性。是否存在瞒报和漏报的情况存在。三是民间组织在资源使用有关信息披露的充分性和准确性。四是志愿者的数量和质量、资金物质等资源的数量能否满足组织活动的需求。五是组织的管理人员、员工对资源的管理能力和组织能力。六是在保证服务质量的前提下,资源使用效率的提高程度。七是受益人对所受的资金物质资源的满意度。八是外界对活动的资源使用评价如何等等。

通过媒体公关强化组织的公信力。民间组织必须要面向公众、面向社会建立起一个信用网络,通过公关手段,与公众中的每一个资源提供者和受益者建立信任关系,取得信任。取得信任的途径包括自身的规范发展,但更重要的是各类宣传的到位,详尽的项目推广,通过提高知名度和美誉度而获得社会信任。当组织有广阔、通畅的渠道来动员和宣传时,它才能成为重要的社会存在,成为资源聚集的对象。研究表明,民间组织主要是通过媒体扩大自己的社会影响,获得社会的认可。

积极的推广和宣传。活动项目的推广要以资源提供者为中心,提出资源汲取策略组合的要素。一是活动概念、就是研究资源提供者对于活动项目的认识,判断提供者对提供资源的看法。二是资源需求,主要是资源提供者必须付出的资金、时间、人力及有可能出现的压力等,也就是资源本身的价值;三是合作策略,指关乎资源提供者如何更好地与民间组织合作的方法和渠道;第四是推广效果,是如何落实资源提供者的收获和参与质量。由上分析可以看出,当民间组织在活动项目设定后,应当向资源提供者进行综合策略的推广,从每一个要点出发,使项目得到接受和支持。

各个非营利机构除了进行资金上的竞争,还要进行对于人才尤其是对于志愿者的竞争。一是要吸引社会资源的掌握者参与到民间组织中来,如著名企业家、政府官员等,此类人员可以通过其本身的职务和职权,为民间组织提供必要的资源支持和足够的活动网络联系;第二是吸引高素质的学者型人才参与到民间组织中来,如大学教授、科研人员等,高素质的人才能够从更高的层面审视组织的发展方向和制定相应合理的发展策略;第三是吸引专业管理人才参与到民间组织中来,如财务管理人员、企业高管等,他们对组织的管理和财务、人力资源进行合理的制度设计和采取管理措施,理顺组织的运作,提高组织的运行效率;第四是吸引专业性的人才参加到民间组织中来,如医生、教师、记者、建筑设计师等,这些人才可以在提供志愿服务时提供专业知识和技能支援,如开展医疗救助或者助学活动,或者在组织的宣传活动中都能发挥更大的作用;第五是吸引社会志愿者参加到民间组织中来。民间组织要了解

志愿者的动机、技能提高目标、个人发展目标①，向他们提供挑战的机会、直接和服务对象接触的机会，并且即时对他们提供的服务进行确认和奖励。

总　结

作为一篇研究报告，本文的主要目的是试图在丰富田野的基础上呈现中国民间组织发展正在面临和将要面临的核心问题——资源汲取与民间组织发展。研究发现，作为中国民间组织发展基础的合法性资源、资金和内部管理都面临重大困境。其中，制度性障碍、组织能力障碍、社会资本障碍是制约民间组织发展的三个关键因素，未来的民间组织发展应该涉及三个方面的内容：首先，重建民间组织和社会本身作为一种治理主体的合法性地位，以保证它在分配和使用社会资源上的合法性；其次，重建民间组织有效运作的内部体制；最后，民间组织需要在和社会的互动中建立治理信任。从研究的角度来看，我们还需要做更多学术的类型化努力，发掘其中的关联性因素，以更多地解释中国民间组织发展中的问题及相关逻辑。

参考文献：

Najam, Adil: The Four-C's of Third Sector-Government Relations: Cooperation, Confrontation, Complimentarily, and Cooptation. Nonprofit Management & Leadership. vol. 10, no. 4, 2000, pp.375-396.

曾繁旭：《媒体策略与空间拓展——以绿色和平建构"金光集团云南毁林"议题为个案》，《开放时代》2006 年第 6 期。

邓莉雅、王金红：《中国 NGO 生存与发展的制约因素——以广东番禺打工族文书服务部为例》，《社会学研究》2004 年第 2 期。

丁一、俞雅乖：《灾后重建中民间组织资金运行机制探析——基于四川灾区若干案例调查的视角》，《西南民族大学学报》2010 年第 5 期。

---

① 例如我们在对参见某爱心自闭症儿童训练园的志愿者进行问卷调查和访谈后发现，志愿者参与该机构活动的主要动机为：助人（82%）；增加社会实践经验（64%）；扩展人际关系网（33%）；专业需要（27%）；实习需要（12%）。其中希望义务帮助有需要的人占志愿者的八成以上，爱心正好为满足这些人的需要搭建了平台。

范明林：《非政府组织与政府的互动关系——基于法团主义和市民社会视角的比较研究》，《社会学研究》2010年第3期。

高丙中：《社会团体的合法性》，《中国社会科学》2000年第2期。

和经纬、黄培茹、黄慧：《在资源与制度之间：农民工草根NGO的生存策略——以珠三角农民工维权NGO为例》，《社会》2009年第6期。

侯红红、王红晓：《论我国非政府组织的筹资举措》，《求实》2004年第6期。

康晓光、郑宽等：《NGO与政府合作策略》，社会科学出版社2010年版。

康晓光：《权力的转移——转型时期中国权力格局的变迁》，浙江人民出版社1999年版。

邝少明、夏伟明：《论我国非营利组织的进人规制》，《中山大学大学学报（社会科学版）》2004年第1期。

梁莹：《公民参与草根非营利组织：现状与阻滞因素分析——南京市500位公民的实证调查》，《社会主义研究》2007年第5期。

陆建华：《大陆民间组织的兴起——对北京三个绿色民间组织的个案分析》，《中国社会科学季刊》2002年冬季号。

萨拉蒙：《全球公民社会——非营利部门视界》，社会科学文献出版社2002年版。

王名、贾西津：《关于中国非营利组织法律政策的若干问题》，《清华大学学报（哲学社会科学版）》2003年第1期。

王名：《中国社团改革——从政府选择到社会选择》，社会科学文献出版社2001年版。

王名：《非营利组织管理概论》，中国人民大学出版社2002年版。

王绍光：《金钱与自主——市民社会面临的两难境地》，《开放时代》2002年第3期。

张纯：《突破转型时期非营利组织发展瓶颈的良药——完善治理结构提高社会公信力》，《财政研究》2006年第12期。

张志刚、王丽艳：《略论非政府组织的本土化》，《行政论坛》2004年第3期。

张钟汝、范明林、王拓涵：《国家法团主义视域下政府与非政府组织的互动关系研究》，《社会》2009年第4期。

赵秀梅：《中国NGO对政府的策略：一个初步考察》，《开放时代》2004年第6期。

郑琦：《论公民共同体：共同体生成与政府培育作用研究》，中国社会出版社2011年版。

周批改、周亚平：《国外非营利组织的资金来源及启示》，《东南学术》2004年第1期。

周映华：《扩大我国非营利组织收入探析》，《广东行政学院学报》2004年第4期。

朱传一：《中国非营利部门的成长及政府在其中的作用》，《社会》2000年第11期。

朱健刚：《草根非营利组织与中国公民社会的成长》，《开放时代》2004年第6期。